AN OLD BEIJING HAND INTRODUCES OLD BEIJING CITY

北京通 趣说 老北京

◎施连芳 高桂莲 编著

中国工商出版社

前　言

　　我们伟大祖国的首都——北京,不仅是毫不逊色于纽约、巴黎、伦敦、东京的现代化国际性大都市,而且是闻名世界的历史文化名城。老北京的历史十分悠久,早在数百万年前就有人类在此生息繁衍。春秋战国时代,这里是燕国的都城,自古"燕赵多慷慨悲歌之士",留下了无数令人神往的动人传说。自元代至今,北京作为全国的首都,逐步成为我国的政治文化中心。

　　1267年,元世祖忽必烈下令修建大都城,"京城方六十里……分十一门"。明成祖朱棣于永乐年间又下旨大规模修建北京城,基本形成今日北京城的格局规模。北京城的修建非常典型地体现了我国传统的建筑文化特色。这集中表现在:城建格局相当完整对称,且具有城套城的突出特征,既有重城即外城(亦称外罗城,或曰帽子城),又有内城(亦称京城);京城内又有皇城,皇城又套着紫禁城(亦称大内,俗称皇宫)。

　　整体上看,北京城是一个以紫禁城为中心,东西南北对称的庞大建筑群。贯通全城南北一条中轴线:南到永定门,北到钟鼓楼。以紫禁城为中心,城的东面,朝阳门外,有日坛(亦称朝日坛);城的西面,阜成门外,有月坛(亦称夕月坛);城的南面,有天坛;城的北面,有地坛。天安门的两侧,为"左祖右社",即东为太庙(今日北京劳动人民文化宫),西为社稷坛(今日北京中山公园)。中轴线的北端,建有向全城报时用的钟楼和鼓楼等。这种典型的中国式的建筑格局,无处不体现着博大精深的民族文化内涵。皇宫紫禁城,以及中南海、北海、景山、颐和园等皇家禁苑,更是封建社会皇权文化的极端体现。此外,老北京的城门、古庙、古塔、古碑刻、古牌坊牌楼、"燕京八景"……无数的人文名胜和自然景观,则无不蕴藏着丰富的文化趣味和深邃的民族精神。

　　对于近代以前的国人来说，京城尤其是皇宫，以其森严的权威，而最为神秘和令人敬畏，也以其无尚的光华荣耀而成为最令人向往和梦寐以求的所在。共产党领导的新中国，让古老、神秘、威严的北京城焕发出崭新的光彩，同时不断地向全世界展示着中华民族传统文化历久弥新的魅力。

　　改革开放以来，首都北京与全国许多城市一样，发生了举世瞩目的巨大变化。特别是2008年奥运会即将在北京举行，北京将更加引起全世界的关注。为了让更多的国人和全世界人民全面了解认识历史文化古都——老北京，本书采用了赵先生、钱先生两位"北京通"一问一答聊侃的方式撰写，让读者在通俗风趣的语言中了解老北京的历史文化内涵和底蕴。

　　相信这本书对人们了解、认识和研究古都北京，多少能够提供一些值得参考的资料，亦相信本书会受到各方面人士的欢迎和喜爱。老北京，恰如一本大百科全书，它既能给人们提供丰富有益的宝贵知识，又能让人们体验到香醇味厚的文化享受。正因如此，谁也无法完全地描述与表达她的方方面面。由于笔者知识及水平有限，书中难免会出现这样那样的缺点错误，敬希读者朋友们帮助指正。

施连芳　高桂莲

2007年12月于北京

目　录

第一章

元世祖忽必烈

与元大都城门

一　元世祖忽必烈

赵先生问：

人们说：北京城，是明永乐年间在元大都城的基础上修建起来的。人们还说：元世祖忽必烈与元大都城门有着密切的关系。那么，元世祖忽必烈的一生，其基本情形是怎样呢？您能不能跟我说一说。

钱先生答：

好！咱们先从元世祖忽必烈说起。

元世祖（1215-1294）　元代皇帝，名忽必烈，又称薛禅皇帝。蒙哥汗（宪宗）弟。1260—1294 年在位。

元世祖忽必烈的一生可分为三个阶段，第一个阶段，即蒙哥汗当政时期；第二阶段，就是蒙哥汗死了，忽必烈究竟是怎样经过努力奋斗当上皇帝的；第三个阶段，就是他当上了元代皇帝，是怎样进行统治和治理国家的。

忽必烈画像

·蒙哥汗在位时忽必烈的基本情形·

忽必烈前一个阶段的基本情形，可作这样的概括：蒙哥汗元年（1251 年）开府滦河上游之地，继以怀孟、京兆为封地，任用儒生，注意农桑，兴办屯田。蒙哥汗三年，率军攻云南，次年灭大理而归。

·蒙哥汗死后忽必烈的基本情形·

忽必烈后两个阶段的基本情形，其最主要的，可作这样的归纳概括：蒙哥汗九年，攻宋鄂州（今湖北武昌），得蒙哥汗死讯，决策北还。次年在开平（今内蒙古正蓝旗东闪电河北岸）即大汗位，始建年号称中统。其幼弟阿里不哥联合漠北、中亚诸王，和他争位。至元元年（1264 年），他取得全胜，迁都燕京后称大都（即今北京）。至

元八年,定国号为元。随后发动对南宋的进攻,于至元十六年灭宋,统一全国。以后曾向邻国发动多次进攻,均遭失败。

忽必烈在位期间,他与中国历史上许多帝王一样,对中国社会不断向前发展,亦是作出了一定的贡献,其主要的表现在:他在位期间,任用刘秉忠、叶李等,吸取历代统治经验,建立包括行省制度在内的各项制度,并加强中央政府对边疆地区的管理,巩固和发展了我国统一的多民族国家。但因阶级压迫、民族压迫沉重,人们起来斗争,前仆后继,始终不断。他除武力镇压外,并任用许衡、姚枢、窦默等,提倡程朱理学,以加强思想统治。

二 忽必烈与元大都城门

赵先生问:

人们说:元世祖忽必烈与大都城门的关系相当密切,究竟为什么呢?您能不能说给我听听。

钱先生答:

可以断言:忽必烈与元大都城门的关系相当密切。这需要从元大都城,其范围究竟有多大,有多少城门说起。

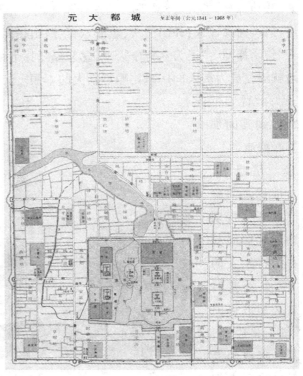

·元大都城的范围和有多少城门·

回答这个问题,不用我多说,只要将古籍名著《宸垣识略》里记载的有关文字给您念念,您就会了解得一清二楚了。

元世祖至元四年,始定鼎于中都之北三里,筑城围六十

元大都城示意图

里,九年改为大都。

京城方六十里,里二百四十步。分十一门:正南曰丽正,左曰文明,右曰顺承,正东曰崇仁,东之南曰齐化,东之北曰光熙,正西曰和义,西之南曰平则,西之北曰肃清,北之西曰健德,北之东曰安贞。九年二月,建钟鼓楼于城中。

然而,这里必须要说明的是:佛教自东汉明帝永平十年(公元67年)传入中国,经三国两晋到南北朝四五百年间,佛经的翻译与研究日渐发达,到了隋唐遂产生天台、华严、唯织、禅宗、净土、密宗等具有中国特色的许多宗派。佛教思想对于我国哲学、文学、艺术和民间风俗等许多方面,都有一定的影响。

忽必烈与中国历史上许多帝王一样,亦受佛教思想的影响。这里可举上一个例子,如相传,忽必烈非常相信和佩服"三头六臂"的本领特别大。那么"三头六臂"究竟是怎么回事呢?这里先说说。

三头六臂　　所谓"三头六臂",亦作"三头八臂",实际上与佛教的关系相当密切,因为叫"三头六臂",或曰"三头八臂",都是一样的,佛教就是指佛的法相,例如《法苑珠林》卷九"述意"里,是这样指出的:"[修罗道者]体貌粗鄙,每怀瞋毒,棱层可畏,拥耸惊人,并出三头,重安八臂,跨山蹋海,把日擎云。"《景德传灯录》卷十三"善昭禅师":"三头六臂擎天地,忿怒那吒扑帝钟。"后来,在社会生活实践中,渐渐就演变成为被人们用来比喻特别大的本领。无名氏《马陵道》第四折云:"总便有三头六臂天生别,到其间那里好藏遮。"

元世祖又被称之为薛禅皇帝,特别崇拜和佩服其本领特别大的"三头六臂";忽必烈取得天下后,将中都,其九年改为大都,将元大都

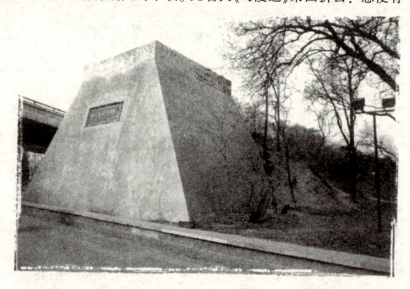

元大都城墙遗址

城，修建成多大的范围，修建成多少座城门，与他特别信仰"三头六臂"有着密切的关系，并起了决定性的作用。所以，元大都城南面就出现了三座城门，其"正南曰丽正，左曰文明，右曰顺承"；这三座城门，其意就是以示象征着佛的法相——"三头六臂"的"三头"；而元大都城，其东西两侧的城门，"正东曰崇仁，东之南曰齐化，东之北曰光熙，正西曰和义，西之南曰平则，西之北曰肃清"（《宸垣识略》），这六座城门，其意就是象征着佛的法相——"三头六臂"的"六臂"；而"北之西曰健德，北之东曰安贞"，其北面的这两座城门，其意就是象征着佛的法相——"三头六臂"的两只脚，踏着"风火轮"。

　　总而言之，取佛的法相——"三头六臂"，两脚踏上了"风火轮"，以此示意象征着元大都城，十一座城门，其建置是神圣不可侵犯的，就像"三头六臂"，两脚踏着"风火轮"一样的厉害，来犯者必被灭之。

第一章

明成祖朱棣与北京的
内城、外城和十六座城门

一　明成祖朱棣

赵先生问：

人们说：明成祖朱棣于永乐年间，在元大都城的基础上，大规模修建北京城，并且将京城(内城)修建得非常不一般：皇城在京城中，而皇城又套着紫禁城(亦称大内)，真是城套城。因为朱棣皇上对社会做出了贡献，所以，京城的文人、墨客、雅士，为了丰富人们精神生活上的需要，就编造出了有关朱棣的许多传说。

那么，您能不能给我讲讲朱棣皇上的一生，其情形究竟是怎样呢？

钱先生答：

好，我就先从朱棣皇帝说起。

明成祖(1360—1424)　　明成祖朱棣是明代第三位皇帝，其年号叫做"永乐"，1402—1424年在位。有关他的一生，其最基本的情形，可作这样的归纳概括：朱棣是明代的建立者——明太祖朱元璋的第四子，初封燕王，镇守北平(今北京)。建文元年(1399年)，起兵自称"靖难"①，四年破京师(今江苏南京市)，夺取帝位。永乐七年(1409年)派亦失哈等设奴儿干都司，管辖今黑龙江、精奇里江、乌苏里江、松花江流域和库页岛等地。永乐十九年迁都北京，以南京为留都。他解除藩王兵权，巩固中央集权；屡次出兵打击蒙古贵族的势力。派郑和出使南洋等地，远至东非，促进了中国与亚非各国在经济、文化上的交流。使解缙等编纂《永乐大典》，对保存古代文化典籍，有所贡献。统治期间因剥削压迫沉重，曾爆发唐赛儿起义。

除以上所说的而外，值得一提的是：在元大都城的基础上，修建起来的北京城，形成了比较完整

朱棣画像

---

①靖难　　其内容就是指靖难之役。明太祖分封诸子为王，各王有护卫甲士三千人至一万九千人不等。北边各王握有兵权，势力更大。惠帝(太祖孙)即位，因尾大不掉，用齐泰、黄子澄等，先后废削周、齐、湘、代、岷五王。建文元年(1399年)燕王朱棣起兵北平(今北京)，以讨齐黄为名，号称"靖难"。建文四年燕兵破南京。惠帝死于宫中(一说逃亡)。燕王即位，是为成祖。

的一套城建制的格局,概括说来,不仅是有内城(亦称京城),还有外城(亦称外罗城)。而外城在京城的南面;特别是永乐年间,修建起来的京城内,又有皇城;而皇城又套着紫禁城(亦称大内,俗称为皇宫);真可说是"城套城"。

总而言之,在大都城的基础上,大规模修建起来的北京城,形成比较完整的一套城建格局,北京城的基本建制,都是在朱棣当政期间,于永乐年间形成的。

二　龙子蟕龟驮燕王朱棣过江坐天下

赵先生问:

人们说:正因为明成祖朱棣为中国社会做出了一些贡献,刻石艺术大师们,为了丰富帝王精神生活的需要,密切配合朝廷宣扬镇守北平的燕王朱棣夺取帝位是非常不容易的,亦是经过一定的风险,所以加以神化,与龙子蟕龟(亦称"赑屃")相联系,形成了富有趣味性的神话传说,到底有没有,您能不能举上一个例子说一说?

钱先生答:

我可以举上一个例子,给您说一说。

这要先从朱棣说起。朱棣,是明代第三位皇帝,年号为"永乐",庙号为"成祖",陵号为"长陵"。他在位的时间为公元 1402~1424 年。

明太祖朱元璋死,皇太孙朱允炆继位(1399~1402 年),用齐泰、黄子澄的计策削藩,加强中央集权。而被封镇守北平的燕王朱棣不服,借口出兵,攻陷京师,夺取了帝位。惠帝朱允炆被迫在宫中自焚而死,这是一说。另一说,则是惠帝朱允炆从宫中地道出逃,改换僧装,流浪各地,自号"应文"。

一些人为了配合朱棣朝廷宣扬燕王朱棣夺取帝位是上天的安排,是神的意志,即"君权神授",为了达到神化朱棣的目的,编造了一个与龙子蟕龟有关的传说:

镇守北平的燕王朱棣起兵时,一下子就被建文皇帝朱允炆统率的大军打败。眼看燕王就要被活捉。他被逼迫得扬鞭策马,落荒而逃,翻山越岭。他突然一停,定神朝前一瞧:天啊!前边竟是一条汹涌的大江,拦住了去路!他回头一瞧身后,人喊马叫,刀光剑影,追兵离他也越来越近了。朱棣不禁仰天大声长叹:"咳!难道说,我真的就死在这里吗?"紧接着,他就对着汹涌的大江呼救:"大江啊,大江!你若有情,就显显神灵救救我吧!"他的呼救声刚落,大江便立刻汹涌翻腾起来,江心顿时出现了一个大漩涡,溅起很高浪花。随着溅起的浪花,涌出一个大蠵龟,伸出长脖子说道:"燕王!燕王!你别愁,你别急,我受龙王的派遣,前来搭救你,来来来,站在我背上,你把眼睛稍闭上一会儿,我帮助你渡过大江。"眨眼间,便使燕王朱棣顺顺当当渡过了大江。正在这当儿,军师姚广孝也领兵前来营救燕王朱棣。一见面,燕王就把刚才一个大乌龟驮他过江的事告诉了姚广孝。姚广孝听了,笑着说:"那龟可不是一般的龟,是龙王的第八子,名叫蠵龟,亦称赑屃,是海龙王命他前来保驾,让您渡江坐天下。"

后来,燕王朱棣率军与建文皇帝统率的大军多次激战,果然是百战百胜。

燕王朱棣夺取了天下,在北京紫禁城登基当上了皇帝,他立即论功行赏。当年追随他的文武人员,个个都封了官,但惟独把龙子赑屃出来保驾、驮他过江的事给忘掉了。经军师姚广孝的提醒,朱棣皇帝说:"龙子蠵龟,的确是我的救命恩人,功劳最大。这样吧,待营建武当山时,一定要在宫殿前,配置修建两座大石龟碑雕,刻上表彰恩人的圣旨,以示祭祀龙子蠵龟。"因此,明永乐十年(1412年)大规模营建武当山时,当有名的宫殿紫霄宫修建落成后,在殿前特别配置两座重达90多吨的大石龟碑雕。

三 老北京的"内城"、"外城" 和十六座城门

赵先生问:

在元大都城的基础上修建起来的老北京城,其"内城"和"外城",各自的范围究竟有多大?有多少座城门?为什么将元大都十一座城门,给修改成为"内九"、"外七"呢?人们说是因为受阴阳说的影响,这些问题,您能否讲给我听听?

钱先生答:

明成祖朱棣皇上于永乐年间,及其后来世宗(朱厚熜)嘉靖年间,大规模修建起来的老北京城——内城亦称京城;外城亦称外罗城,或者被别称为帽子城。其内城、外城,范围究竟有多大,有多少座城门,不用我多说,只要将古籍名著《宸垣识略》里记载的有关文字念给您听听,就会一清二楚了,其原文为:

京城周四十里,高三丈五尺五寸。门九:南曰正阳,南之左曰崇文,南之右曰宣

武，北之东曰安定，北之西曰德胜，东之北曰东直，东之南曰朝阳，西之北曰西直，西之南曰阜成。明永乐七年为北京城，十九年乃拓其城，本朝鼎建以来，修整壮丽，其九门之名，则仍旧焉。

外城包京城南面，抱东西角楼，计长二十八里，高二丈，亦曰外罗城。门七：南曰永定，南之东曰左安，南之西曰右安，东曰广渠，西曰广宁，在东北隅者曰东便，在西北隅者曰西便，皆北向。

老北京城，其内城和外城，一共有十六座城门，亦就是说"内九"、"外七"，那么，明代在元大都城基础上修建起来的北京城，为什么将元大都城的十一座城门，给修改建筑成为"内九"、"外七"十六座城门呢？

"内九"、"外七"，是有一定讲究的，下面就说说这个问题。

由于深受阴阳说的影响，所以，明代修建起来的北京城，将内城和外城城门之数皆取为阳数，因此，就成了"内九"、"外七"，为什么？其具体内容，可举些比较典型的例子，来说明问题。

这需要从阴阳数说起。

阴阳数

何谓"数"？古时候，人们在长期的生活实践中，经过不断地归纳总结，概括出了符合科学的认识，叫做"数者，一十千百万也。"（《汉书·律历·志上》载）。

然而，自从阴阳说出现之后，使许多方面都受

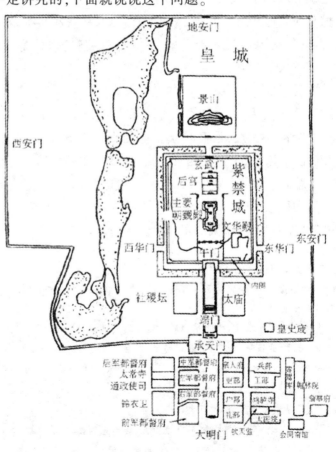

明北京城地图

到了影响，而"数"亦不例外，所以就出现了将"数"亦区分为阴阳的说法，例如：将十位数中的双数，即偶数，二、四、六、八、十，名为阴数；将单数，即奇数，一、三、五、七、九，名为"阳数"；并将"阳数"之极"九"视为"天数"；因天大地小，故九之"天数"格外受崇。

"阳数"之极，格外受崇的九之"天数"，古时社会生活实践中，它被人们巧妙而又恰到好处地、非常有趣地运用到社会生活实践中许多方面。

封建朝廷，为了密切配合宣扬"真龙天子"（帝王）其无上尊严与权威的需要，将皇帝穿用的龙袍绣"金龙九"（《大清会典·舆服》）；文武百官朝见皇帝时，要"三跪九叩首"（《日下旧闻考》）。

今日北京天安门（原称为承天门），原为明清两代时皇城的正门。其城门楼的建筑亦应用了九之"天数"：将城门楼建造成为面阔九间；歇山式屋顶，有九条脊，檐角小兽亦为九：龙、凤、狮子、天马、海马、狻猊、押鱼、獬豸、斗牛；门扇采用的是"四九"的倍数，为三十六扇；五扇门的门钉，取的是"九九"的倍数，为九行九列，"九九"八十一枚。

再例如，北京天坛内的精美建筑，如祈年殿，其建筑的高度亦取其九之"天数"，建筑成为"九丈九"（《奇门遁甲》），象征着高——天有九重；天坛中的"圜丘坛"，分高矮三层，最高一层台面的直径为古尺九丈；三层台面的直径，其总合是"五九"的倍数，为古尺四十五丈。显然，亦是取其九之"天数"进行建筑的。

总而言之，因为明代深受阴阳说的影响，尤其是在社会生活实践中，相当讲究应用阴阳数，所以就出现了内城、外城皆应用"阳数"，于是就形成了老北京城"内九"、"外七"十六座城门了。

说明：对老北京的内城和外城，其各自的范围究竟有多大，有多少座城门，《宸垣识略》里，还有比较详细的记载，例如：

永乐中定都北京，改北平为顺天府。建筑京城，周围四十里。为九门：南曰丽正、文明、顺承，东曰齐化、东直，西曰平则、西直，北曰安定、德胜。正统初更名丽正为正阳，文明为崇文，顺承为宣武，齐化为朝阳，平则为阜成，余四门仍旧。城南一面长一千二百九十五丈九尺三寸，北一千二百三十二丈四尺五寸，东一千七百八十六丈九尺三寸，西一千五百六十四丈五尺二寸，高三丈五尺五寸，垛口五尺八寸，基厚六丈二尺，顶收五丈。

嘉靖二十三年，筑重城包京城南面，转抱东西角楼，止长二十八里。为七门：南曰永定、左安、右安，东曰广渠、东便，西曰广宁、西便。城南一面长二千四百五十四丈四尺七寸，东一千八十五丈一尺，西一千九百一十三丈二尺，各高二丈，垛口四尺，基厚二丈，顶收一丈四尺。四十二年，增修各门瓮城。

第二章

京城的九座城门

一 京城九座城门,相当讲究对称

赵先生问:

人们说:我国各地方,可以说有许多精美的古建筑,或曰古建筑群,都有着一个共同的突出特征,就是非常讲究对称;而老北京城,其内城九座城门的建筑,亦不例外。

那么,京城九座城门的古建筑,究竟是怎样体现出了对称的呢?您能不能将这个问题,给讲解一下呢?

钱先生答:

要回答这个问题,就需要从京城南面的正阳门说起。

·正阳门·

俗称前门,于永乐十七年(1419年)与皇宫紫禁城同时营建,并将当时位于今东西长安街一线的元大都南面的城墙往南移至现在的"前三门"一线。京城南面的正门,则仍然沿袭元大都丽正门的旧名。到了明正统元年(1436年),英宗皇帝(朱祁镇)下谕旨修建京师九门,并加修营建瓮城箭楼,于正统四年(1439年)建成后,才将丽正门改名为正阳门。

改建前的正阳门

·正阳门东西两侧的两座城门,是相当对称的·

简要说来,是因为这两座城门,距离正阳门均为三里。元大都城时,其东侧的名曰文明门①,西侧的名曰为顺承门②,明英宗于正统四年(1439年)将丽正门改为正阳门的同时,才将文明门改名为崇文门,将顺承门改名为宣武门。

·京城东西两侧和城北面的城门,亦是相当对称的·

简要说来,是因为东有东直门,西有西直门;东有朝阳门,西有阜成门,不用多说,很明显是对称的。

元大都城时,其东西两侧,皆有三座城门,即"正东曰崇仁,东之南曰齐化,东之北曰光熙,正西曰和义,西之南曰平则,西之北曰肃清,北之西曰健德,北之东曰安贞。"(《宸垣识略》)明太祖朱元璋建都南京,改大都路置北平府。毁大都皇宫,并将元大都城北面的城墙南移至今德胜门、安定门一线,距旧城址大约有五华里左右,同时废弃元大都城东西两侧及北面的四座城门——光熙门、肃清门、健德门、安贞门。新营建的北京城(内城),其北面,则仍然为两座城门,其东侧的名曰安定门,西侧的名曰德胜门。明太祖(朱元璋)洪武二年(1369年)改崇仁门为东直门,改和义门为西直门,其余各门,则仍旧。京城东西两侧的齐化门和平则门,在永乐年间大规模修建北京城时,则仍然沿袭元大都城时的旧名,一直到明代第六位皇帝朱祁镇下谕旨营建京城九大城门楼,于正统四年(1439年)落成时,才将齐化门改名为朝阳门,将平则门改名为阜成门。

二　京城九座城门中的五座城门更名的由来

赵先生问:

在元大都城的基础上修建起来的内城,将元大都城的十一座城门,给修改建造成为九座城门,其中有五座城门,未沿袭旧名,它们是丽正门、文明门、顺承门、齐化

---

①文明门　其名取古籍名著《周易》文明以健,"其德刚健而文明的内涵之意"。
②顺承　其名为古籍名著《周易》里记载的文句"至哉坤元,万物滋生,乃顺承天"的截取。

门、平则门,分别修
改为正阳门、崇文
门、宣武门、朝阳门、
阜成门,而且这五座
城门的改名,据说与
明英宗朱祁镇有着
密切的关系,究竟为
什么呢?您能不能将
这个问题,给我讲一
讲?

钱先生答:

回答这个问
题,需要从英宗皇
帝朱祁镇说起。

据史书记载:
明英宗朱祁镇,不
满8岁登基。按照正
统四年四月京城九
大城门楼落成的时

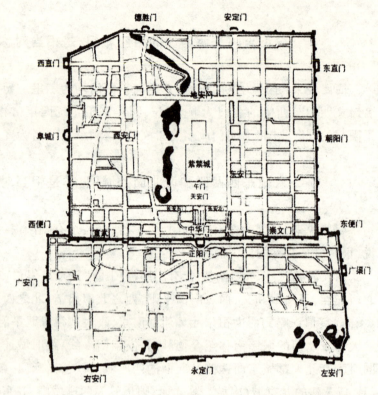

九门分布图

间来推算,此时英宗皇帝朱祁镇还是个12岁的顽童,所知甚微。此时,朝廷中的大
宦官王振就乘机作威作福,秉权专政,危害朝廷。在这种局面之下,太皇太后不得
不旨令先朝重臣名宰入朝辅政,以巩固和发展朱氏皇家大业继承人——朱祁镇皇
帝的统治,显示一下明英宗皇帝朱祁镇有超人的能力,大治于天下。为了增强帝王
至高无上的尊严和权力,有的大臣就献计献策,趁京城九大城门中的五座城门进
行改称的机会树立少年天子的权威。为此,朝廷中有才能的大臣们,还就如何改
名,而制造出一种恰到好处的说法。

这种说法,具体说来就是:取"积阳为天,天有九重","日者众阳之宗"的综合
性的意思,加之《左传》里亦载:"天子当阳",故将帝王出入京城(南面的正门)的国
门,更原名丽正门为正阳门。帝王不仅是离不开"左辅右弼",而且治理天下,亦离
不开"文治武安",故更名文明门、顺承门为崇文门、宣武门。取"朝阳"之"朝"字,其
意为朝廷中的文武百官大臣,天天要朝拜皇帝;取"阜成兆民"(《书·周官》)之意,

寓意朝廷中的文武百官，都要以身作则，社会才会有良好的道德，才会国泰民安，故更名齐化门、平则门为朝阳门、阜成门。其他四座城门——东直门、西直门、德胜门、安定门，其门之名则仍旧焉。

三　京城九座城门各自趣味性的说法

赵先生问：

人们说：京城九座城门落成后，渐渐形成了有各自趣味性的说法。那么，这九座城门的趣味性说法究竟是什么呢？您能否给我说一说？

钱先生答：

回答你提出的问题，需要从京城九座城门中的重点之门，即京城南面的正门——正阳门先说起。

·正阳门石马·

九座城门中的重点之门——正阳门，俗称为前门，这座门是老北京内城南面的正门，或曰"国门"，从它修建落成那天起，经明清两代，常年关闭着，绝对不允许黎民百姓出入。而只有"天子"、"真龙"(皇帝)出宫到城南郊天坛去祭天，或者去先农坛祭祀神农(或曰"先农")时，才御驾出入该国门。黎民百姓，只能从城门楼两侧瓮城(亦称月城)下的门洞里进出。

据说原来，在正阳门箭楼与五牌楼之间的西河沿道中，曾经有过一石马，横立于河中，是老北京时，人们比较喜欢的一景。这一石马长约2米，高1米多。相传，北京的子午线中的"午"说的就是它。午，乃十二属相中属马之谓也。

正阳门石马，这仅仅是一说；还有一说，就是老北京人传说，从前曾经出现过纸糊的"国门"，这究竟是怎么回事呢？下面，接着就说说这个问题。

·纸糊的正阳门·

京城南面的正门——正阳门，在光绪二十六年(1900年)的时候，其城楼被毁

1902年回銮队伍经过大清门

　　于八国联军的战火,一片残垣断壁,显得格外凄凉。当时,在外地避难的慈禧太后和光绪皇帝要回京都过万寿节（皇帝生日）,为了不使他们看到京城这凄惨的景象,朝廷中的文武百官们挖空心思,终于琢磨出了一个办法,就是将京城技艺高超的裱糊匠们召集一起,扎制出一座纸糊的"国门"（正阳门）。扎制的城门楼果然达到了以假乱真的程度,人们远远望去,就好像真的城门楼一样。这一非常具有讽刺意味的传说,无情揭露了封建朝廷统治的腐败无能,因而流传了多年。

　　京城南面的正阳门,其东西两侧的两座城门,即崇文门和宣武门亦有趣味性的说道。

·崇文门铁龟·

　　老北京时,崇文门又以瓮城左首镇海寺内的镇海铁龟著名。铁龟的直径一米多,造型古朴独特。所以,老北京人习惯说京城正阳门的东侧,有崇文门铁龟。

·宣武门水平·

据说在宣武门的瓮城内,原有砖砌的五火神台。此地方低洼,雨季时城内之水多从此经过,流出城门。天长日久,看守城门的兵士以此砖台为记,以水淹砖台的位置判断城内积水的状况,适时开门宣泄城中雨水,果然奏效。因此就出现了"宣武水平"的美称。

老北京
宣武门

·宣武门午炮·

从前老北京城,宣武门最为显耀的东西,就是"午炮"。为什么?因为在宣武门瓮城箭楼的台基上,停放着五尊大铁炮。炮身上刻有铸炮工匠的姓名。这些古炮反映出我国古代劳动人民的铸造工艺是相当高超的。

据《最新北平指南》一书介绍:

午炮有两处,一处在宣武门以东的城墙上,一处在德胜门以东的城墙上,每日午时燃火药炮一声,声振遐迩,用于城中人们对时之用,人称"宣武门午炮"。

京城东侧的两座城门,即朝阳门和东直门的趣味性的说道。

·朝阳谷穗·

朝阳门

因朝阳门为运粮进京的一座重要城门，因此在瓮城门洞内左侧墙上，镌刻有谷穗一串，象征此门为进京粮道之门。并且其旧俗正月二十五为填仓节，每当此节前后，经朝阳门的往来粮车络绎不绝。因居住京师的居民不事耕种，储存粮食不多，日常所需要的粮食和其他物品，多靠其市面上的交易，正月正是家中粮仓空虚之时，需购置较多的粮食，名曰"填仓"，以供日后食用，所以每年正月，进城的粮食车最多。

·东直雕像·

京城东面的东直门，为京城九座城门中最穷之门。为什么？因为在东直门的瓮城里，以郊外盆窑小贩和日用杂品商人居多。并且因为做这种买卖的，都是小本生意，只能维持最低的生活需求，所以东直门聚集的都是贫穷之人。然而不同的是：东直门瓮城庙的药王雕像极为精细、有名，故被人们誉名为东直雕像。

·东直铁塔·

原东直门外小街，其塔园附近有一铁塔，被人们习惯称为"东直铁塔"，其塔内供的佛像，据说是明代第二位皇帝朱允炆。

京城西侧的两座城门，即阜成门和西直门的趣味性的说道。

·阜成梅花·

旧时,京西门头沟的煤车多出入阜成门,所以阜成门成为往城里运输煤炭之门。因为运煤有"倒霉"之嫌,故在瓮城门洞内,由煤栈客商募捐,在汉白玉石上精雕梅花一朵,镌在墙壁上,以此示意煤栈客商们求个顺利吉祥,财源茂盛。从此,"阜成梅花"亦就成为京城九门之一景。

·西直门折柳·

这是属于人们对西直门外,其长河沿岸垂柳成行、山青水秀美丽风光的描写。每年清明过后,柳树吐绿,百花盛开。亲朋好友相邀互携,到西直门外的长河春游,临别时依依不舍,折柳相赠。久之,就形成了西直门折柳的说法。

西直门

·西直水纹·

西直门还有一说,叫做"西直水纹",因为它在京城九门当中,为运水进城的惟一之门,连从西郊玉泉山来的为皇宫运水的插着特殊标记——小黄旗的毛驴御水车,都要经过西直门。所以,在西直门的瓮城门洞中刻有汉白玉水纹石雕一块,这样就成了京城九门的一绝,叫做"西直门水纹"。

京城北面的两座城门,即德胜门和安定门的趣味性的说道。

·德胜门祈雪·

德胜门是通往塞北的重要门户,又被人们称之为"军门"。据说,乾隆四十三年

(1778年),天大旱,饥民扶老携幼迁徙逃亡。年末,乾隆皇帝北行去查看十三陵,当銮驾至德胜门时,喜逢大雪,因瑞雪兆丰年,故乾隆皇帝大悦,銮驾停在德胜门,御书祈雪诗三首,并通谕刻石立之,以慰天公。"德胜石碣祈雪碑"立于当时德胜门瓮城中同兴德煤栈的西侧,其碑的大小及形制与"燕京八景"碑差不多。

德胜门箭楼

·安定真武·

安定门,为出兵征战得胜而归收兵之门。京城九门中,其他八大城门瓮城内,皆修建的是关帝庙,惟有安定门的瓮城内,修建的是真武庙,故安定真武亦成为九门之一绝。

四 京城的九门城楼始建于何时

赵先生问:

人们说:京城亦称内城,有九座城门,即正阳门、崇文门、宣武门、朝阳门、东直门、阜成门、西直门、德胜门、安定门,老北京人,差不多还能说得上来,但是对于其

城门楼,究竟始建于何时,虽然是老北京人也不一定能说得上来了,这个问题,能不能给我说说?

钱先生答:

京师的九座城门楼究竟始建于何时,是由谁牵头修建起来的?回答这个问题不用我多说,只要将《北京文物报》"谈谈正阳门"一文中有关的记载给您念一念,就会一清二楚,其原文为:

明正统六年十月初十日(公元1436年12月7日),由太监阮安都同知沈清及少保工部尚书吴中等,奉旨率领军夫数万人,开始修建京师的九门城楼,历时四年,于正统四年四月竣工。

这里必须说明一下的是:全国解放后的50年代,改造北京旧城时,由于缺乏长远的认识,将京城九门的八大城门楼及其瓮城等一一拆除掉了,只将京城南面的正阳门(俗称前门)城楼给保留下来了,但其瓮城亦被拆除了。那么,正阳门城楼,为什么会被保留了下来?主要就是因为京城南面的正阳门,自正统年间修建落成后,就是九门城楼中的重点,是最具有代表性的了,所以,50年代,京城被改造时,这个具有代表性的正阳门城楼才免遭被拆除的噩运。

正阳门和正阳门城楼,其地理位置,在今日北京天安门广场的南面,前些年,几经整修后,正阳门和正阳门城楼的面貌焕然一新。人们观赏到这座精美的古建筑城楼,无不感到雄伟壮观。这座俗称为前门的古城楼,在今日北京来说,则是属于最突出、最典型、最具有代表性的一座精美的古建筑城楼了。其东西两侧的崇文门和宣武门,其城门楼和瓮城,虽然都已经一一被拆除掉看不见了,但至今,人们仍然习惯取这三座城门之意,将在其南面兴建的比较典型的高楼大厦一条街,称之为"前三门"大街。

五　正阳门城楼匾,其"门"字
为什么没有钩

赵先生问:

我国汉字,其"门"字是有钩的,但是正阳门城门楼的门匾,"门"字没有钩,究竟是为什么呢?您能不能给我说一说?

钱先生答：

这需要从"避讳"说起，因为北京正阳门城门楼，其门匾的"门"字没有钩，与讲究"避讳"是有着密切的关系的。

避讳 有两层意思。一层意思是指封建时代，在社会生活实践中，逐渐形成了人们对于君主和尊长(如爷爷奶奶父母等)的名字，避免直接说出来，或者直接写出来，美其名曰"避讳"。

这个问题，从中国历史上来说，其事例有不少，这里可举上几个说说。例如汉文帝刘恒，为了避讳"恒"字，就将中国五大名山中的北岳恒山给改名为常山了。又如北宋文学家、书画家苏轼的祖父名"序"，而苏轼为了避讳其祖父的名，当作序时，就时常改"序"为"叙"，或者写成为"引"。再例如《南史·王琨传》载："而避讳过甚，父名怿，母名恭心，并不得犯焉，时咸谓矫枉过正。"

讲究避讳，再一层意思，是指修辞学上辞格之一。说话时遇有犯忌触讳的事物，不直说该事物，用旁的话来表述。如："现今还有香火、地庙，以备京中老了人口，在此停灵。"(《红楼梦》第五回)其中的"老"，就是"死"的避讳辞。

人们传说，有一年，不知哪位皇帝出入京城南面的正门正阳门时，发现城门楼上其门匾的"门"字有钩(繁体字，"門"字应该有钩)，他眉头一皱，心里觉得不吉利。回宫后就下旨命人重写了正阳门的门匾，把门字的钩砍掉，以示尊崇皇帝避讳，出入正阳门顺利吉祥。这样，正阳门悬挂的门匾，其"门"字至今是没有钩的。

有一天，笔者到中国民间工艺美术大师曹仪简家串门，说起正阳门的门匾，其"门"字没有钩，这引起了大师的兴趣，他立刻将藏书——图文并茂的故宫博物院大型汇刊拿了出来。我们二人一块儿仔细查看，又发现了新问题，就是：紫禁城内，悬挂的许多门匾，其"门"字都是没有钩的。而我国汉字，其"门"字是有钩的，那么明清两代，究竟始于何时，始于哪位皇帝，因讲究避讳，而下谕旨将许多门匾一律重写，将"门"字上的钩砍掉，这个问题目前尚无史料可查，有待于考证。

第四章

北京著名的天地日月坛

一　自古始，天地日月，从未间断过对人类做贡献

赵先生问：

北京著名的祭祀性的"天地日月坛"，与自然界中的"天地日月"的关系，肯定是非常密切的。那么自古始，人们为什么要进行祭祀天地日月呢？究竟有什么道理？您能否对这个问题回答我一下，使人们也闹个明白！

钱先生答：

您提的问题的确值得认真回答一下。

自然界中的天地日月，自古始从未间断过对人类社会做贡献，这里不可能一一列举，举上两三个例子，就足以说明问题。

例一：何谓"天"，何谓"地"，天地究竟是怎样产生的？与人的关系究竟是怎样的？中国名著《黄帝内经·阴阳应象大论篇第五》里，提出了一些认识和看法：清阳之气上升而为天，浊阴之气凝聚而为地。生活中，人们谁也离不开自然界中的云和雨；而云和雨，与天地的关系，又是非常密切的，为什么？因为地气上升成为云，天气作用于云，下降为雨，雨来源于地面的水气，云成于天气的蒸化。而非人所为的天地，与人体的关系，又是极为密切的，为什么呢？因为天——清阳之气，出于人体的上窍，才会有发声、视觉、听觉、嗅觉、味觉等功能；其糟粕和废水则由前后二阴排出；不仅如此，而天——清阳之气，其特征是：发布于腠理，而能温煦体表肌肉；其浊厚的阴精，则就会分别贮藏于五藏（脏）——心肝脾肺肾；而天——其清阳之气，亦就会充实于四肢，使其饮食之物归于六腑。

其实，上面所说的这些内容，用《黄帝内经·阴阳应象大论篇第五》里归纳概括出的精辟语言来说，就是叫做：

> 故清阳为天，浊阴为地。地气上为云，天气下为雨，雨出地气，云出天气。故清阳出上窍，浊阴出下窍①；清阳发腠理，浊阴走五脏；清阳实四支，浊阴归六腑。

---

①清阳出上窍，浊阴出下窍　其"清阳"，此指发声、视觉、嗅觉、味觉、听觉等功能赖以发挥作用的精微物质。上窍，指耳、目、口、鼻。浊阴，这里指其食物的精粕和废浊的水液。下窍，指前后二阴。

例二:《黄帝内经·阴阳应象大论篇第五》里,对自然界中的天地还提出了这样的一些认识和看法:天所以有精气,地所以有形体,主要的就是因为天有八风的纲纪,地有五行之道理,因而天地是万物的根源。其具体的就是说,清阳上升为天,浊阴下归于地,所以天地的动静,以变幻莫测的阴阳变化为纲纪,因此有生长收藏的变化,并且其特征是:终而复始,循环不休。

不仅如此,还指出:天地与人的关系是非常密切的。究竟怎样的密切,其具体的指出:古代的贤人法象天地自然,在上部,配合天气以养头;在人体的下部,取象地气以养足;在人体的中部,傍合人事以养五脏。

然而不仅如此,天气与"五脏"中的肺气相通,地气与嗌②相通,风气与肝相通,雷气与心相通,谷气与脾相通,雨气与肾气相通,而人体的六经好比河川,肠胃犹如大海,九窍为水气灌注之处。

还有就是:以天地自然比类人体的阴阳,阳气发泄所形成的汗,就像天地间的雨;其阳气的运行,就像天地间的疾风。而刚躁暴怒的发作,就像雷霆,人的上逆之气,就像自然界阳火升腾。所以说,生活中,人们讲究调养身体,如果不取法天的八风之纪和地的五行之理,那么,疾病或疾病灾害就要发生了。

其实,上面所说的一些内容意思,用《黄帝内经·阴阳应象大论篇第五》里归纳概括出的精辟语言来说,就是:

故天有精,地有形,天有八纪,地有五理,故能为万物之父母。清阳上天,浊阴归地,是故天地之动静,神明为之纲纪,故能以生长收藏,终而复始。惟贤人上配天以养头,下象地以养足,中傍人事以养五脏。天气通于肺,地气通于嗌,风气通于肝,雷气通于心,谷气通于脾,雨气通于肾。六经为川,肠胃为海,九窍为水注之气。以天地为之阴阳,阳之汗,以天地之雨名之;阳之气,以天地之疾风名之。暴气象雷,逆气象阳。故治不法天之纪,不用地之理,则灾害至矣。

例三:《黄帝内经·阴阳应象大论篇第五》里,对自然界中的"天地"、"日月",还提出了这样的一些认识和看法,其内容大体上是黄帝问道:我听说天属阳,地属阴,日属阳,月属阴;而大月和小月合起来,共三百六十天,为一年,生活中,人亦与此相应。如今所说的人体的三阴三阳,和天地阴阳之数不符,这是怎么回事呢?黄帝手下的大臣,或曰天师(尊称)岐伯听了,回答说:阴阳在具体运用时,只要是经

②嗌　食道上口,又称咽。

过进一步推演，就可以由一及十，由十及百，由百及千，由千及万，甚至数也数不清；但是，归纳概括说来，其规律只有一个。天地之间，万物初生，当未长出地面时，叫做阴处，又被称之为阴中之阴；如若已长出地面，就可说成为阴中之阳。

总而言之，当在万物的生长中，其阴和阳，则各有其自己的职责，即阳主发生，而阴主其成形，所以说，万物的生发是因为春天的温暖；而盛长，则是因为夏季天气的炎热；其收成，是因为秋天的清凉；而闭藏，是因为冬天的寒冷。如果说，其阴阳的消长失于正常，那么就会使其天地间生长收藏的变化发生止息。这种阴阳的消长变化，联系人来说，亦是有一定的规律，并且亦是可以推知出来的。

其实，前面所说的这些内容，用《黄帝内经·阴阳离合论篇第六》里归纳概括出来的精辟语言来说，就是：

黄帝曰：余闻天为阳，地为阴，日为阳，月为阴，大小月三百六十日成一岁，人亦应之。今三阴三阳，不应阴阳，其故何也？岐伯对曰：阴阳者，数之可十，数之可百，数之可千，推之可万，万之大，不可胜数，然其要一也。天覆地载，万物方生，未出地者，命曰阴处，名曰阴中之阴；则出地者，命曰阴中之阳。阳予之正，阴为之主，故生因春，长因夏，收因秋，藏因冬，失常则天地四塞。阴阳之变，其在人者，亦数之可数。

上面所说的三个例子，只不过是属于中医科学认识方面的非常少的三个例子而已！既然自然界中的天地日月，自古始，就不间断地对人类社会做出了许许多多的贡献，社会生活实践中，人们的确应该采用各种方法，或曰采取各种形式，来祭祀天地日月。

二 北京为什么会出现南有天坛

赵先生问：

北京著名的天地日月坛，亦是属于祭祀性的。那么，其祭祀天地日月的具体内容究竟都有什么呢？您能不能在这些方面解答一下？

钱先生答：

回答这个问题，需要从古代人们对天、地、日、月的认识说起。

·古代人们对天、地、日、月的认识·

古代，人们将"天"想像成为日、月、星辰和云、雨、风、雷的主宰者。出于农业生产和人们精神生活上的需要，我国早在奴隶社会时期，已经出现了祭天礼俗，如《周礼·春官·大司乐》里记载：周代礼乐制度的重要部分"六舞"中的"云门"和"大咸"，就是属于当时用以祭祀天地的两种乐舞，就是属于企图祈求"天"每年都能风调雨顺，使农业生产有个丰收的好景，让人们过上安居乐业的生活。

·以示敬重天文学家取得的重大科研成果，
才出现了祭天活动·

随着社会生产和生活发展的需要，春秋时代的天文学家通过用土圭(古观测

天坛祭天图

仪)对日影长短变化的观测,不仅确定出春夏秋冬时间最短的一天——日南至(亦称冬日至等,即今称的冬至),而且还将经过连续四次对"日南至"日中日影的观测,其日影准确无误恢复到原处的时间为一千四百六十一天作为一个周期,并将这一周期分为四份,每份为三百六十五天多,为了计时和使用上的方便,取其整数,确定一年为三百六十五天。天文学家取得这一重大科研成果,亦影响到生活中的祭天礼俗。所以就出现了讲究每年祭天要在"冬日至,于地上之圜丘奏之。"(《周礼·春官·大司乐》)即指演奏古乐和跳"六舞"中的"云门"或者"大咸"进行祭天。但为何非要在"圜丘"之地进行祭天呢?唐学者贾公彦作了解释:"土之高者曰丘,取自然之丘圜者,象天圜也。"古时,"圜"同"圆";而"天圜",即指天体。《易·说卦》里,亦作了比较透彻的解释,即"乾为天,为圜"。所以说古时选择"圜丘"之地进行祭天,是一种有含意的活动。

　　古代密切结合农业生产上的需要,而逐渐出现了讲究捉拿贼鱼和猎取豺兽进行祭天的礼俗,可以说自古开始,春秋,是属于一年农业生产中重要的两个季节,所以,古时每年一到春季雨水节气时,人们为了祈求"天"能使农业生产风调雨顺,就讲究捉拿贼鱼进行祭天。如宋元时期的学者吴澄(1249-1339年)在《月令七十二候集解》里记载:"祭鱼,取鱼以祭天。"所以,祭天的礼俗,亦被"科学家"概括名曰为"獭祭鱼",选作为雨水节气一候的"候应"了。而秋季,人们为了答谢"天"与庆贺五谷丰登,每年一到霜降节气时,讲究猎取豺兽进行祭天。所以,古代"科学家"将秋季猎取豺兽祭天礼俗概括叫做"豺乃祭兽",并将它选定为霜降节气一候的"候应"了。

　　封建帝王为了以示重视农业生产,下谕旨而营建了祭天用的天坛。

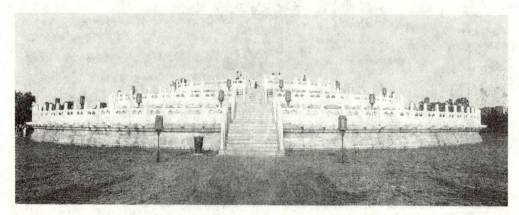

天坛圜丘坛

到明代时封建朝廷为了表示重视农业生产，紧密配合帝王祭天祈谷的需要，于永乐十八年(1420年)在正阳门外，永定门内大街东营建成精美的世界闻名的天坛。它占地约273万平方米，是我国现存最大的古代祭祀性建筑群，同时也是世界建筑艺术的珍贵遗产。

天坛，它是圜丘和祈年两坛的总称。其主要建筑在坛内，即圜丘坛在南，祈谷坛在北；二坛同在一条南北中轴线上。尤其是北面祈谷坛的祈年殿建筑，格外突出典型，同时亦格外引人注目。建造宫殿的艺术大师们，将祈年殿建筑的设计构思，同"天圆地方"和"天有九重"及"天数"说，以及与我国独创的农业二十四节气密切结合。根据古老的"天圆地方"之说，建筑大师们将祈年殿建筑成圆形，以示象征天。由于自古流传"积阳为天，天有九重"；而"九九"的概念，古时又是代表"天数"；所以建筑大师们将祈年殿结构的高度，设计为九丈九，象征天有九重。而祈年殿内，四根大圆柱子，象征一年四季。殿内中层和外层设计建筑成两排柱子各有十二根，殿内中层的十二根柱子，象征一年有十二个月；殿内外层的十二根柱子，象征每天的十二个时辰。那么每月有三十天怎么表示呢？建筑大师们也想出了恰到好处的办法，就是将祈年殿的殿顶建筑成为周长三十丈，象征一个月三十天。如将殿内中层和外层两排柱子加起来，恰好是二十四根，它又象征一年春夏秋冬的二十四节气。

总之，北京天坛，是由古老祭天的礼俗逐渐发展演变而来的。

三 内斋宫和外斋宫的由来

赵先生问：

天坛祭天，有一个斋宫不就够用了吗？为什么会出现两个斋宫，即内斋宫和外斋宫，究竟是因为什么？您能不能将这个问题给我讲讲？

钱先生答：

回答这个问题，我可以用《内斋宫的由来》为题目，给你说说。然后，再说天坛内的外斋宫！

·内斋宫的由来·

封建帝王进行祭天要斋戒，本来在天坛内有一座斋宫就足够用了，但为什么在紫禁城内还要营建一座"斋宫"呢？这主要有两方面原因：一是雍正即位时尽管平定三藩的战事已结束，但是全国各地，甚至京城及京都附近，仍然不断有抗清起义；二是宫廷斗争激烈，主要表现在康熙晚年诸子争夺皇位，不少皇子骨肉相残，各有死党，各有谋士和打手，雍正即位以后，虽然说雍正利用皇权的优势，采用诛杀监禁等残酷手段，清除了一些皇族兄弟，但雍正仍然是提心吊胆做皇帝，十分担心被人暗害，所以不敢在天坛的斋宫里独宿三昼夜。但祭天大典的要求，又不能随意废弃，怎么办？雍正经过精心琢磨之后，就想出了用内斋和外斋相结合的办法进行斋戒。因此，雍正九年（1731年），雍正皇帝下谕旨在紫禁城内东路南端又营建了一座斋宫，美其名曰"内斋"；将天坛里的斋宫称为"外斋"。这样，就变成了在祭天前一天的夜间十一点钟，雍正皇帝才从内斋宫移往外斋宫进行象征性的斋戒。算起来，雍正皇帝在天坛内的斋宫里停留的时间，只有四个小时左右。这样，就使雍正皇帝的人身安全得到了相应的保证。

·天坛内的外斋宫·

天坛内的外斋宫为五间正殿。其建筑结构和正式宫殿一样，亦为重檐垂脊，吻兽俱全。但外斋宫的建筑，与其他宫殿不同的是：其殿顶为拱券形，不露栋梁椽痕迹，故被人们誉为无梁殿。外斋宫在北京亦是一座相当著名的古建筑。

天坛内的外斋宫，与其他许多建筑一样，亦讲究左右对称。其殿前左右不仅各

天坛斋宫

置配殿三间。而且在外斋宫殿前的丹墀(露台)上,其左右也各置一座白石亭子,左边的名曰斋戒铜人亭,右边的名曰时辰亭。

这里值得一提的是:左边的斋戒铜人亭里,摆放的铜人像据说是唐太宗李世民的著名宰相魏征。将魏征的像摆在这儿,是为了警示皇帝要虔诚斋戒,切忌胡思乱想。为什么斋戒铜人亭,其铜人像为魏征呢?这是因为魏征自唐朝以来,在社会上产生过深远的影响。

这里将魏征的一生作个简要的介绍。

魏征　唐初政治家,字玄成,馆陶(今属河北)人。他少时孤贫落拓,出家为道士。隋末参加瓦岗起义军,李密败,降唐。又被窦建德所获,任起居舍人。后建德失败,入唐为太子洗马。太宗即位,擢为谏议大夫,前后陈谏二百余事。贞观三年(公元629年)任秘书监,参预朝政,校定秘府图籍。后一度任侍中,封郑国公。曾提出"兼听则明,偏信则暗",多次劝太宗以隋亡为鉴,认为君好比舟,民好比水,"水能载舟,亦能覆舟","无为而治"。其言论见于《贞观政要》。其著作有《隋书》的序论与《梁书》、《陈书》、《北齐书》的总论,主编有《群书治要》。

魏征的一生,尤其是他提出的"兼听则明,偏信则暗",及多次劝太宗以隋亡为鉴,认为君好比舟,民好比水,"水能载舟,亦能覆舟",在社会上产生深远的影响。为了祭祀魏征,故在外斋宫的斋戒铜人亭里,摆放魏征的铜人像。当然,这仅仅是属于笔者的一种认识、理解和分析罢了。

四　从蓝黄绿黑四色琉璃瓦的应用说起

赵先生:

天坛里精美的古建筑祈年殿,最初覆盖的是蓝黄绿三色琉璃瓦,为什么要用三色呢?这个问题,您能不能给我说说?

钱先生答:

回答这个问题,需要先从颜色说起。

·天坛的祈年殿,为什么用蓝黄绿三色琉璃瓦·

颜色,或曰色彩,是客观存在的,而且亦有各种各样,从古时候开始,人们对各种颜色,已经会巧妙地应用了。

那么,许多颜色中的蓝、黄、绿这三色与天坛又有什么关系呢？又为什么选用这三种颜色呢？因为根据古代人们的认识和解释,蓝、黄、绿这三种颜色,分别代表昊天、皇帝和庶民。

所谓昊天,不过是属于天的一个别称而已！天的别称有不少,如圆象、泰元、木皓等。昊的本意是广大无边,亦指天,昊天,就是天的代称。天,本无色,但人们在晴空无云时,看到的天空是蓝色的,所以,生活中人们习惯以蓝代表天。那么,为什么说颜色中的黄代表皇帝呢？因为深受远古时期帝王黄帝的影响,所以人们对黄帝的"黄"字极为尊崇,黄就逐渐演变成为帝王宫殿和服饰的专用色调,而黄亦就随之代表皇帝了。自古始,大地上的百草树木皆为绿色,人们渐渐就将黎民百姓称之为草民,而"王者以民为天"（《汉书·郦食其传》）。所以,人们或者说特别是封建帝王讲究以颜色中的绿代表庶民。因此,明永乐十八年(1420年)营建的天坛,特别是祈年殿,讲究上檐用蓝色琉璃瓦,中层黄色,下层绿色。清乾隆十六年(1751年),将原来的大享殿更名为祈年殿时,将三层檐一律改用蓝色琉璃瓦覆盖,直到今天。

·智化寺诸殿为什么覆盖的是黑色琉璃瓦·

北京智化寺,始建于明正统九年,为明代大宦官王振祭祖的家庙,后成为佛寺。其地址在东城区禄米仓东口路北。

智化寺南从山门起,北至大悲堂止,诸殿中的重要建筑,如智化殿、如来殿、大悲大智殿、藏殿、北及山门内的钟鼓二楼,均覆盖着黑色琉璃瓦顶。智化殿后的抱厦,原大悲堂后面附属性的建筑、方丈和寺内厢房庑等,也使用普通黑色瓦盖顶。

古时,黄色釉琉璃瓦品级为最高,绿、蓝二色为次之。故品级最高的黄色釉琉璃瓦,仅限于紫禁城,或者为帝王营建的一些宫殿所使用,其他的建筑一律不允许使用。绿、蓝二色釉琉璃瓦仅次于黄色釉琉璃瓦,一般性建筑亦不允许使用。

明代大宦官王振营建的智化寺,最初是祭祖的家庙,故只能使用黑色琉璃瓦覆盖殿顶。尽管当时王振的权势很大,但由于琉璃瓦烧制困难,所以,不得不将智化殿后面的抱厦, 以及大悲堂后面附属性的建筑——方丈和寺内厢房庑等建筑物,使用普通黑色瓦解决覆盖问题。刘敦桢则认为正统年间王振挟英之势,炙手可热,区区之瓦不难罗致,"惟后世增建或不易求赐,故以普通之布瓦葺覆耳"（《刘敦桢智化寺调查记》）。

五　北京为什么会出现北有地坛

赵先生问：

北京南有天坛，北有地坛，特别是为什么会出现北有地坛，究竟有什么道理呢？您能否给我说说这个问题。

钱先生答：

概括说来，到了明清两代时，封建帝王为了以示重视农业，密切结合祭祀天地日月的需要，取其历史上最早测定出的冬至、夏至和春分、秋分四大节气之日，祭祀天地日月神。《明宫史》中载："凡冬至圣驾躬诣圜丘郊天，由正阳门出也。""凡遇夏至圣驾躬诣方泽坛祭地，即由安定门出也。"每年春分日(寅时)进行祭日，即"圣驾春分躬诣朝日坛，……则由朝阳门出"。每年秋分日(亥时)祭月，即"圣驾秋分躬诣夕月坛，则由阜成门出"。

·地坛·

原称方泽坛(据古"天圆地方"之说，故名为方泽坛)，始建于明嘉靖九年(1530年)，于嘉靖十三年(1534年)改名为地坛。清代屡经重修。在北京东城区安定门外路东。

地坛

地坛的主要建筑是由外坛和内坛而组成，其主要建筑，则是祭台。为祭祀活动服务的一些附属建筑，有皇祇、斋宫、神库、神厨、宰牲亭、钟楼等。

地坛的主要建筑——祭台最突出的特征　其祭台，则根据古代"天圆地方"之说,不仅将坛建筑成为方形台,而且还按照古代"天为阳、地为阴"的认识和说法,将铺砌坛而使用的石数,皆运用"阴阳数"中的"阴数"。为什么?则需要将"阴阳数"说一说。

阴阳数 何谓"数"?古人已经作了相当科学概括的解释,即"数者,一十百千万也。"(《汉书·律历志上》)而"数",在我国的民族传统文化中,亦深受阴阳说的影响,即将十位数中的双数(偶数)二、四、六、八、十,名为阴数;将单数(奇数)一、三、五、七、九名为阳数。

根据古代"天为阳、地为阴"的认识和说法,天坛建筑群中的圜丘坛,则讲究运用阳数中的九之"天数"。例如,圜丘坛,分高矮三层,最高一层台面的直径,是古尺九丈;中间一层台面的直径,取其阳数即天数三、五的倍数,为古尺15丈;下面最大一层台面的直径,取阳数三、七的倍数,为古尺21丈;三层台面的直径,其总和是天数五、九的倍数,为古尺45丈。

地坛,讲究运用阴数,即双数,例如:上下两层石质方形的祭台,皆运用的是阴数。上层面积为6平方米,下层为10多平方丈,不仅如此,而且连台面铺砌使用的石数,皆运用的是阴数。

祭台的上层坛面,其中心铺砌为36块较大的方形石块,按纵横各6块排列;四周用较小的方形石块铺砌,围绕着36块中心石四面向外砌出8圈,最外一圈92块,最内一圈36块,这样上层坛面共有512块,加上36块中心石,则共有548块。

祭台的下层坛面,亦是同上层一样,是从坛四周各砌出8圈,最外一圈为156块,最内一圈为100块,共计为1024块,祭台上下层坛面的总石数为1572块。

更有趣的是,绕坛有一条水池,其长、深、宽,亦取的是阴数:长50丈,深8.6尺,宽8尺,根据古代天圆地方之说,就取一"方"字,及取水池之意,互相联系一起,故地坛原名为方泽坛。

夏至祭地 每年一到夏季农历五月夏至祭地。一般说来,皆由皇帝亲祭。如果皇帝不能亲祭时,亦要由亲王和大臣代祭。比较典型的例子,如乾隆帝为亲王时,就曾经代表雍正皇帝进行过两次祭地的活动。

祭地的行祭礼 在祭台上层坛的南面,正位为皇地祇,配位为先皇的神主;在祭台下层的东边,为"五岳"和"四海神位",西边为"五镇"、"四渎神位"。上下层的各神位,皆各覆以三层明黄色幄幔。

祭礼,在日出前举行 每年在夏至日出前举行祭礼。此时,祭台灯火通明,香烟袅袅,在古乐声中,身穿祭服的皇帝,在神位前上香,行三跪九拜礼,同时还要

献帛、献爵、进俎，直到最后埋完祭品，祭地的祭祀活动仪式才宣告结束。

六　北京为什么会出现东有日坛、
西有月坛

赵先生问：

人们说，北京之所以会出现东有日坛、西有月坛，与日影、与阴阳历，与祭祀古代科学家对社会做出了贡献，有着一定的关系，究竟怎么回事？您能不能给我说说！

钱先生答：

的确是与日影、与阴阳历有着一定的关系，所以我回答您提出的问题，需要从先"日影"说起。

·日影·

古时，人们将"日影"称为"日景"。早在春秋时期，我国古代科学家们就已经用土圭（古观测仪器）对日影进行观测，不仅发现确定出了冬至（古时，称日南至、日至、短至），而且据经两年的观测记载：冬至正午（古时，称日中）时的日影变化是不相同的。但经过连续四年的观测后，日影才恢复到原处，即日影的变化基本上相同了。所以，我国古代科学家们，将连续四年对日影变化观测累计的时间，即将一千四百六十一天作为一个周期，并把这一周期分为四份，每份为三百六十五天多（加四分之一天），为了计时上的方便，就取其整数，将三百六十五天，确定为一年的时间。

总之，春秋时期，我国古代科学家们，通过对日影较长时间的观测后，不仅确定出冬至，以及一年的时间为三百六十五天，而且还确定出了冬至、夏至、春分、秋分四大节气，并在此基础上，发展演变到秦汉年间，已经形成我国独创的比较完整的一套农业二十四节气，对于农业生产起了重要的指导作用。

·日坛·

我国古代，将太阳视为"大明神"，而且生活中逐渐形成多种形式的祭日风俗。

日坛祭日坛台

例如,从前每年农历二月初一中和节,就是属于祭日风俗。古籍《帝京岁时纪胜》里记载:"京师于是日(二月初一)以米为糕,上印金乌圆光,用以祀日。"

特别是明永乐和嘉靖年间,大规模修建北京城时,封建朝廷密切结合皇帝祭祀天、地、日、月神精神生活上的需要,就取我国最早测定出的冬至、夏至、春分、秋分四大节气之日,进行祭祀天地日月神。所以,修建北京城时,不仅于永乐十八年(1420年)和嘉靖九年,分别在京城的南面和北面,各修建了一座祭祀天地神的天坛和地坛,而且于明嘉靖九年,分别在京城东面朝阳门外和西面阜成门外,各修建了一座祭祀日月神的日坛和月坛。每年"春分祭日,秋分祭月"。

日坛落成后,就成为明清两代祭祀大明神(太阳)的处所,每年春分日出(寅时)行祭祀。现在,这里已经成为北京著名的日坛公园了。

·月与阴阳历·

北京出现祭祀性的月坛,同人们对月的认识,是紧密相关的。所以,开始需要从月的由来说起。

我国古代,将月球因反射太阳光在一个周期内变化不同形状的现象,概括命名为月相,还将一个周期内不同时间的月相,又细分为不同之称:阴历初一、二看不到月面,称为朔;十四至十六前后能看见整个月面,称为望;初八至初十及二十至二十三前后可见的月面形如弓,称为上弦和下弦;十一至十三前后可见的月面称为凸月;十七至十九前后可见的月面,称为残月;初五、初六前后可见的月面形如蛾眉的称人造眉月;初三、四可见的月面,称为月牙。古人通过对月亮进行长期

的观察和研究,逐渐认识到月亮圆缺变化的现象。非常有规律,即从朔到朔,或从望到望,时间长为二十九日多。为了使用和计时方便,就取其整数,或二十九日,或三十日,即将月亮朔、望变化的一个周期确定为一个月。

阴历,是以月球绕地球一周作为一个月。按照现代科学精确的时间计算,一个月的时间,是29天12小时14分3秒。为了计算上的方便,就取其整数,规定大月为30天,小月为29天,积十二月为一年。

阳历,是以地球绕太阳一周的时间作为一年。精确的时间,一年为365天5小时48分46秒。

阴历与阳历相比较,积累起来,三年就要相差上一个月,为了解决这个问题,我国古代科学家们经过精心研究后,发明创造出相当科学的"三年一闰,十九年七闰"的法则,具体说,就是在19年的时间里,有7个闰年,闰年多加一个月,即闰年一年为13个月,平年为12个月。这种历法,不仅反映了月亮圆缺变化的规律,而且亦与地球绕太阳一周作为一年,春夏秋冬天气冷热变化的规律基本上相符合。这就是我国独创的世界闻名的"阴阳历"(亦称"阴阳合历"),并且至今仍在使用。

·月坛·

为了纪念古代科学家在历法上的重大贡献,人们不仅将月亮视为"夜明神",而且逐渐形成多种形式的祭月风俗。到明永乐和嘉靖年间,大规模修建北京城时,封建朝廷密切结合皇帝祭祀天、地、日、月神的需要,取冬至、夏至、春分、秋分四大

月坛

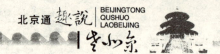

节气之日,进行祭祀天地日月神(以示重视农业二十四节气)。所以,于明嘉靖九年(1530年),分别在京城的东面和西面,各修建了祭日月神的日坛和月坛。每年"春分祭日,秋分祭月"。(《帝京岁时纪胜》)

那么如何进行祭月呢?《中国名胜词典》作了介绍,即"每年秋分亥时(人定亥时)行祭礼,配祀二十八宿,木火土金水五星及周围星辰"。所以,北京阜成门外的月坛,就成为明清两代帝王祭祀"夜明神"(月亮)的场所。如今,这里已经成为北京著名的月坛公园了。

第五章

北京中轴线上的

万春亭和钟鼓楼

一　中轴线

赵先生问：

人们说：北京有一条中轴线。而这条中轴线究竟从哪儿到哪儿？这条中轴线，究竟是怎么形成的呢？您能不能给我说说呢？

钱先生答：

对这个问题，先从中轴线究竟始于何时说起。

中轴线始于唐古都长安城大明宫，即皇宫。

因为唐古都长安城皇宫大明宫内的主体建筑三大殿，其正殿为含元殿，其北为宣政殿，再北为紫宸殿，并且这三大殿，有着一个共同的突出特征，就是都在大明宫南北一条中轴线上。

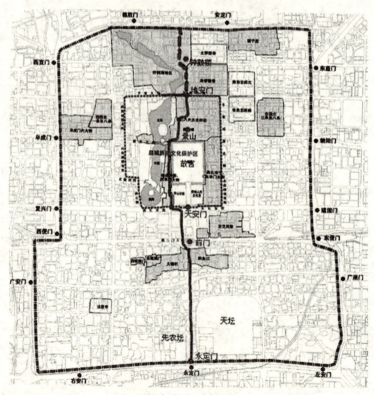

明代燕王朱棣取得了天下后，于永乐年间在元大都城的基础上，大规模修建京城（亦称内城），皇城又在京城中，而皇城又套着紫禁城——俗称"皇宫"，（又称大内）。尤其是北京皇宫的建置，深受唐古都长安城大明宫的影响。

因为修建落成的北京皇宫内的三大殿——太和殿、中和殿、保和殿（后改名）与古都长安

北京中轴线示意图

城大明宫的三大殿一样,亦是在皇宫南北一条中轴线上,其两侧的建筑基本上是对称的。

不仅如此,北京以紫禁城内的三大殿为中心,还形成了老北京城全城性的南北一条中轴线,南到永定门,北到钟鼓楼。全城性的中轴线,其南北和东西两侧的主要建筑,亦相当讲究对称,最突出最典型的例子,就是南有天坛,北有地坛;东有日坛,西有月坛。

这样,与唐都长安城大明宫一相比较,就很明显了,可以说,有发展有创造。

北京著名的景山(亦被称万岁山、煤山等),其山上有亭子,中间最高峰上的一座亭子,叫做万春亭,这座亭子就在全城南北中轴线上。

二　中轴线上的万春亭

赵先生问:

北京中轴线上的万春亭,是景山五座山峰中最高峰上的一座亭子,并且五座亭子内,原来都有五方佛,还被别称为五味神,看来是有一定的说道;北京著名的景山五亭,亦是由中国历史上最初的一般性质的"亭",而逐渐发展演变来的。那么历史上"亭"的发展演变究竟是怎样的,北京著名的景山五亭,其最基本的情形,到底怎样? 您能不能都给我说一说。

钱先生答:

从我国历史上来看,景山上的万春亭亦不例外,也是由最初的一般性的"亭",而逐渐发展演变来的,所以,这里有必要从"亭"的一般知识说起。

·"亭"的趣谈·

"亭"是一种四面开敞的小型建筑物。多用竹、木、石等材料建成,顶面一般有圆、方、六角、八角和扇等形式。这种建筑形式,是我国传统的、具有鲜明民族风格的建筑美和艺术美的重要体现。形状各异的亭子点缀在园林和自然风景名胜内,会显得格外别致,增添了古朴典雅的色彩。

亭的出现,在我国已有相当悠久的历史。但起初的亭与后来点缀园林和风景的亭子是不同的。如周代时的边防要塞,常设有侦察、瞭望岗亭,也称亭堠,即设在边防要塞的小堡垒，每亭设有亭吏。到秦汉时，亭又发展演变成为农村乡以下的一种行政机构，一般为"十里一亭，亭有长，十亭一乡"。(《汉书·百官公卿表上》)汉高祖刘邦，就曾经当过泗上(在今江苏沛县东)亭长。

到了唐代，亭才发展成为一种点缀景物的小型建筑物，开始在园林和风景区内不断出现。到了宋代就更为普遍了，不仅亭子越来越多，更重要的是在设计上、建筑上、艺术上追求美的造型，逐渐形成具有我国独特民族风格的建筑形式。几乎是有园必有亭。全国各地，大凡风景优美的地方，如北京的颐和园、景山公园，杭州的西湖风景区，苏州的古典园林，均有极为精巧的亭子点缀，构成美的格局。然而，同样是亭子，其特色和设计思想也不尽相同：有的重点表现在观赏方面，有的具有象征意义，有的着重表示对某种事物的认识等等，引人入胜，趣味无穷。

坐落在安徽省滁县琅玡山的醉翁亭，是一座具有象征意义的亭子，它是欧阳修命名的。欧阳修(1007~1072年)，字永叔，号醉翁、六一居士，吉水(今属江西)人，天圣进士，曾任枢密副使，后被贬职到滁州(即今安徽滁县)任太守，于庆历六年(1046年)命琅玡寺智仙和尚在酿泉旁建亭一座，以供游憩。欧阳修被贬后，政治上郁郁不得志，便寄情山水，与宾客常来此亭饮酒，自号"醉翁"，并写下了千古名篇《醉翁亭记》，由苏东坡书刻于石碑上，醉翁亭也因此而闻名天下。到明代天启二年(1622年)，南京太仆寺少卿冯若愚修建了宝宋斋，用于保护苏轼手书《醉翁亭记》的碑刻。苏轼的这一著名碑刻，现在已经成为我国书法艺术中的珍品。

北京颐和园的知春亭，其名优美绝妙，它与古人对自然气候规律性变化的认识有着密切的关系。古时对立春的节气变化，归纳概括为"东风解冻"、"蛰虫始振"、"鱼陟负冰"(俗称鱼上冰)，于是园林建筑艺术大师们，把这些气候规律的变化与具有民族气息的亭子联系起来，知春亭的美名便诞生了。北京颐和园之所以要修建这座知春亭，主要是表现古时对春季自然气候规律变化的重视。这座重檐四角攒尖顶的知春亭，每到春天，昆明湖总是由此开始解冻，游客可凭栏远眺颐和园的美丽景色。亭畔遍植垂柳，春来景色殊胜。据说颐和园里的这座知春亭，其"知春"二字，源自宋诗"春江水暖鸭先知"。

·景山万春亭·

点缀在景山五峰上的五亭，是注重表现观赏性的亭子，它使景山公园显得格外别致、美丽、壮观。景山也称煤山、万岁山、镇山。景山的五亭建于清乾隆十六年

（1751年），内供铜佛像，1900年，八国联军入侵，万春亭中的毗卢遮那佛被毁，其余四尊被劫走。景山五亭，可以说是我国

景山万春亭

众多亭子中比较有代表性的。因为景山五亭确实体现出我国亭子传统的民族建筑美和艺术美的独特风格。景山五亭的建筑，以中峰的万春亭为最大，三重檐黄琉璃瓦四角攒尖式顶；东西两峰各有一座重檐绿琉璃瓦八角攒尖顶的亭子，东边的名曰为周赏亭，西边的曰富览亭。两亭外侧两峰，又建有两座重檐蓝琉璃瓦圆攒尖顶小亭，东面的名叫观妙亭，西面的叫辑芳亭。四亭左右对称，同中峰的万春亭构成一幅和谐自然的美丽图案。尤其是中峰上的万春亭还是北京古城内的最高点。人们登上万春亭，可俯视整个北京城，并感受到伟大祖国的首都真是气象万千。

·景山五座亭子内的五方佛趣谈·

佛教自东汉明帝永平十年(公元67年)传入中国，经三国两晋到南北朝四五百年间，佛教的翻译与研究日渐完善与深入，到了隋唐遂产生天台、华严、唯识、禅宗、净土、密宗等具有中国特色的许多宗派。佛教思想对于我国哲学、文学、艺术和民间风俗都有一定影响。景山五亭坐落在景山五座山峰上，亭内皆供铜佛像，显然是受佛教的影响。

据说，景山五座亭子内的五方佛，老北京人根据生活中的五味，将五方佛给别称为"五味神"了。

那么，这五味神——酸、甜、苦、辣、咸，究竟是怎么回事呢？生活中人们离不开五味，如果运用得好，确实能使人们延年益寿。为什么？读了下面的文字，您就会明白。

景山五亭远眺

这里先说一年四季与五味,然后再说说景山五亭五方佛(又名"五味神")的由来,就会使您明白将五方佛别称为五味神是有道理的。

我国古代医学家在实践中,根据食物的不同特点,以及春夏秋冬的时令,总结出一套五脏的保养方法。五脏指人体内心、肝、脾、肺、肾这五个重要器官。

人们的饮食主要包括主食和副食两大方面:主食是指人们天天食用的各种粮食,也就是所谓的五谷杂粮;副食则是指各种菜蔬及各种肉类、水果等。而一年四季春夏秋冬,人们的饮食,无论是主食还是副食,尽管繁多复杂,但皆离不开酸、苦、辛、咸、甘这五味的范畴。正是根据以上的特点,汉代大医学家张仲景曾总结出一套比较完整的关于五脏的保养之道。他认为:春七十二日,省酸增甘,以养脾气;也就是说,春天里应少吃味酸的食物而多吃味甘的食物,以便更好地保养脾气。那么究竟什么食物是属于味酸的呢?如主食中的荞麦,副食中的驴肉、雉肉以及梨等,都是属于味酸的范畴。而味甘的食物则包括主食中的黄粱米以及副食中的大豆、红小豆、鲤鱼、柿子和胡桃等。夏七十二日,省苦增辛,以养肺气,味苦的食物包括糯米、核桃仁等。而像芥菜、马肉等则属味辛的范围。秋七十二日,省辛增酸,以养肝气。冬七十二日,省咸增苦,以养心气,味咸的食物包括像粟米、狗肉等。四季的最后十八日——春夏之交、夏秋之交、秋冬之交、冬春之交,省甘增咸,以养肾气。

下面说说五味神的由来。

简要说来,就是:从前老北京把景山五亭内供奉的这五方佛,习惯称为五味神。因此,就出了不知哪位文人墨客,编造了一情节,说所谓五味神,反映的就是生活中人们离不开的酸、甜、苦、辣、咸。这五种味道成了神,并且说这五味神能保佑人们延年益寿。所以,从前老北京人每年一到重阳节就登景山拜佛,求保平安。

三　中轴线上的钟鼓楼

赵先生问:

人们说:从北京城的前门向北,穿过天安门、端门、午门、故宫三大殿、神武门、景山万春亭、地安门,再往北就是鼓楼和钟楼。钟楼位于这条中轴线的最北端。钟楼和鼓楼,人们习惯上合称钟鼓楼。尤其是钟楼,铸成的大钟,还有一个非常有趣的传说。您能不能都给我说说呢?

钱先生答:

北京著名的钟鼓楼,若说起来是挺有趣的。我们先从钟鼓与老北京说起。

·漫话钟鼓与老北京·

钟鼓,我国很早的时候就已经有了,如《诗经·关雎》里,就有演奏钟鼓古老乐器的诗句:"窈窕淑女,钟鼓乐之。"随着社会发展,佛教自东汉明

鼓楼旧照片

帝永平年间传入中国。由于佛教寺院精神生活上的需要,钟鼓便逐渐同佛家结下了不解之缘。如明清寺院的布置,一般说,佛寺山门内,东西两侧多有钟鼓二楼——东侧是钟楼,西侧是鼓楼;又如,从前的雍和宫,每天天尚未亮,即在寅时前,钟声便响彻了远近周围;每天日落酉时后,点灯戌时前,即黄昏时,鼓声像来自远方的轻雷,集合喇嘛们到殿上诵经。多少年来,住在雍和宫附近的居民,每天都能听到熟悉的鼓声。不仅如此,从前老北京紫禁城附近的居民,还会听到午门上的钟鼓声。《宸垣识略》里亦有记载:"凡视朝,则鸣钟鼓于楼上。驾出入午门,鸣钟。祭享太庙则以鼓。"

北京地安门外大街钟鼓二楼(均于明永乐十八年建成)是明代二十四衙门之一。统一掌管北京城内的报时任务。子、丑、寅、卯、辰、巳、午、未、申、酉、戌、亥,古时这十二时辰,每一时辰合现在两小时,夜11时到次晨1时为子时;1时至3时为丑时,其他寅时、卯时等,均可类推。据老北京人回忆:从前北京钟鼓楼,每天至少要报三次更(即报时)。将早晨击鼓撞钟报时,称之为亮更,将日中正午时击鼓撞钟,名曰午更,将点灯以后,即在人定亥时之前击鼓撞钟报时,称作为定更。

据老北京人相传,清代乾隆以前,北京的钟鼓楼,是昼夜统一向全城报时的地方。其特征是:每天日中正午时鸣钟,夜间则报更五次,一直到寅时天亮。清乾隆以后,则逐渐将昼夜击鼓撞钟报时的规定,改变成为只在夜间报两次更了。第一次,每天在晚上人定亥时,故将这次击鼓撞钟报时,称作为定更;第二次,每天在天亮寅时之前,故将这次击鼓撞钟报时,称之为亮更。夜间这两次击鼓撞钟报时是很有趣的,即每次在击鼓撞钟之前,由两名负责统一向全城击鼓报时的更夫分别登上钟鼓楼,讲究手提孔明灯,先遥遥互相间对照一下,以此为信号。所以,老北京人将这种信号称之为对灯儿。更夫互相间对灯儿完毕,然后撞钟。击鼓时,讲究有节奏,老北京流传有一句话:"紧十八,慢十八,不紧不慢又十八。"但每次击鼓到最后一下,总要停歇一下,以让钟楼的更夫做好准备,紧接着宏亮的钟声便由钟楼上向全城飞扬开去,撞钟的次数与击鼓相同,亦是"紧十八,慢十八,不紧不慢又十八",前后鼓声和钟声两番合起来,总共为108下。

·闺女成仙帮助老爹铸成了大钟·

这是老北京建钟楼、铸大钟时的一个感人的神话传说。

报更击鼓,向全城报时用的鼓楼先落成了。皇上立即下谕旨,要在鼓楼后面

钟楼

（北面）建置一座钟楼。全国一些大城市，皆有向全城击鼓撞钟报时的鼓楼和钟楼，如古都长安城，就有钟鼓二楼。不仅如此，全国各地一些比较大的佛教寺院，在天王殿之前，即进山门内，其两侧，亦有报时用的钟鼓建筑。而北京城，只建一座鼓楼，那怎么能行呢？还应有钟楼来相配。为了实现钟鼓齐鸣，向北京全城报时，皇上下令要铸造一口万斤重的大钟。于是，命朝中负责向北京全城报时的钟鼓衙门（为朝中二十四衙门之一），召集京城和全国各地的一些铸钟大师，也就是铸钟匠人，到京城钟鼓衙门内，为钟楼铸造万斤重的大钟献计献策。其中，有来自京城东通州的一位铸钟名匠，人称钟爷老人。

钟爷老人，年轻时丧妻，一直未再娶，因他怕使前妻留下刚满3岁的闺女受后娘的气。他带着小闺女，过着苦日子。因为他铸钟技术比一般铸钟匠高超，所以通州方圆几百里地，哪儿修庙铸钟，都离不开他。他被人们尊誉为铸钟的"钟爷"（为"祖师爷"之意）。

钟楼落成后，为钟楼准备铸造大钟，在鼓楼的西侧，由朝廷钟鼓衙门划出一块地方，设立了一个铸钟厂。钟爷与全国各地云集到京城的著名铸钟大师和能工巧匠们上千号人，在铸钟厂里没日没夜地干。

朝廷钟鼓衙门指定，由钟爷领头，负责为钟楼铸造大钟。自从钟爷担负了这份皇差，已长大成人的闺女就总是不放心。

眼看离皇上限期铸成钟的日期只剩下三四天的时间了。一天，钟爷愁眉苦脸地回到家里，往炕沿上一坐，不言语。急得闺女问："爹，是不是铸造大钟遇上不顺心的事了？您告诉闺女，闺女我也许能给您帮上个忙！"老爹听了闺女的话，没有立刻回答,觉得跟闺女说了也没啥用:"连我这个被人们尊称为铸钟的'祖师爷'都琢磨不出什么高明的办法,她一个女孩子家,难道还会有什么高超的办法?"他思来想去,但又觉得:"闺女也长大成人了,她是自己身边惟一的亲人,也许闺女能替老爹想出个好主意来!"钟爷最后还是把铸钟遇到的一些问题和困难,一五一十都告诉了闺女。他说:"闺女,爹同来自全国各地的铸钟大师,没日没夜地干,都满以为到期能把大钟铸造出来,谁知浇铸了好几次,都没有成功。有一次,虽然浇铸成了钟,大家都非常高兴,但挂起来,怎么撞大钟,它都发不出洪亮的嗡嗡声,又重新配料,重新铸,还是没有成功。爹和大家一样,这些天吃不下,睡不好。大家你看我,我看你,干着急,眼看着工期就要到了,大钟铸不成,皇上怪罪下来,大家都会被砍头的!现在,大家的命,都在这口大钟上了!"闺女听了,心如火燎,心想:"老爹是铸钟的头儿,这次老爹完不成皇差,命就保不住了!"闺女非常孝顺老爹,立刻安慰说:"爹,您老人家别着急,等我好好想想,也许能替您琢磨出个办法来!"

皇上下谕铸钟的限期到最后一天了。这天,钟爷心里像滚滚油浇,寅时前,就上铸钟厂了。孝顺的闺女,一看天还黑着呢,老爹就出门去铸钟厂了,老爹为钟楼铸造大钟这份皇差,一夜都没有合眼,都快愁死了。孝顺的闺女也沉不住气了,不吭不响,跟在老爹的后边。老爹因为心事特别重,心里只顾琢磨铸造大钟的事儿,没有发现闺女也跟着一块儿来到了铸钟厂。

爷俩赶到铸钟厂,天刚亮,钟爷一瞧铸钟厂,火光连天,大家干劲儿十足,个个都累得满头大汗。钟爷立即投入指挥。闺女两只大眼睛不停地看着。翻滚的铜汁,不断地被倒入大钟的砂模中。可是浇铸了半天,铜汁就是不凝,急得大伙个个都说不出话来,钟爷立刻愁上眉梢,脸色也变了。

正在这当儿,闺女急了,大喊一声:"爹,我也跟您来一块儿铸造大钟!"说完,她猛地一蹿,一下子就跳进了化铜的大锅里,铜水立即飞溅老高,放出五颜六色的光彩,随后,从化铜的大锅里,飞出一张白纸来,直奔钟爷,大家都愣住了。

此时,钟爷将向他飞来的那张白纸接过来,拿在手上,手直打哆嗦,一看纸上,是闺女写的一行字:"爹,您别伤心!昨夜神仙给闺女托了个梦,让闺女这样干,才能救爹的命!"

钟爷耳边,好像闺女还在喊:"爹,我也来了!"此时,他顾不得哭了,三步并两步,走到化铜的大铜锅跟前一看,闺女只留下她姥姥给绣的一双绣花鞋。这座著名的大钟终于铸成了。

四　北京著名的大钟寺和永乐大钟

赵先生问:

北京不仅有著名的钟鼓楼,而且还有著名的大钟寺和永乐大钟,您能不能顺便将北京的大钟寺和永乐大钟,也说说呢?

钱先生答:

是呀,不单是钟楼里有大钟,北京大钟寺里的永乐大钟更著名,的确值得说一说。

·大钟寺得名的由来·

大钟寺是俗名,原名为觉生寺。这座寺,始建于清世宗(爱新觉罗·胤禛)雍正十二年(1734年),次年冬季落成。位置在今日北京西魏公村以东、北三环路之北侧。

大钟寺钟楼

相传,未修建觉生寺前,这个地方叫做曾家庄,居然被清世宗爱新觉罗·胤禛皇帝看中,他几经察看,都觉得这个地方"右隔城市之嚣,左绕山川之胜",实为佛僧修行的好地方。因此,敕令建一座寺庙,名为觉生寺。

就在觉生寺修建的过程中,庄亲王给雍正皇帝上一奏折,要求将弃置在万寿寺的永乐年间铸造的大铜钟移到觉生寺内悬挂起来。庄亲王认为,觉生寺殿宇五层,其后阁按阴阳五行来说,属五行(金木水火土)中之土,若在其阁后再修建一座建筑物,配以属金的大铜钟,取其金土相生①之意,不就更显得齐全吗?雍正皇帝看完庄亲王的奏折,下谕旨将弃置在万寿寺的永乐大钟移到觉生寺内悬挂起来。

传说总归是传说,那么永乐大钟究竟是什么时候在觉生寺内悬挂起来的呢?据史料载:永乐大铜钟一直到下一代皇帝——清高宗(爱新觉罗·弘历)乾隆八年(1743年),才在觉生寺内悬挂起来。

永乐大钟重达46.5吨,这样重的庞然大物,当时人们究竟是怎样从万寿寺搬运到觉生寺的呢?又怎样将大钟悬挂起来的呢?

相传:从万寿寺开始,一直到觉生寺,每隔半里左右的地方,打上一眼井,冬天用井水泼成冰道,采用在冰道上拖拉的办法,将大钟由万寿寺搬运到觉生寺内。然后,采取堆土的办法,将大钟一点点地抬高,土堆越来越高,将大钟抬高到实际需要的高度,而在土堆的下面,事前已经筑好了钟座;四周有六根柱子和大梁,全是六拼楠木;将柱子坑掏好立上柱子,架上梁;大钟悬挂之后再将大钟下面堆的土,一点一点地清除掉。这样,46500公斤重的永乐大钟终于悬挂成功了。

因为觉生寺悬挂了永乐大钟,人们也就渐渐地称觉生寺为大钟寺了。

大钟楼是在永乐大钟悬挂好之后,才开始修建的。它按照天圆地方的说法建造。形成寺内独具特色的核心建筑,矗立在一座巨大的青石砌成的台基上,十分庄严。青石台基砌有八角形散音池,池深0.7米,直径4米,池口距钟口1米,钟响时,能起到共鸣作用。

大钟寺规模宏大,自南至北依次为山门、天王殿、正殿、后殿、藏经楼、大钟殿(或曰大钟楼)、配殿等。大钟寺曾是帝王祈雨、信徒从事佛事和朝圣的场所。

---

①相生　流传于古代的五行说原理之一。五行说认为"五行相生相胜"。相生意味着相互促进,如木生火,火生土,土生金,金生水,水生木等。相胜即相克,意味着互相排斥,如水胜火,火胜金,金胜木,木胜土,土胜水等。这些观点具有朴素唯物论和自发的辩证法因素。五行说虽然被后来唯心主义思想家神秘化,但它的合理因素一直被保存下来,对中国古代天文、历数、医学等的发展起了一定作用。

·永乐大钟·

永乐大钟，通高为6.94米，钟唇厚22厘米，外径3.3米，重约46.5吨。钟身内外铸满佛教经咒17种，外铸《诸佛如来菩萨尊者名号集经》、《弥陀经》和《十二因缘咒》，内铸《妙法莲华经》，钟口铸《金刚般若波罗蜜经》，蒲牢处铸《楞严经》，总计22.7万余字。字形恭楷端正，古朴遒劲，相传出自明初书法家沈度的手笔。大钟铸造精致，采用我国优秀的传统工艺——无模铸造法，可以说体现了我国古代冶炼技术的高超水平。大钟的声响独特，轻击发出的声响，圆润深沉；重击发出的声响，浑厚宏亮，音波起伏，节奏明快幽雅。据现代科学家们测定，

永乐大钟

大钟振动频率最低为22赫，最高在860赫以上，主要频率在400赫以下。击钟时尾音长达2分钟以上，钟声传送距离为15~20公里。古籍《长安客话》里称："昼夜撞击，声闻数十里。其声铉铉，时远时近，有异他钟。"

在大钟寺，除了永乐大钟以外，还陈列着宋、元、明、清几个朝代的古钟，在此就不一一介绍了。

第六章

北京著名的天安门

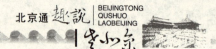
一 承天门

赵先生问:

人们说:今日北京著名的天安门,最初名曰承天门,其建筑亦并不是今日天安门这个样子,那么最初的承天门,究竟是个怎样的情形,您能否跟我说一说。

钱先生答:

您提的问题,得先从元大都城说起。

在元大都城的基础上修建起来的京城,亦称内城;而皇城在京城中,其皇城又套着紫禁城(俗称皇宫,又称大内)。

·承天门·

是皇城南面的正门。这座门,始建于何时,最初落成后,究竟是什么样子,为什么取名叫做承天门?为了回答这几个问题,必须先从明太祖朱元璋的第四子朱棣说起。

朱棣即位当上了皇帝后,下谕旨:在元大都城的基础上,大规模修建北京城,

承天门老照片

即指内城,于永乐四年(1406年)始建皇宫,永乐十八年基本建成。在大规模修建皇宫(今称故宫)时,就建造了皇城南面的正门——承天门。据《天安门》(北京燕山出版社1990年11月出版)一书中载:"永乐十八年(1420年),承天门建成,这就是天安门的前身。"

那么,最初建成的承天门,究竟是什么样子呢?为什么取名叫做承天门呢?这两个问题,不用我多说,只要将《天安门》一书里所载的有关文字给您念念,就会一清二楚。

《天安门》一文的原文为:

当初的天安门不过是一座黄瓦飞檐三层楼式的五座木牌坊,牌坊正中高悬"承天门"匾额。承天门之名寓有"承天启运"和"受命于天"的含义,喻示封建皇帝是受命于天,替天行使权力,理应万世为尊。

其实,京城中的皇城南面的正门,其名所以被命名为承天门,实际上与紫禁城的北门玄武门(后来改为神武门)一样,也是深受唐古都长安城宫城之门命名的影响,为什么呢?

回答这个问题,也是比较好办的,只要是将《中国古代都城概况》一书里记载的有关原文给您念念,您听了后就明白了。

宫城是皇帝和皇族居住的地方,也是皇帝处理朝政的场所。宫城包括太极宫(又称西内)、东宫和掖庭宫三部分:三宫都位于长安城内最北部,宫城的北墙是外郭城墙的一部分。宫城东西四里,南北二里二百七十步,周长一十三里一百八十步,高三丈五尺。

宫城南面有五个门,正门是承天门,东侧是长乐门,再东为永春门;西侧为广运门,再西为永安门。

北面有两个门:正门为玄武门,其东为至德门。唐太宗李世民发动的玄武门之变就是在正北门,它是北军重地。南军重地是承天门。

显然,北京紫禁城的北门,其所以命名为玄武门(后改为神武门)皇城南面的正门,其所以命名为承天门,都是受唐古都长安城,其宫城之门中的玄武门和承天门的影响。

二 清顺治八年更名"承天门"为"天安门"

赵先生问:

人们说:京城中的皇城,其南面的正门,承天门与紫禁城一样,也是于永乐十八年(1420年)落成的。但是,这里有个问题,承天门既然是已经落成了,为什么后来又重建,究竟是什么原因?重建起来的承天门是个什么样子呢?承天门更名为天安门,又是什么时候呢?这些问题,您能不能给我说一说呢?

钱先生答:

回答这些问题,需要先说说其主要的原因,就是因为承天门建设起来以后,遭到了火灾,被火焚毁了。并且承天门被毁的这一年,其灾难的出现,又是左一个右一个,真是"祸不单行";对于这种情况,并不是我随便瞎说的,而是有根据的,并且不用我多说,只要是我将《北京历史纪年》(北京出版社1984年1月出版)一书里记载的情形给您念念,就足以说明问题。我给您念原文,您听听:

一四五七年 丁丑 明景泰八年,英宗天顺元年正月,代宗病。议立皇太子即位,英宗与太监曹吉祥、亲信大臣石亨策划,乘机发动"夺门之变"。英宗复辟,改元天顺,杀兵部尚书于谦。

于谦于土木之变后,整顿京营军制,创立团营,加强训练,以卫京师。是月,以"谋逆罪"死。

二月,景帝死。葬金山,位于颐和园西。六月,大雨雹,令顺天府于大兴、宛平两县各立养济院一所。收容灾民。……

七月,承天门灾(指火灾,承天门被毁)。

那么,英宗天顺元年,"七月,承天门灾"(指失火承天门被毁),后来,究竟在哪年由哪位皇帝下谕旨,命工部尚书哪位来主持重建皇城南面的正门承天门的呢?

从英宗元年七月,承天门失火被毁了以后,从时间上来说,就是在八年以后,到了成化元年(1465年),明宪宗朱见深皇帝下谕旨,命工部尚书白圭主持重建皇城南面的正门——承天门。但这次重建,就不是原来那样的一座黄瓦飞檐三层楼式的五座木牌坊了。重建的承天门,其变化就比较大了,是扩大为九开间的规模宏

大的城门楼式建筑,由此开始,就形成了今日北京天安门城楼的建筑形制。

　　重建的承天门后来虽然又经过多次修建,但都未作较大的变动,一直到清代,顺治皇帝下令再次大规模修建皇宫南面的正门,修建好了以后,才更名承天门为天安门,并且一直被沿袭至今。

　　顺治皇帝下谕旨重建原承天门,并更名为天安门,有关这方面的基本情形,《天安门》一书里作了这样的记载。

　　……此后明代180年间虽屡有修建,都未作较大改动。崇祯十七年(1644年)三月十九日,李自成率领农民军攻占北京城,十几天后清兵入关,农民军兵败退出北京。在此次的攻守中,承天门又毁于战火。满清皇室入主紫禁城后,很重视这个表示帝王尊严和社稷江山的城门。清顺治八年(1651年),清世祖福临下令大规模重建承天门,并更名承天门为"天安门"。

三　天安门城楼面阔九间,是有一定的讲究的

赵先生问:

　　人们说:自从阴阳说问世后,使社会许多方面,都受到了影响,天安门城楼的建筑亦不例外,亦受到了影响。究竟受到了什么影响,究竟有什么一定的讲究,您能不能将这个问题说一说呢?

钱先生答:

　　自从明宪宗朱见深皇帝下谕旨,将承天门扩大为九开间规模宏大的城门楼式建筑,一直到清顺治皇帝再次重建承天门,并更名为天安门,及其城门楼精美建筑,为什么形成为"面阔九间"的建筑形制,是有一定的讲究。

　　北京天安门,其城门楼的精美建筑——"面阔九间"等,说起来其讲究,是受阴阳说的影响;而阴阳说,使"数"亦不例外,亦受到了影响。

　　为什么呢?

　　因为我国民族传统文化,因受阴阳说的影响。所以将十位数中的双数,即偶数:二、四、六、八、十,名为阴数;将单数:一、三、五、七、九,名为阳数,并将阳数之极九视为天数;因天大地小,故九之天数,格外受崇。

　　阳数之极,即格外受崇的九之天数,古时候,社会生活中,被人们巧妙地运用

到了社会生活实践中的许多方面。

例如：封建社会时期，封建朝廷为了密切配合宣扬"真龙天子"（皇帝）其无上尊严与权威上的需要，将皇帝穿的龙袍绣"金龙九"（《大清会典·舆服》）；文武百官朝见皇帝时，要"三跪九叩首"（《日下旧闻考》）。

其实不仅如此，永乐年间，大规模修建紫禁城，其建筑宫城紫禁城的建筑大师们，还将宫城内的屋宇间数取其阳数九之天数，将宫城内，修建筑成为9999间。

今日北京天安门，原为明清两代时皇城南面的正门。建筑大师们，亦巧妙地将受崇的九的天数，运用到天安门的城楼的建筑上，将城门楼建造成为面阔九间，歇山式屋顶，九条脊；檐角小兽，亦为九：龙、凤、狮子、天马、海马、狻猊、押鱼、獬豸、斗牛；门扇采用的是"四九"的倍数，为三十六扇；五扇门的门钉，取的是"九九"的倍数，即门钉为九行九列，九九八十一枚。

四　因为出于统治者的需要，所以承天门需要改名

赵先生问：

人们说：因为出于统治者的需要，所以承天门和三大殿等都改了名。那么究竟出于统治者怎样的需要，其具体的内容，您能不能给我说说呢？

钱先生答：

在元大都城基础上修建起来的北京城，亦称京城（即内城）；皇城在京城中，而皇城又套着紫禁城（俗称皇宫）；其实不仅是在京城中的皇城南面的正门，其原名为承天门，更名为天安门，而且在紫禁城内的三大殿——太和殿、中和殿、保和殿，于永乐十八年（1420年）落成时，其初名分别为奉天殿（明嘉靖四十一年，改名为皇极殿）、华盖殿（嘉靖时改为中极殿）、谨身

老北京天安门城楼

殿(嘉靖时改为建极殿);后来,到了清顺治二年(1645年),才开始将三大殿改为今名,即称作为太和殿(亦俗名为金銮殿)、中和殿、保和殿,那么为什么要进行更改名称(包括承天门在内),究竟是什么原因,说起其原因来,其主要的就是:完全出于统治者需要。

从中国历史上来看,历代封建统治者,皆有着一个共同的突出特征,就是:希望在他们统治的期间,能长治久安,天下和平。这里,可以举清朝统治时期的例子来说明问题。

清朝上层统治者们,在紫禁城的建筑及其一些门的命名上,相当讲究要巧妙地将"安"和"和"二字都运用上。所以,清朝不仅是将皇城南面的正门承天门,更命名为天安门,而且将紫禁城内的重点建筑——三大殿,改名为太和殿、中和殿、保和殿;不仅如此,而且将皇城东西两侧和北面的门,皆取一个"安"字,分别给命名为东安门、西安门和地安门了。

其实,老北京的外城,有的城门,其命名亦是突出一个"安"字,以示意封建统治者不仅是希望"长治久安",而且还希望"外安内和";例如,老北京的外城,其南面的正门名曰永定门,取"长治久安"之意;其东西两侧,东边的就叫做左安门,西边的叫做右安门;其京城亦称内城,其北面的东侧之门,就叫做安定门,显然,这些门的命名,其共同的特点,都是取其"长治久安"之意,是有一定道理的,是符合统治者的政治上的需要。

五 雄伟壮丽的天安门建筑,
其设计者究竟是谁

赵先生问:

人们说:今日北京,使人们能够观赏到的、雄伟壮丽的、北京著名的天安门城楼建筑,可以说是中国古代建筑艺术中的精华,在全国各地众多城门楼的建筑中,是最突出最典型最具有代表性的了。

那么,雄伟壮丽的北京天安门及其城楼,其设计者究竟是谁呢?许多人都不知道,您能不能将这个问题回答一下?

钱先生答:

这个问题的确值得回答一下。回答这个问题,不用我多说,只要是将《天安门》一书里记载的有关原文,给您念念,您就会明白了。

布局巧妙,建筑精湛的天安门以及附属建筑,凝聚了我国古代工匠的智慧和创造,表现了广大的劳动人民高超的建筑艺术水平。然而,在封建统治阶级的笔下,绝大多数身怀绝技的能工巧匠都被埋没了,能在零星史料中见到踪影的也只是那些后来进入仕途的人。其中,首先应该提起的是天安门的设计者蒯祥。

蒯祥,是明初江苏省苏州府吴县香山人,生于明初洪武年间,他的父亲是当时很有名气的工匠。蒯祥深受其父的影响,30多岁就已成为造诣很高的木工了。明成祖朱棣重建北京城时,蒯祥同大批工匠一起被征集到北京。由于他技术超群,品格高尚,很受主持工程的建筑师蔡信、杨青等人的重视,并充分发挥了他的建筑技艺和设计才能。明永乐十八年(1420年)皇宫宫殿落成,蒯祥便被提升为工部营缮所丞。

……

蒯祥不仅对木工技术纯熟,还有很高的艺术天资和审美意识。据记载,蒯祥能以双手握笔,同时画龙,并且能将两条龙画得完全一样。营建宫殿楼阁时,他只须略加计算,便能画出设计图来,待工程完毕后,建筑与设计图样大小尺寸不差分毫,就连明宪宗都非常敬重他,常常称他为"蒯鲁班"。后来蒯祥因为有高超的技术和设计天资被升为工部左侍郎。

蒯祥品格也很出众。他官位大了,仍然不改恭谨俭朴的作风,出门从不坐轿。晚年,他主动辞官隐退,但每当营造工程向他请教时,他还是热心指导或亲临现场。蒯祥死于明成化十七年(1480年),终年84岁。

今天的天安门城楼

第七章

天安门前
点缀性的精美建筑

一 访古探幽寻"桥"踪

赵先生问：

人们说：北京天安门前，点缀性的精美建筑，其重点首先应该是著名的金水桥。

但北京著名的金水桥，亦是由古代最初的"桥"而逐渐发展演变来的！那么您能不能将古代最初的"桥"，给我说一说呢？

钱先生答：

为了回答你提出的这个问题，这里可以以《访古探幽寻"桥"踪》的题目，跟你先说一说。

·访古探幽寻"桥"踪·

据史籍载：从我国历史上来看，秦以前生活中，人们将"桥"，给名曰"梁"，或曰"徒杠"，并且直至三国(魏、蜀、吴)时期，亦还有把"桥"名曰为"梁"，如三国魏文学家嵇康在《梁赋》中载："乃相与登飞梁"；将桥称之为徒杠，如《孟子·离娄下》载："岁十一月，徒杠成。"而始见于桥的记载，自《史记·秦本纪》："昭襄王五十年，初作河桥。"

对于秦以前将"桥"称之为"梁"或"徒杠"，东汉经学家许慎在《说文解字》里，作了解释性的说明："梁小桥也，徒步行也杠横木也。""杠"，就是架木水上，桓亘如梁，仅供徒步之用，所以将这种简单行走的桥，称之为独木桥。

随着社会不断向前发展，仅仅有供徒步之用的独木桥，已远远不能满足社会生产和生活中的需要，所以，就逐渐产生各种不同的交通桥。

古时创造的交通桥，依外观及结构性质来分别，则大体上约有梁式桥、拱桥、绳桥三种不同的形式。梁式之桥大体上可分木桥、石桥、木石混合桥、铁柱桥、浮桥、飞桥等；拱桥，大约有五边形拱、圆拱、瓣拱、平拱、尖拱、椭圆形拱等；绳桥，其制有竹索、藤索及铁索之分。绳桥，盛行于陕川黔滇西康诸省，盖以山溪深谷，奔流急湍，不能建立柱墩之桥梁，故悬长缑为渡。

各种各样的桥，不仅成为生活中解决交通必不可少的建筑，而且随着园林建筑的日益发展,亦就逐渐成为点缀园林吸引游人的美景之一。例如北京颐和园中的十七孔桥,则是属于大型拱桥的典型,仅见于皇家园林。拱洞倒影水中,呈现出珠链般圆环,使湖面景物平添无限姿色。再例如,上海的豫园和杭州西湖里的九曲桥,其共同的特征是:曲桥蜿蜒水上,深入水中,石栏低矮,简洁轻快,人在桥上行走,可俯看水中景物,水中映出盈盈笑脸,尽得水趣。

二　北京天安门前著名的金水桥

赵先生问:

人们说:北京有著名的金水桥,并且有两处。那么,这两处金水桥,究竟在什么地方呢? 其建筑的基本情形又是怎样的呢? 您能不能给我讲一讲呢?

钱先生答:

北京天安门前,有非常著名的金水桥,建于明永乐年间,并且有两处:

其一处,名曰内金水桥,位于皇宫紫禁城南面的正门午门内,太和殿南面的太和门前——广场之南的白玉石桥。这座桥的基本情形怎样? 不用我多说,只要是我给您念一下古籍名著《宸垣识略》里记载的有关原文,还有《日下旧闻考》里的有关原文,您听了

金水桥

后,就会使您了解其然了。原文:

　　……太和门,九间三门,前后陛各三出,左右陛各一出。前列铜狮二。环金水河,跨石梁五,即内金水桥。

　　……正中南向者为太和门,九间三门,重檐,崇基,石阑,前后陛各三出,左右陛各一出。门前列铜狮二,其南环以金水河,跨石梁五,即内金水桥。

　　那么,皇宫紫禁城午门内太和门前广场之内的内金水桥,其基本情形和金水桥的严格的规定,究竟怎么样呢?简要说来,大体上是这样的:皇宫紫禁城内的金水桥,系五座并列的单孔拱券式汉白玉石桥。皇宫紫禁城内的金水桥,一年三百六十五天,不论春秋冬夏,不是什么人都可以随便行走的,封建朝廷有严格的规定。居中的一座桥最宽,为主桥,名曰御桥,专供真龙天子——皇帝来往通行,主桥,即御桥的东西两侧各有两座桥,名曰宾桥,供宗室王公文武官员通行。

　　而天安门前的外金水桥,其基本情形及其封建朝廷的严格规定,简要说来大体上是这样的:外金水桥,七座桥居中的桥,其桥身宽大,饰有蟠龙石栏杆,为封建帝王的专用桥,名曰御路桥。而这主桥的东西两侧之桥,名曰王公桥,供宗室亲王通行;而王公桥的东西两侧,其桥名曰品级桥,供三品以上文武大臣行走;品级桥的东西两侧,即最外边的桥,名曰为公生桥,供四品以下官员通行。

　　对皇城南面的天安门前的外金水桥,《日下旧闻考·国朝宫室》里,有这样的记载,我把原文给您念念:

　　皇城四门,南即天安,北曰地安,东曰东安,西曰西安。天安门前环御河跨石梁七,即外金水桥。

　　[臣等谨按]皇城内河流四面环绕,其由地安门西步梁桥流入者,经景山西门引入,环紫禁城,是为护城河。护城河西面之水,自紫禁城西南隅流经天安门外金水桥,东南注御河,是为外金水河。又西阙门下有地沟,引城河水,经午门至东阙门外,循太庙右垣南流,折而东注太庙戟门外筒子河,东南合御河,此系乾隆二十五年奉谕新开河道。至其由地安门东步梁桥流入者,经东安门内望恩桥流注御河,又别为一道也。

三 金水桥杰作,是出自
能工巧匠杨琼之手

赵先生问:

人们说:天安门前的外金水桥,是重建于清康熙二十九年(1690年),并且是以元代时的周桥为蓝本建造起来的,说是出自能工巧匠杨琼之手。那么他的基本情形怎样呢? 您能不能给我说说呢?

钱先生答:

据老北京相传:杨琼这个石局大总管,他亲自率领五千多石工,精雕细琢每一方石料。元大都城内金水河上的周桥,就是出自杨琼这位能工巧匠之手的杰作。桥上,皆雕琢龙凤云,明莹如豆。桥下有四石白龙,擎戴水中,……。

当然,元大都宫城内的金水桥,虽然已经不复存了,但是重建于清康熙二十九(1690年)皇城南面的正门——天安门前的外金水桥,则完全是以元代时的周桥为蓝本而建造起来的。

天安门前的金水桥,既然是出自杨琼这位能工巧匠之手的杰作,那么他的基本情形究竟怎样呢?据老北京人相传说,杨琼,还有他的父亲杨德、哥哥杨进、叔父杨荣,以及同乡王道、王浩兄弟等人的雕琢技艺都是很高超的。可以说,这些民间石刻艺术大师们,为北京城的建设,为中国建筑工程上的石雕艺术做出了不可磨灭的贡献。

其实,精美的古建筑物多种多样,当然亦包括古桥在内,自然亦包括天安门前的金水桥在内;而金水桥前面的东西两侧,点缀性的建筑小品——华表和石狮子,按照笔者的认识和理解,亦是巧妙而又恰到好处,紧密配合体现出了精美的古建筑——金水桥,亦是相当讲究对称的,同时,由华表和石狮子点缀在金水桥前面的东西两侧,将金水桥和天安门装饰打扮得更加雄伟壮观、华贵精美。

四 金水桥前面东西两侧,
左右对称的华表和石狮子

赵先生问:

人们说:北京天安门金水桥的前面,有点缀性的建筑小品——华表和石狮子。

那么华表和石狮子,其各自的历史发展演变的情形究竟是怎样的呢?您能否给我讲一讲呢?

钱先生答:

好。我先跟您说说华表,然后再说石狮子。

·天安门金水桥前面的点缀性的建筑小品——华表·

今日北京天安门金水桥前面的一对华表,以及天安门内的一对华表,这两对华表,可以说是属于我国各地保留下来的许多点缀性建筑物,或曰点缀性的建筑小品——华表中最具有代表性的,亦是最优秀的。

从中国历史上来看,华表起源相当早。早在奴隶制社会时期以前,原始社会末期,尧舜时,就已经开始在交通要道上竖立木牌,让人在上面写谏言,名曰诽谤木,或简称为谤木,也叫做华表木。例如《淮南子·主木训》里记载:"臣闻尧舜之时,谏鼓谤木,立之于朝。"

从历史发展来看,到了汉代,其所谓华表木,就已经发展演变成为通衢大道的标志了。并且因为这种标志的特征是远看好似花朵。所以,古时人们将华表木称之为华表。古时"华"字通"花"字。

华表亦称之为桓表,例如汉代,还讲究在邮亭的地方竖立华表,其作用就是可使送信人不致迷失方向。对此,《说文·木部》里作了比较透彻的解释,指出:"桓,亭邮表也。"并且古人徐锴又作了进一步说明:"亭邮立木为表……表双立为桓。"所以,华表又称之为桓表。

随着社会不断向前发展的需要,后来"华表"就逐渐发展演变成为桥头和墓地等地方设置的装饰性的建筑小品。如北宋大画家张择端画的《清明上河图》中,汴梁虹桥端就画有两对高大的华表,顶端白鹤伫立,神态生动各异。唐著名的大诗人杜甫有诗曰:"天寒白鹤归华表,日落青龙见水中。"

再例如,始建于金大都大定二十九年(1189年)的石造联拱桥,即北京著名的卢沟桥,其两头也有华表四座,高4.65米,石柱上端横贯着云板,柱顶有莲座圆盘,圆盘上雕有石狮子,庄严秀美,气势非凡,为石桥增添了富有中国民族特色的装饰。唐高祖李渊献陵和高宗李治乾陵前装饰的石柱华表,其雕刻工艺精巧,其造型相当美观。

然而,随着社会不断向前发展,华表逐渐发展演变成为属于点缀性的建筑小品;其中最突出最典型的莫过于北京天安门金水桥前面竖立的一对华表,因为它恰到好处地点缀了紫禁城正门——天安门,使天安门显得更加雄伟、美丽壮观,增强了天安门古老建筑艺术性的整体感。

那么,天安门内外的两对华表,其基本情形究竟是怎样的呢?简要说来,其突出的特征是:用汉白玉雕刻而成,以巨大高耸的圆柱为主体,通身雕有缠柱云龙,柱上横贯一块美丽的云板,好似行云插入天际。顶端承露盘上的蹲兽栩栩如生。

华表,其顶上的异兽,是古时候传说中的一种神奇动物,其特性善吼叫,所以被名为“吼”,亦作“犼”。天安门内的华表,其特征是:顶端上的兽,面向北吼,所以被誉名为望君出,意思希望帝王出宫去体察民情;而天安门外面,即金水桥前面的一对华表,上面的兽,面向南吼,名曰望君归,意思希望帝王出宫在外,其时间不宜太长,应赶快回宫,以免耽误国事。

· 天安门前的 石狮子 ·

游览我国的古建筑,人们常常可以在宫、庙、墓、桥头、门口或栏杆、立柱上看到石狮子的形象。在漫长的历史年代中,这些石狮子陪伴着沧桑巨变,目睹着朝代的兴衰更替,已成为我国古建筑中不可缺少的一种装饰物。这些石狮子雕刻艺术起源

华表和石狮子

于何地、何时？又如何来到我国的建筑物中"落户"？颇值得追溯一番。

先从真狮子说起，它的故乡在非洲、印度、南美等地。我国古代没有野生的狮子。不过狮子的形象却早为我们祖先熟知。从宋、清两代搜集的周代铜器的精绘印本中，已见有狮子的立体形象。东汉时，章帝(刘恒)章和元年，亚洲西部的一个古国(伊朗高原东北部)——安息国王阿萨息斯一世，就曾把狮子作为贡品献给章帝刘恒。

随着佛教的传入和盛行，狮子便在人们心目中成为高贵尊严的"灵兽"，这是由于佛教很推崇狮子并对狮子大加宣扬。我国亦很快从印度等地传进雕刻石狮子艺术，并且出现陈列于墓前的现象。如四川雅安县高颐墓前的石狮子，就是属于我国现存最古老的石狮子，是东汉时期的遗物。

到唐代时，石狮子雕刻艺术达到了顶峰，由于采用传神的创作方法，使石狮子完全中国化了。可举一实例，如陕西咸阳市东的唐顺陵的石狮子，雕刻艺术大师将石狮子雕刻得异常壮丽且逼真：头披卷毛，张嘴扬颈，四爪强劲有力，神态显得盛气凌人……

明代后，石狮子雕刻艺术，不仅是比唐代更加提高，而且人们生活中，对于石狮子雕刻这种精神艺术美的享受，其范围亦比以前广泛了。不仅宫殿、府第、陵寝，甚至一些住宅，都用石狮子守门。在门楣檐角、石栏杆等建筑上也雕上石狮，作为装饰。如闻名中外的卢沟桥，其两边140个柱头上，都雕刻着玲珑活泼的石狮子。其姿态有各种各样，或坐或卧，最小的仅有几厘米，但却雕刻得活灵活现。

狮子对我国文化的影响是多方面的。为读者熟知的狮子舞至迟在唐代已风靡各地，至今不衰。电影《少林小子》、电视剧《陈真传》等影片中的舞狮表演，给人们留下了深刻的印象。

北京天安门金水桥前后，各有一对点缀性的大石狮子，左雄右雌，雕刻得极为精美、威武雄健，使人感到它真是活灵活现，栩栩如生。

金水桥头右侧石狮子的腹部，有一块"伤痕"，关于这道"伤痕"有这样两个传说。一是说，明代时的将领李国桢被著名的农民起义军领袖李自成追击，躲藏在石狮子的后面。李自成发现了，举剑狠狠刺去，结果使石狮子受到了误伤。另一说，八国联军入侵北京，石狮子被侵略军所破坏。

第八章

天安门南面
原有的建筑和著名的棋盘街

一　天安门南面原有的建筑

赵先生问：

人们说：今日北京天安门广场，相当的开阔，雄伟气派大。可是，解放前及明清时代，天安门以南有不少建筑，那么究竟都有哪些建筑呢？您能不能就这个问题回答一下呢？

钱先生答：

明清时代，天安门的南面，正阳门（俗称前门）以北，有一座三阙的"大清门"（又名为大明门），其"门前地正方"，像棋盘似的，故被命名为"棋盘街"。

棋盘街之北面，大清门内，其东西两侧，均有千步廊，东接长安左门（俗名东三座门），西接长安右门（俗名西三座门）。

总而言之，老北京时，天安门的南面，正阳门的北面，并不是像1950年经过改造后，而形成如今这样布局严整、气魄宏伟的天安门广场。

天安门南面，长安街大道上的东三座门和西三座门，老北京时，人们俗称为"龙门"和"虎门"，以及大清门前的棋盘街、大清门内的千步廊，全国解放后，50年代时，皆一一被拆除掉了，如今虽然是已经看不到了，但是，天安门前原有的建筑"龙门"、"虎门"，还有"棋盘街"，毕竟是包含有相当趣味性的文化内涵，并且说起来，亦是挺有内容，挺有趣的。

二　千步廊、龙门、虎门与进士题名碑

赵先生问：

明清时代及民国时期，天安门南面，正阳门（俗称前门）之北，这中间的建筑不仅是有一座三阙的"大清门"，其东西两侧，还有东接长安左门和西接长安右门的东西千步廊，据说，千步廊和长安左门、长安右门，皆有一定的讲究，特别是"东三座门"，说是"龙门"，与科考与进士题名碑，都有一定的关系！那到底是怎么回事？您能不能回答一下？

钱先生答:

您提的问题,不仅是很有内容,而且是相当有趣的。为了回答问题方便,开始就以《千步廊与龙门、虎门》为题目,先说说,然后再说一下龙门与进士题名碑的问题。

·千步廊与龙门、虎门·

天安门南面,正阳门(俗称前门)之北,原有一座三阙的大清门,其东西两侧,均有千步廊,东接长安左门,西接长安右门。

明清两代,由于实行科举制度,所以每三年一次在京都举行科考,时间是在春季阴历三月。地方各省进京应考的举人,必须首先集中在大清门内东侧的千步廊,待朝廷礼部经会试考中为贡士之后,再由贡士经殿试考中者,才能被皇帝赐为进士。进士分为三等,即将殿试名列第一、二、三者,名曰状元、榜眼、探花,合称三鼎甲,为进士及第。第二等为赐进士出身。第三等为赐同进士出身。凡是经殿试考中,上了金榜的,统一美称为登龙门。一登上龙门,身价百倍,高官厚禄,接踵而来,因此,老百姓把长安左门俗称为“龙门”。

千步廊

但大清门内西侧的千步廊和长安右门,其用途与东侧的千步廊和长安左门截然不同。朝廷规定:每年各省在秋季以前,将平时判处死刑并未立即执行的案件,必须上报京都朝廷的刑部,但各省上报的案件,必须首先集中于大清门内西侧的千步廊,由刑部会同负责审查案件的官署大理寺等进行审核之后,奏请皇帝裁决。然后,由朝廷将皇帝的裁决,经天安门送出长安右门,公布于众,名为"秋审",即将胆敢冒犯王法的重犯,押出长安右门宣明正法。这样,谁一旦被押入这种虎口,再难生还。因此,老百姓将长安右门亦起了个绰号,呼之为"虎门"。

长安左门,其位置在劳动人民文化宫前面的长安街大道上。长安右门,位置在中山公园前面的长安街大道上。老北京人习惯呼之为长安街上的"东三座门"和"西三座门"。1949年后,城市改造时,"长安左门"和"长安右门"被拆除了。如今,在1949年10月1日国庆大典新闻纪录片里,人们仍能看到天安门前的东西三座门。长安左门和长安右门虽然被拆除了,但"长安"二字被保留下来,这就是长安街一名的由来。至于千步廊,则一点儿遗迹也没有了。

·龙门与进士题名碑·

说起北京的龙门与进士题名碑来,这与古时选拔、考核官吏的科考制度有着密切关系。早在汉唐时期,就有选拔、考核官吏的制度,而且还有一定的标准要求。如科第,《汉书·元帝纪》里记载:

诏丞相、御史举质朴、敦厚、逊让、有行者,光禄岁

进士题名碑

以此科第郎、从官。

对此,唐训诂学家颜师古亦作了比较透彻的解释:

始令丞相、御史举此四科人以擢用之,而允(现)在郎及从官,又令光禄每岁依此科考校,定其第高下,用知其人贤否也。

明清实行殿试科考制度。那么,明清两代,经殿试考取为进士的,究竟有多少人呢? 在北京东城区安定门内成贤街,元、明、清三代祭祀孔子的地方——孔庙大成门及先师门两侧的进士题名碑上有记载:明清两代先后举行进士考试二百零一科,取中进士共五万一千六百二十四人。这么多进士,在题名碑上均有铭刻,但"明永乐十年(1412年)以前的题名碑在南京国学",在北京孔庙保存下来的进士题名碑,是"永乐十四年丙申科起至崇祯十六年(1643年)癸未科止共七十七块(其中缺万历八年、崇祯十年两碑)以及清顺治三年(1646年)丙戌科起至光绪三十年(1904年)甲辰科止共一百一十八块"。这些进士题名碑,对研究古代科举制度来说,是重要的文献资料。

三　棋与北京著名的棋盘街

赵先生问:

人们说:明清时代,天安门的南面,正阳门之北,在大清门的前面,因其地方正,像棋盘似的,故被誉名为"棋盘街"了。那么,大清门前,到底有没有"棋盘街"? 您能不能针对这个问题,给我回答一下?

钱先生答:

您说的这个问题,确实存在,并且说起来的话,不仅是很有内容,而且亦是挺有趣的,怎么说呢?

开始,需要从"棋"先说起。

"棋"　自古始,人们生活中普遍喜欢玩的文化娱乐项目,主要有两种,即"围棋"和"象棋"。

·围棋·

围棋，属于我国传统棋种。早在春秋时代，就已经有关于围棋的文字记载，例如，《左传·襄公二十五年》里载："弈者举棋不走，不胜其耦。"

到了唐代，围棋已经传入了日本，后来又流传至欧美各国。围棋，其棋局纵横各19道，共361个交叉点。对子局执黑子者先行，让子局上手执白子先行。基本上有两个眼者方为活棋。终局将实有空位和子数相加计算，或单记空位，多者为胜。

中华人民共和国成立后，围棋列入国家体育运动竞赛项目中。

·象棋·

象棋，与围棋一样，亦属于我国传统棋种。自古始，人们在生活中也普遍喜欢下象棋。对象棋，可作这样概括性的认识：历史悠久，棋制多有变迁。近代象棋定型于北宋末南宋初，当时社会生活中，象棋就已经甚为流行。人们玩象棋，即：两人对局，按照规定位置，在棋盘上各放棋子16枚；将、士、象、车、马、炮、卒等兵种，各子走法不同，例如马走日，象飞田，车和炮走直线等。象棋棋盘，系由九根直线和十根横线组成，中间以河为界，共有90个据点，双方各占一半。先后交替走子，以把对方"将死"为胜。若不分胜负，名曰"和棋"。

自古流传下来的象棋，1949年后，亦被列入国家体育运动竞赛项目之中。

老北京棋盘街

棋圣　　人们普遍喜欢玩的文化娱乐项目,不论是围棋,还是象棋,在社会生活实践中,都产生了影响。渐渐出现了棋艺卓绝的棋手,被人们尊称为"棋圣"。例如,古籍《广博物志》中载:"棋之无比者谓之棋圣,故严子卿、马俊明于今有棋圣之称焉。"清国手黄龙士、范西屏皆有棋圣之名。

棋盘街示意图

·北京有以"棋盘"命名的街名·

人们比较喜欢玩的围棋和象棋,因为在社会生活中产生了深远的影响,从而使北京街巷地名,亦受到了影响。

在皇城范围内,即在今日天安门广场,更具体地说是在人民英雄纪念碑的地方,原有一座大清门,其"门前地正方",像棋盘似的。人们为了纪念流传千古的我国传统棋种在社会上产生的深远影响,就将这个像棋盘似的地方,命名为"棋盘街"。明清两代时,棋盘街在老北京城是相当著名的。清于敏中等编纂的《日下旧闻考·国朝宫室》篇里,作了这样的记载:

正阳门之内为大清门,三阙,上为飞檐崇脊,门前地正方,绕以石阑,左右石狮各一,下马石牌各一。

……

大清门外俗称棋盘街,乾隆四十年修葺,周围石阑,以崇体制。

第九章

『真龙天子』·皇帝·龙袍·

皇后与妃嫔

一 "真龙天子"的由来

赵先生问：

人们说："真龙天子"，不论怎么说，毕竟是属于传说。不仅如此，而且有人还说得更具体，说"真龙天子"的传说始于黄帝，有什么道理，究竟是怎么回事？您能不能给我讲讲使我也能够弄个明白？

钱先生答：

您提出的问题很好，咱们先从黄帝说起。

·黄帝·

这里说的"黄帝"，是指古传说中的中原各族的共同祖先。

那么，黄帝的一生究竟怎样呢？

据说我们的祖先——黄帝的一生，其基本情形，大体上可作这样的归纳概括：黄帝，姬姓，号轩辕氏、有熊氏。少典之子。相传炎帝扰乱各部落，他得到各部落的拥戴，在阪泉（今河北涿鹿东南）打败炎帝。后蚩尤扰乱，他又率领各部落在涿鹿（今属河北）击杀蚩尤。从此，他就由部落首领被拥戴为部落联盟领袖。

黄帝像

不仅如此，而且自古还传说，黄帝有很多发明创造，如养蚕、舟车、文字、音律、医学、算数等，都是始于黄帝当政的时期。

再例如,至今现存的《内经》一书,实际上,是属于托名黄帝与岐伯①、雷公②等讨论医学的著作,故又被称作《黄帝内经》。

·龙·

从古至今,社会生活实践中,逐渐形成了人们非常习惯说"龙",或者说"我是属龙"的,或者说"皇帝是真龙天子",等等。其实,"龙"实际上是没有的。而只不过是属于古代传说中一种有鳞有须能兴云作雾的神异动物。尽管如此,古时候,毕竟是逐渐出现了将龙作为"鳞虫之精者曰龙",并且出现这种认识,亦相当早,例如,在古籍名著《大戴礼记·曾子天圆》里,就有这样的记载:"毛虫之精者曰麟,羽虫之精者曰凤,触虫之精者曰龟,鳞虫之精者曰龙,……。"

古时候,人们将所谓的龙纳入虫类,并且指出"鳞虫之精者曰龙",并不是毫无根据的,例如:古生物学上指一些巨大的有四肢有尾或兼有翼的爬虫,如恐龙、鱼龙、飞龙等。

尤其是当社会发展演变到封建社会的时期,逐渐形成了人们习惯用"龙"作为帝王的象征,例如,称皇帝为"真龙天子",以及称"龙颜","凤子龙孙",等等。

然而,所谓"真龙天子",只不过是属于对封建皇帝加以神化罢了,哪有什么"真龙",或曰"真龙天子"?既然是没有,那么为什么自古传说什么"真龙天子"?"真龙天子"的传说究竟始于何时?

·"真龙天子"的传说始于黄帝·

传说我们的祖先,黄帝是有熊国君少典之子,少典娶有娇氏的女儿附宝为妻。有一天,有熊国君少典与妻附宝,在几名大臣的陪同下,外巡视察时,乘船来到了一处名叫三河的地方,使附宝猛然间想起来一件事儿,就对其丈夫少典说:"我想

①岐伯 传说,他不仅是黄帝当政时期的大臣,同时又是古代医学家。其名见于《内经》。并且《内经》一书,系托名他与黄帝讨论医学,以问答形式而撰写成的。后世之所以称中医学为岐黄之术,就是来源于此。

②雷公 亦是黄帝当政时期的名医。相传,他与黄帝讨论医学理论,俱载《素问》、《灵枢》两书中。

起了父亲曾经对我说过：孩子，你就是三河岸上的一块大仙石生的，……偏巧，今天咱们来到了这里，我很想看看那块大仙石究竟是什么样子，我们能不能上岸去找找那块大仙石在哪里？"丈夫少典听了妻附宝的这番话，打心眼儿里非常赞成，他想："附宝，我和你一样，当然亦是很想看看这块仙石……。"

有熊国君少典和妻附宝，在几名大臣的陪同下，就将船靠岸了，少典和附宝就一直往前方奔去，就在这时，忽然天色一下子变得十分暗淡，附宝往天空一瞧，有一条大黄龙，竟张牙舞爪，直奔她而来，吓得随从少典的几名大臣，连滚带爬，都逃跑了；而国君少典也被吓得魂不附体，一动也不能动了，面朝地趴着；而附宝跟别人不一样，她看得清清楚楚：天空中，直奔她而来的那条大黄龙，渐渐变小了，竟使她如醉如痴，仰身倒地上的附宝，忽然感到有一种奇特舒适的感觉，随后她就什么也不知道了。过了一会儿，附宝苏醒过来了，她感觉身体格外轻松。

传说，有熊国君少典的妻附宝就这样有了身孕。几个月后，附宝分娩，生了一个男孩。这孩子生得皮肤淡黄，使附宝感到颇似几个月前看见的那条黄龙。附宝再仔细看看孩子的额骨，亦是隆起的，其形状像似天空中的太阳；细端详孩子的面部，像似有龙的相貌；再一察看孩子的手足，怎么看怎么瞧，都非常像似龙的爪趾。

附宝和有熊国君少典，夫妻二人都非常喜欢这个儿子，就给儿子起名，叫做轩辕，并且夫妻二人都一致认为孩子是"真龙天子"，将来长大，必然会成为天下著名的一位君王。

从此，这"真龙天子"就逐渐在社会上流传开了。

二 皇帝·龙袍

赵先生问：

人们说："皇帝"的称谓，始于秦代。但为什么称作为"皇帝"呢？还有，皇帝穿的龙袍，究竟是怎样织造出来的？请您给我讲解一下。

钱先生答：

回答您提出的问题，需要先从秦王嬴政(亦作"秦王政")说起。

自秦王政十七年(公元前230年)开始，至秦王政二十六年(公元前221年)，仅仅在10年的时间里，秦王嬴政就把韩、赵、魏、楚、燕、齐割据称雄的六国给灭掉了。

·皇帝·

那么,秦王嬴政灭六国统一了天下后,为什么始称为"皇帝"呢?

公元前221年,秦王嬴政灭六国,统一天下后,丞相李斯等人根据传说中的三皇,就尊称秦王嬴政为"秦皇"。但秦王嬴政感到这样还极为不够,没有把他统一天下的大功劳突出出来。他自认为"德兼三皇功高五帝",所以,就决定兼采帝号,始称为"皇帝"。由此开始,中国历史上历代封建君主,都称皇帝,并且一直被沿袭到清代。

封建皇帝生前有名字和年号,死后则有庙号、陵号。

皇帝生前的年号 从我国历史上来看,自汉武帝(刘彻)起至元代,皇帝的年号往往有若干个,如汉武帝刘彻的年号就有11个,即建元、元光、元朔、元狩、元鼎、元封、太初、天汉、太始、征和、后元。到明代就不同了。明代16个皇帝,除了英宗帝有两个年号正统和天顺而外,其他的皇帝都是只有一个年号,如明代第一个皇帝朱元璋的年号为洪武,第二个皇帝朱允炆的年号为建文,第三个皇帝朱棣的年号为永乐等。

明十三陵

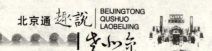

明代16个皇帝列表

第几位	名字	年号	公元	庙号	陵号
1	朱元璋	洪武元~十三	1368~1398	太祖	
2	朱允炆	建文元~四	1399~1402	惠帝	
3	朱 棣	永乐元~二十二	1403~1424	成祖	长陵
4	朱高炽	洪熙元	1425	仁宗	献陵
5	朱瞻基	宣德元~十	1426~1435	宣宗	景陵
6	朱祁镇	正统元~十四	1436~1449	英宗	裕陵
7	朱祁钰	景泰元~七	1450~1456	代宗	
	朱祁镇	天顺元~八	1457~1464	英宗	
8	朱见深	成化元~二十三	1465~1487	宪宗	茂陵
9	朱祐樘	弘治元~十八	1488~1505	孝宗	泰陵
10	朱厚照	正德元~十六	1506~1521	武宗	康陵
11	朱厚熜	嘉靖元~四十五	1522~1566	世宗	永陵
12	朱载垕	隆庆元~六	1567~1572	穆宗	昭陵
13	朱翊钧	万历元~四十七	1573~1619	神宗	定陵
14	朱常洛	泰昌元	1620	光宗	庆陵
15	朱由校	天启元~七	1621~1627	熹宗	德陵
16	朱由检	崇祯元~十七	1628~1644	思宗	思陵

皇帝死后的庙号 所谓庙号，即指皇帝死后在太庙所立祭祀牌位上的名号。《旧唐书·高祖本纪》载："群臣上谥曰大武皇帝，庙号高祖。"因此，我国历史上就将死后的皇帝简称之为汉高祖、唐太宗、明成祖等等。

明十三陵 在北京昌平区，位于距城约44里的天寿山下方圆40平方公里的小盆地上。十三陵，从明永乐七年（1409年）开始修建长陵起，直到清顺治元年（1644年）修建成思陵止，前后经历了二百多年。十三陵地区成为一般人不能随意踏入一步的禁地，住有一大批守陵的卫士。

·龙袍·

为了显示帝王至高无上的尊严和权威，皇帝穿的衣着被称为龙袍，并特别讲究要取阳数之极九之天数，即龙袍上要绣九条金龙。如《大清会典·舆服》中载："皇帝龙

袍,用明黄袖、袖俱石青,片金缘。绣文(纹),金龙九。"尤其是皇帝即位登基、发诏书,以及元旦、冬至和皇帝生日等,在太和殿举行庆典活动,皇帝特别要穿上龙袍升座。殿前陈列的鹤、炉都升起袅袅香烟;太和殿廊下的金钟、玉磬和笙、笛、箫、琴等齐鸣;跪在丹墀和广场的文武百官三呼万岁,充满了肃穆的气氛。

明代皇帝穿用的龙袍,宋应星在《天工开

龙袍图

物》里有这样的记载:"凡上供龙袍,我朝局在苏杭。"就是说,明朝供皇帝穿用的龙袍,其织染局设在苏杭二州。那么,龙袍是怎么织造出来的呢?《天工开物》里说:"其花楼高一丈五尺,能手两人,手提花本,织过数寸,即换龙形。"所谓"花楼",就是指明代时的织布机。织造龙袍,一般由两个技术熟练的人掌握花楼,手里拿着花样提花,每织过数寸后,就换另一段龙形的图案。织绣龙袍与一般织品不同,其人工的繁重和成本,都要增加十几倍之多。

三 皇后与妃嫔

赵先生问:

人们说:"皇后"的称谓,与"皇帝"一样,始于秦代。但中国历史上皇帝后宫除皇后外,往往妃嫔众多。具体情形怎样?请您给我说一说。

钱先生答:

好!那我就说说。

从我国历史上来看,自秦王嬴政于公元前221年(秦嬴政二十六年)灭六国(韩、赵、魏、楚、燕、齐)统一天下后,始称皇帝起,亦就随之出现:将皇帝的正妻,誉为皇后;将其侧妻称为妃。从清康熙皇帝以后,清代的后妃制度逐渐完善,规定:将皇帝的祖母,称为太皇太后;将皇帝的母亲,称为皇太后;将皇帝正妻,称作皇后;皇后以下,设皇贵妃一、贵妃二、妃四、嫔六,贵人、常在、答应等则无定数。此外,将先朝的妃、嫔,呼之为太妃、太嫔。她们居住在皇宫里,有严格的等级制度。一般说来,皇帝的祖母和皇帝的母亲,即太皇太后和皇太后,都居住在慈宁宫,太妃、太嫔等皆随往;人们俗称的正宫娘娘,即皇帝的正妻——皇后居住在中宫;皇后以下的皇贵妃、贵妃、妃、嫔等,皆居住东西六宫。

第十章

北京皇宫紫禁城的概况

一　紫禁城的建筑范围和基本特征

赵先生问：

老北京城最突出的特征是城套城。而皇宫紫禁城，又是老北京城城套城最里面的一座城，亦被人们称之为大内。紫禁城与一般的城不同。因为它是封建帝王居住和处理朝政的地方，所以它的政治地位最显赫。您能不能将紫禁城的建筑范围和突出特征都给我讲一讲呢？

钱先生答：

好！那我就说说吧。

·紫禁城的建筑范围·

举世闻名的皇宫紫禁城，始建于明永乐四年(1406年)，于永乐十八年(1420年)基本建成，占地约72万平方米。据现在人们测量："建于明朝，宫城南北长960米，东

紫禁城

西宽760米,周长为3.4公里,呈长方形,墙高6米"(《北京传统文化便览》)。

《宸垣识略》书中对紫禁城的范围究竟有多大,有多少座城门,亦作了记载:

> 紫禁城在皇城中,南北各二百三十六丈二尺,东西各三百二丈九尺五寸。其四门:南曰午门,北曰神武,东曰东华,西曰西华。四维皆有角楼。午门前接皇城之端门。

建筑宫殿的艺术大师们深受阴阳说的影响,将阳数受崇的九之天数运用到建造皇宫紫禁城内的屋宇上。传说紫禁城内的屋宇建筑,其间数为9999间。

在紫禁城建成的第二年,即永乐十九年(1421年),明成祖朱棣从南京迁都到北京。从此,紫禁城就成为明清两代帝王的皇宫,曾经有24个封建皇帝在这座戒备森严而又富丽堂皇的皇宫里居住和处理朝政。

·皇宫紫禁城的基本特征·

皇宫紫禁城的基本特征有二:其一,是其营建深受唐古都长安城的宫城(俗名为皇宫)——大明宫主体建筑"三大殿"的影响。可作这样概括性的说明:唐古都长安城,其"宫城"大明宫内的"三大殿",正殿为含元殿,其北为宣政殿、再往北为紫宸殿,并且这三大殿,有一个共同的突出特征,就是都在大明宫南北一条中轴线上。而北京著名的紫禁城,以三大殿——太和殿、中和殿、保和殿为中心,形成了老北京全城性的南北一条中轴线,南到永定门,北到钟鼓楼。不仅如此,老北京城其南北和东西两侧的主要建筑,亦可以说相当讲究"对称",比较典型的例子,如南有天坛,北有地坛;东有日坛,西有月坛。

第二个突出的特征,可概括为:皇宫建筑格局深受三朝制的影响,具有三朝制的烙印。

那么,何谓三朝制呢?据《中国建筑特征及其演变》中说:

> 见于周礼及礼记者有三朝,即外朝、治朝、燕朝。外朝以决国之大事,与断蔽讼;治朝则每日视事之所;燕朝又曰内朝,或曰路寝,图宗人嘉事,及燕射之所也。

明永乐年间,封建朝廷和建造皇宫紫禁城宫殿的建筑大师们,就是根据三朝制,将皇宫紫禁城内的建筑群,设计成为有外朝和内廷之分的建筑格局。

二　外朝和内廷

赵先生问：

人们说：皇宫紫禁城分为外朝和内廷两大部分，这究竟是怎么划分的？具体情形怎样？请您给我说一说。

钱先生答：

好，那我就说说。

·外朝·

外朝，其精美的建筑群，属于皇宫紫禁城内的重点建筑，以太和殿(俗称金銮殿)、中和殿和保和殿三大殿为中心，文华、武英两殿为两翼(左右对称)。外朝是封建皇帝举行大典和召见群臣、行使权力的重要场所。

外朝在建筑上有一个突出的特征，就是：在外朝(亦称前朝)范围内，空间比较大，例如太和殿前，就有一相当大的广场。三大殿各殿之间，其空间亦比较大。空间大、宫殿高、建筑精美，因而三大殿显得深奥和庄严。

太和殿、中和殿、保和殿三大殿

·内廷·

　　内廷,亦称后宫。其建筑包括乾清宫、交泰殿、坤宁宫及东西六宫等,是封建皇帝处理日常政务和后妃、皇子们居住、游玩及奉神的地方。

　　外朝和内廷,二者相比较来说,内廷虽没有前朝那样多、那样大的空间,但精美的建筑,如楼台亭阁和御花园等,皆集中在内廷的范围内。

　　皇宫紫禁城内的三大殿——太和殿、中和殿、保和殿和后三宫——乾清宫、交泰殿、坤宁宫居全城中轴线上,中轴线左右(东西)两侧的建筑对称。皇宫紫禁城气势雄伟,豪华壮丽,是我国现存最大、最完整、最精美的古建筑群。

　　皇宫紫禁城是封建皇帝居住和处理朝政的地方,所以,它与一般的"城"不同。紫禁城城墙的建筑结构特别讲究,与一般的城墙有区别,主要表现在这样三个方面:一是整个城墙建筑为"横七竖八"的砖质结构;二是整个城墙根,均以五步深的灰土砸坚实,再砸三步深的灰土,名为"护城根脚";三是由城墙根往上"横七竖八"的砖质结构十五层,均用江米加石灰水混合搅拌而成的"雪花浆"浇灌了三次。这样,就使皇宫紫禁城坚如磐石了。

三　紫禁城的角楼和护城河

赵先生问:

人们说:皇宫紫禁城建筑上的防御性设施,主要有角楼和护城河。请您将具体情形给我说说好吗?

钱先生答:

好! 我给您说说。

·皇宫紫禁城上的角楼·

　　皇宫紫禁城,其城垣四隅上的角楼,造型古朴典雅,精巧秀丽,真可谓小型角楼建筑的精华。它们与老北京城重城的东西角楼一样,亦是为了瞭望警戒、保护皇宫紫禁城而设。但是,只因为装饰性很强,就往往容易使人们认为它不是保卫皇宫紫禁城的小堡垒。

　　皇宫紫禁城，其城垣四隅的角楼，平面呈曲尺形，中央方形亭楼三开间，黄琉璃瓦，三重檐。上层檐由四角攒尖顶和歇山顶结合组成，四面亮山，呈十字脊，中设镀金铜宝鼎。中层檐为歇山顶，抱厦与亮山勾连。下层檐为半坡顶式腰檐，多角相连。全顶设有翼角二十八个，亮山十面，脊七十二条。室内无一根落地柱，室外不见梁头。檐牙交错统一，整体造型复杂、玲珑、庄重，辅以彩绘、红柱，环绕汉白玉石栏。人们站在皇宫紫禁城的护城河之外，遥望紫禁城角楼，檐角起翘，参差错落，层层叠立，高低起伏，与金黄色的瓦顶、朱红色的柱子、门窗和彩画交织在一起，玲珑精致，别具一格。

　　建造紫禁城角楼的艺术大师们，运用九之"天数"，九的倍数，将角楼的高度建造成为八十一尺；又取"阳数"中的"三"，将角楼建造成屋顶三重檐；取"阳数"之极——九，或者取"二九"之倍数，或者取"八九"之倍数，将角楼建造成为"九梁十八柱七十二条脊"。四座极为精美的角楼，都是一样的。

·皇宫紫禁城的护城河·

　　在老北京，人们习惯将皇宫紫禁城的护城河称为筒子河。环绕紫禁城城垣的

紫禁城的角楼与护城河

护城河是城垣重要的守护系统。明代时设看守红铺40座,清建守卫房舍736间。清代时,不仅沿河两岸上植柳,而且还在护城河里养莲。这样,一方面为宫城外观增色,另一方面,亦减轻紫禁城戒备森严的防御气氛。

那么,皇宫紫禁城护城河的河水,究竟是从什么地方引进来的呢?《今日北京》一书里记载:

> 护城河,明代开凿,河水源于玉泉山,自积水潭、北海经景山西墙引入,又经地沟注内金水河。宽5.2米,深6米,岸陡直,条石磊砌。

至于北京皇宫紫禁城护城河河水和天安门前的金水桥之金水河水,究竟是怎样引进来的,古籍名著《日下旧闻考·国朝宫室》篇里,有这样的记载:

> [臣等谨按] 皇城内河流四面环绕,其由地安门西步梁桥流入者,经景山西门引入,环紫禁城,是为护城河。护城河西面之水,自紫禁城西南隔流经天安门外金水桥,东南注御河,是为外金水河。又西阙门下有地沟,引城河水经午门前至东阙门外,循太庙右垣南流,折而东注太庙戟门外筒子河,东南合御河,此系乾隆二十五年奉谕新开水道。至其由地安门东步梁桥流入者,经东安门内望恩桥流注御河,又别为一道也。

四　紫禁城里点缀性的
鎏金铜狮子和门海

赵先生问:

北京皇宫紫禁城里,有不少对鎏金铜狮子和门海,它们有什么特殊的意义吗?请您给我说说好吗?

钱先生答:

好!下面我就分别地说一说。

·紫禁城的鎏金铜狮子·

鎏金铜狮子,与石雕艺术作品石狮子一样,其共同的特征,就是常常被点缀装

鲞金铜狮子

饰在建筑、桥栏、陵墓、寺庙、宫殿、府第门前等地方。其造型多种多样,有坐狮、卧狮、立狮、飞狮等。这里只说一说皇宫紫禁城内的鎏金铜狮子。

紫禁城内的鎏金铜狮子一共有五对。西六宫养心殿门前,有一对装饰性的鎏金铜狮子,为清乾隆年间制造。其造型生动,形态逼真。养心殿门前,其东侧的鎏金铜狮子是雄狮,前右爪踏一绣球玩耍;其西侧的鎏金铜狮子是雌狮,前右爪踏一幼小狮子,小狮子仰卧状,口含大狮子的爪子,充分体现兽的母爱。其余四对,则分别陈设在乾清门前、长春宫前、宁寿门前、养性门前。其中,宁寿门前、养性门前的鎏金铜狮子,在狮子的胸前或铜座上,皆刻有"大清乾隆年造"的字样。而乾清门前的一对鎏金铜狮子,虽然没有年款,但据古籍《酌中志》、《明宫史》里记载:为明代制造。如《明宫史》载:"乾清门,左右金狮各一",指的就是鎏金铜狮子。

其实在紫禁城内,除了有上述五对鎏金铜狮子外,还有一对铜狮子。它是皇宫紫禁城内最大的、没有鎏金的铜狮子,并且至今仍然陈设在金銮殿(即太和殿)之南的太和门前。其造型亦非常精美,装饰华丽,是明代制造的艺术珍品。

·紫禁城的"门海"·

古时,"缸"的本字为"瓨(hóng 洪)弋",即古代瓦制的长颈容器。受十升(《说文·瓦部》),就是最初社会生活实践中,人们使用的水缸。取"缸"的本字"瓨"盛水之意,故将装饰设置在宫殿门前防火用的鎏金大铜缸,取其大、盛水多等综合之意,誉名为门海。

紫禁城的外朝(亦称前朝)，以三大殿——太和殿、中和殿、保和殿为中心，是紫禁城宫殿群中的重点建筑。三大殿以后，其内廷，亦称后三宫——乾清宫、交泰殿、坤宁宫为中心，形成东西六宫。显然，外朝和内廷皆为重要之地。因此，三大殿以及后三宫的乾清门前的两侧，都设置有非常珍贵的防火用的鎏金大铜缸。当然，鎏金大铜缸也起到了装饰的作用。

　　这里举上一个例子：乾清门前，其东西两侧，至今仍然陈列着五对鎏金大铜缸。每只高约1.2米，直径约1.65米，缸上部表面均铭刻着双钩阴文楷书"大清乾隆年造"的字款。其大缸的两侧，皆有装饰兽面纹铺首环耳。

　　紫禁城里，防火使用的大缸，除了最讲究的鎏金大铜缸之外，还有两种，就是烧古的青铜缸和铁铸的大缸。其具体例子这里就不一一细说了。最后，需要说一下的是：紫禁城里，防火使用的三种大缸——鎏金大铜缸、青铜缸和铁铸的大缸，其数量之多，曾经达到过308口。

鎏金大铜缸

第十章

紫禁城外朝的主要建筑

一　金銮殿

赵先生问：

人们说：北京皇宫紫禁城内的重点建筑，其三大殿之一的金銮殿（即太和殿），严格说来，亦是由古代最初的宫与殿而逐渐发展演变形成的。所以，您能不能将最初的宫与殿，先给我说一说？

人们还说：北京皇宫紫禁城内著名的金銮殿，不论殿内殿外，都是相当讲究的，您能不能也给我讲一讲？

钱先生答：

您提出的这些问题，确实非常值得回答一下。我们先从宫与殿说起。

·宫与殿·

如今，北京的故宫紫禁城，是全国最有代表性的宫殿群。其实我国古时候，并不是一开始就把宫和殿专门当作是皇帝居住和处理朝政的地方。古时，最初是把房屋通称为"宫"，或者名之为"室"。

《尔雅·释宫》就有这方面的记载："宫谓之室，室谓之宫。"还有比这更早的记载，如《诗·豳风·七月》篇："上人执宫功。"不仅如此，而且殿也是相类似。唐训诂学家颜师古说："古者屋之高严，通呼为殿，不必宫中也。"显然宫和殿都是对一般房屋的通称。

但随着社会不断向前发展，在实际生活中人们逐渐把圣人居住的房屋，称作是宫室，表示同一般人居住房屋的区别。对此，古籍《易·系辞下》里，作了相当透彻的解释，即"后世圣人易之以宫室"。

从秦朝开始，宫殿就成为专门指皇帝和极少数人居住和处理朝政的地方。并且由此开始，将宫殿的规模越建越大，越建越豪华。例如，秦王朝修建的有阿房宫；汉代长安的未央宫，是丞相萧何亲自监督修建的；唐代长安修建的有大明宫、太极宫和兴庆宫等，一直发展到后来明永乐十八年在北京城，建筑成一座规模巨大的宫殿群，即紫禁城。

·金銮殿(即太和殿)·

所谓金銮殿,是人们对太和殿的一种俗称。它是皇宫紫禁城内三大殿主体建筑中的最重点建筑。封建皇帝登基、寿辰、大婚、册立皇后和每岁元旦、冬至节等,都要在这里举行庆典活动。

太和殿,始建于明永乐十八年(1420年)。落成后,屡毁屡修。今日人们观赏到的太和殿为清圣祖康熙三十四年(1695年)重建的。

太和殿,明初称奉天殿,嘉靖四十一年(1562年)改称皇极殿,顺治二年(1645年),始改称为太和殿。

太和殿,殿南向,面阔十一间(60米),进深五间(33.33米)。殿顶是重檐的庑殿式黄色玻璃瓦顶。

太和殿的外观　太和殿是建筑在须弥基座(或曰须弥崇基)上面的。建筑相当讲究。

台基砌成三层,高8.13米。台基每层四周皆绕有石雕栏板,其望柱一共有1458根,龙首(俗称龙头)1142个。台基侧面突出并雕刻精美的龙头还作为排水口。每年大雨季节,当雨过天晴之际,龙口喷水千条,显得非常壮观,成为一种自然美丽的奇景,从而使太和殿更加雄伟壮丽。

金銮殿(即太和殿)

·太和殿前露台上的装饰有讲究·

太和殿前之场地,名曰露台。露台上的一些配置性的装饰,皆有一定的讲究,例如露台东西两侧,各有一对铜炉、铜龟、铜鹤等点缀性的装饰物。每当举行大典活动时,这些装饰物不仅是燃檀香和松柏枝的用具,形成香烟缭绕的神秘气氛,而且还象征着封建朝廷的江山永固。

露台东西两侧点缀性的装饰物还有日晷和嘉量。

日晷 亦称日规,是我国古代发明的一种测时仪器。从我国历史上来看,出现日晷这种测时仪器亦比较早。例如《文选·左思〈魏都赋〉》里记载:"揆日晷,考星耀。"唐代学者李善注引《周礼》曰:"匠人建国,昼参诸日中之景(影),夜考之极星,以正朝夕。"

日晷是由晷盘和晷针组成的。晷盘是一个有刻度的盘,其中央装有一根与盘垂直的晷针。盘面的安装有几种形式。我国的日晷独具特色,其晷盘为平行于赤道面、倾斜安放的圆盘。其晷针为指南、北极方向的金属针。针影随太阳运转而移动,刻度盘上的不同位置表示不同的时刻。

嘉量 是我国古代容积的综合标准量器,俗名官斗。从我国历史上来看,这种标准量器出现亦比较早。例如,古籍名著《考工记》里记载:"嘉量既成,以观四国。"古籍名著《汉书·律历志上》里亦有记载:"准绳嘉量。"并且唐朝著名的训诂学家颜师古曾注曰:"准,水,平。量知多少,故曰嘉(量)。"

这种俗称官斗的标准量器,一般说来,一器兼五量,上面是斛,下面是斗,左耳是升,右耳上为合,下为龠。太和殿前露台上的嘉量,是清乾隆九年(1744年)按照西汉末新朝王莽当政时期的嘉量仿制出来的。

太和殿前露台上的日晷和嘉量,不仅是点缀性的装饰物,而且更重要的是,它象征着皇帝的"公正"和至高无上。

·太和殿内部一些配置性的装饰更为讲究·

首先从藻井说起。藻井是我国传统建筑中顶棚上的一种装饰。一般做成方形、多边形或圆形的凹面,上有各种花纹、雕刻和彩画。而太和殿的藻井,为金龙藻井顶,并倒悬轩辕镜,其顶正中有口含宝珠的浮雕蟠龙。

太和殿正中的御座，其配置的装饰极为讲究。金漆雕龙宝座（俗称金銮宝座）置于镂雕金漆座之上。雕有九条金龙的楠木金銮宝座两侧陈设有景泰蓝宝象、角端、仙鹤、香筒等各一对，左右对称。

金銮殿内景

其实，不仅如此，金銮宝座后的装饰亦相当讲究，立有屏风和羣翟，座两侧立蟠龙金柱六根。

总之，太和殿不仅是紫禁城最大的殿堂，而且亦是全国最大、古代建筑中最高的木构宫殿。明清两代五百六十多年，每当在太和殿举行盛大的庆典活动时，都要在殿内的珐琅仙鹤盘上点燃蜡烛，香亭、香炉烧檀香，大殿前露台上的铜炉、龟鹤燃松柏枝；大殿前，其两侧廊下排列乐队，从露台一直到皇城南面的正门——承天门(今称天安门)，排列着各种仪仗。太和殿内外，一时间香烟缭绕，全场鸦雀无声。皇帝身穿"绣金龙九"的龙袍登上金銮宝座时，鼓乐齐鸣，朝廷中的文武百官，严格按照品级排满丹墀和广场，三跪九叩首，三呼"万岁、万岁、万万岁"，以显示封建皇帝至高无上的权威和尊严。

清朝末代皇帝——爱新觉罗·溥仪，在太和殿登基时(1909年)年仅三岁，由他父亲摄政王载沣把他抱在金銮宝座上。传说:登基大典开始，鼓乐齐鸣，吓得小皇帝溥仪哭闹不止，大声嚷着要回家。他父亲载沣急得满头大汗，单膝侧身跪在金銮宝座旁边，手扶着三岁的小皇帝，哄他说:"再坐一会儿，时间不长，就要完了，就要完了!"事情也就那么凑巧，时间真的不长，三年后清王朝就灭亡了。更为有趣的是:接着就出现了窃国大盗袁世凯。他于1915年12月12日自称洪宪皇帝，在登基之前，因心里害怕轩辕镜会显灵掉下来，砸死他这个冒牌皇帝，所以，就将金銮宝座的位置移到现在的地方。

明代第六个皇帝，明英宗朱祁镇曾两次登太和殿做皇帝。第一次做皇帝的时间是公元1436~1449年（即正统元年~十四年）；第二次做皇帝的时间是公元1457~1464年(即天顺元年~八年)。

朱祁镇为什么两次登太和殿做皇帝呢？

正统十四年(1449年)，瓦剌贵族也先率军攻明。大宦官王振挟持英宗率军五十万人亲征。在这次亲征中，朱祁镇被瓦剌掳去。之后，兵部尚书于谦等人就拥立英宗弟朱祁钰即位当了皇帝，改年号称景泰，时间是1450~1456年 (即景泰元年~景泰七年)。

英宗被瓦剌掳去后，虽然次年就被释回北京，但未能立即复位当皇帝。直到景泰八年(1457年)，在宦官曹

铜鹤

吉祥、将领石亨、官僚徐有贞等人的支持下，乘景泰帝病重，发动政变，夺宫门，复皇帝位，改年号为天顺。

·太和殿顶与全国各地许多宫殿顶上的装饰大不相同·

最明显的地方，就是殿顶的正脊和岔脊(亦称垂脊)上的装饰，不仅使用了黄彩琉璃瓦制作的装饰物，而且殿顶的岔脊兽是惟一十样俱全的。

太和殿正脊上的装饰物，名叫鸱吻，是用十三块中空的黄彩琉璃瓦件拼成的(古建上称十三拼)，它是传说中龙生九子的一位龙子。关于这一龙子，自古有种种传说。一说，由于这一龙子能喷浪成雨，故将它装饰在屋顶的正脊两端，取喷水镇火之意。一说，屋脊两端的兽俗名为吞脊兽，其模样似龙非龙，面朝里，张着大嘴，好像要把整个殿脊吞下去。它的背上还插着一把利剑，只有剑柄露在体外。这是怎

么回事呢?据说是因为这一龙子擅离职守,逃回南海而死,死后把它镇于屋脊上。还有一传说是龙王把王位传给大儿子,可是,龙王死后,老二和老大争夺王位,谁也不肯相让。怎么办呢?哥俩最后商定:以吞下一条屋脊来决定胜负,胜者为王。老大自知武艺不如老二,又恐王位被夺,心一横,拔出宝剑,趁老二吞脊之时,从背后狠刺下去,把老二钉在屋脊上。

　　北京太和殿,是等级最高的重檐庑殿顶建筑,除殿顶上的一条正脊而外,在两层重檐上,还各有四条垂脊,即两层重檐共有八条垂脊。而每一条垂脊上,均有仙人和形象各异的走兽装饰。八条垂脊上,共有八十八个仙人走兽的装饰。但每条垂脊上的装饰物都是一样的。据《大清会典》中记载,最前面的是骑凤仙人,后面的排列顺序为龙、凤、狮子、天马、海马、狻猊、押鱼、獬豸、斗牛、行什。这十个形象各异的走兽,各自均有来历。龙,是一种能兴云作雨的神奇动物,它是皇权神圣的象征。凤,属于鸟中之王,取凤作为垂脊上的装饰物,也是突出帝王至高无上的地位。狮子,始传于佛教,据《传灯录》载:"释迦佛生时,一手指天,一手指地,作狮子吼云:'天上天下,惟我独尊。'"獬豸,《异物志》中载:"性忠,见人斗则触不直者,闻人争则咬不正者。"它是公正的象征。狻猊,也是龙子之一,非龙似狮又似马,因它形象似雄狮,故用作镇兽。押鱼,是海中异兽,传说它是兴云作雨、灭火防灾的能手。斗牛,是古代传说中一种虬龙。据《宸垣识略》里记载:"西内海子中有斗牛,即虬螭之类,遇阴雨作云雾,常蜿蜒道旁及金鳌玉蝀坊之上。"它与龙之别,据东汉文学家王逸的解释:"有角曰龙,无角曰虬。"总之,古时将它亦看作是一种除祸灭灾的吉祥动物。

铜龟

　　宫殿垂脊兽的装饰,有严格的等级区别,只有太和殿顶上垂脊兽十样俱全。中和殿及保和殿,才只有九样。其他宫殿的垂脊上,虽然亦有走兽,但要按级递减。

·朝会与冬至节趣谈·

"朝"和"会",原为不同含义的两个字。古代,诸侯见天子,臣见君,以及子见父母,皆通称为"朝"。"会",如会见、聚会、聚合等。此二字,逐渐被人们结合在一起使用,使"朝会"成为显示封建皇权尊严的一种礼仪活动形式。例如,明清两代时,每逢皇帝即位或曰登基坐天下、大婚、册立皇后和每年元旦、冬至节、万寿节(皇帝生日)等,皇帝都要亲临金銮殿(即紫禁城太和殿),接受文武百官们的朝贺。

朝会大典,一般在拂晓举行。皇帝在举行朝会大典这天,身着明黄色"绣金龙九"的龙袍,出宫(指离开他居住的宫殿)起驾至金銮殿,升座(指登金銮殿内的御座),接受文武百官三跪九叩首的朝贺。

举行朝会大典,皇帝出宫起驾时,钟鼓齐鸣,三大殿内外烛火通明,丹陛上下鼎炉龟鹤中飘起袅袅香烟,古声乐大作,非常隆重。

为什么封建朝廷将冬至节亦列入朝会大典呢?

古时的科学家们,不仅通过对日影变化的精心观测和研究,确定出了一年的时间为365天,而且还摸索出了冬至、夏至、春分、秋分四大节气。以后,人们通过农业生产实践,逐渐充实完善。到秦汉年间,二十四节气就已经完全确立了,成为农事活动的主要依据。

明清两代,帝王为了祭祀古代科学家们对人类做出的贡献,以及显示其重视农业和二十四节气,于是将冬至节列入了朝会大典。每年冬至这天,都要在金銮殿举行一次隆重的庆典活动。

二　午门和太和门

赵先生问:

人们游览皇宫紫禁城,观赏著名的金銮殿(即太和殿),从天安门进去的话,必须经过紫禁城南面的正门——午门和午门内的太和门。您能不能将午门和太和门,也给我说一说呢?

钱先生答:

好!我就以《廷杖与推出午门斩首》、《太和门和门内的东西两庑》为题给您说说。

·廷杖与推出午门斩首·

廷杖，是封建皇帝对朝臣触怒龙颜实行的一种酷刑。它始于唐代，流传至明清。朱国桢《涌幢小品》卷十二中载：

廷杖始于唐玄宗时……成化以前，凡廷杖者不去衣，用厚绵底衣，重毡叠帕，示辱而已，然犹卧床数月，而后得愈。正德初年，逆瑾（刘瑾）用事，恶廷臣，始去衣，遂有杖死者。

明清两代帝王的宫城，亦俗称皇宫。在皇宫南面的正门，有一座金碧辉煌的城楼(三阙，上覆重楼九间)，这就是昔日皇宫的正门——午门。

明清时，朝臣一旦触怒了龙颜，就要被押送到皇宫南面的正门——午门外，忍受美其名曰皇上"赐予"的廷杖。

廷杖时，受处罚的朝臣，身穿囚服，被捆绑押送到午门御路的东侧，并被按倒俯卧在地。同时，集朝中的众官员，到午门西墀下观刑。其目的是在打一儆百。

老北京午门

然而,有的廷杖,却根本不是什么打一儆百,而是一回就廷杖百余人之多,当即死于廷杖者十余人,非常残酷。历史上,这一典型廷杖的酷刑事例,发生的原因,就是明武宗(朱厚照)喜好声色狗马,耽于游乐,置朝政于不顾。正德十四年(1519年),他准备巡游江南,朝中许多大臣苦苦劝谏。其结果是触怒了龙颜,武宗大怒,下令将朝中进谏的146名大臣,都押送到午门外,罚跪5天。5天到了,武宗仍不从轻处罚,又下令分别将一百多名大臣,一一不漏处以杖刑,并下令将带头劝谏的大臣,各打80或50棍,其余的大臣,一律要挨廷杖30。一百多名挨廷杖的大臣,其中有11人当即被活活打死。由此可见,说书、唱戏或古典小说中,常常出现说把犯人"推出午门斩首",是有一定根据的。

明清两代,京城九门之内,都是不允许行刑杀人的。那么,北京皇宫的正门——午门,就更不允许出现行刑杀人的现象了。京城杀人的刑场在宣武门外的菜市口。但在说书人或戏剧中,为了艺术上的需要,还是常常出现"推出午门斩首"的说法,这是无须较真儿的。

·太和门和门内的东西两庑·

太和门　　从午门进入游览皇宫紫禁城内最重点的建筑——金銮殿,即太和殿,必须得经过太和门。

金銮殿南面的正门,叫做太和门。那么这座太和门,其古建筑的基本情形怎样呢?简要说来,为南向,九间三门,重檐,崇基,石栏,前后陛各三出,左右陛各一出。

这里所说的"前后陛各三出",其"陛"是指帝王宫殿的台阶。出现这种称谓比较早,例如,《国策·燕

太和门

策三》载:"秦舞阳奉地图匣,以次进至陛下。"再例如,蔡邕《独断》卷上载:"陛,阶也,所由升堂也。天子必有近臣,执兵陈于陛侧,以戒不虞。"

太和门前,陈列有铜狮二。往南就是跨石梁五的内金水桥。其所以这样称呼,则是与天安门前的外金水桥相对而言。

那么内金水桥的水,究竟是怎样引进来的呢?对此,《日下旧闻考·国朝宫室》里,作了比较透彻的解释:"金水桥之水由神武门西地沟引护城河水流入,沿西一带经武英殿前,至太和门前,……"

金銮殿南面的正门,不仅是有一个门叫太和门,而且太和门的东西两侧,即左右又各有一门,左边的叫昭德,右边的叫贞度,门各为三间。

那么左右两门庑是干什么用的呢?

这里所说的门庑,是指两门的廊屋。用现在的话来说,太和门左右之门的廊屋,是守卫金銮殿,亦可以说是守卫三大殿的武士们留宿的地方。

对于上述内容,《日下旧闻考·国朝宫室》篇里,皆作了记载,这里将其原文转引出来,以供您阅读和欣赏。

《日下旧闻考·国朝宫室》篇里的原文:

……正中南向者为太和门,九间三门,重檐,崇基,石阑,前后陛各三出,左右陛各一出。门前列铜狮二,其南环以金水河,跨石梁五,即内金水桥。

……金水桥之水由神武门西地沟引护城河水流入,沿西一带经武英殿前,至太和门前,是为内金水河,……

太和门左右各一门,皆南向,左曰昭德,右曰贞度,门各三间。

[臣等谨按]昭德、贞度两门庑为侍卫直宿处,详见官署门。

太和门内的东西两庑 游览皇宫紫禁城,当人们一跨进太和门内,就会发现门内的东西两侧皆有许多房屋,用《日下旧闻考》里记载的话来说,叫做"太和门之内东西两庑"。那些房屋,究竟有多少呢?这些房屋,究竟是干什么用的呢?回答这个问题,不用笔者多说,只要将《日下旧闻考·国朝宫室》篇里记载的原文转引出来,您就会了解其然了。

《日下旧闻考·国朝宫室》篇里的原文:

太和门之内东西两庑各三十二间,东庑之中为体仁阁,西庑之中为弘义阁。东庑之北为左翼门,西庑之北为右翼门,各五间,皆东西向。

〔臣等谨按〕体仁阁、弘义阁两庑为内府银、皮、缎、衣及瓷、茶六大库,详见官署门。

三　紫禁城中和殿与严嵩

赵先生问:

人们说,别看严嵩是个反面人物,人还是挺聪明的,挺有本事的,千方百计在中和殿接触朱厚熜皇帝,取得皇帝的信任和不断地提升。有关紫禁城中和殿与严嵩的事情,您能不能给我说说?

钱先生答:

有关严嵩利用紫禁城中和殿,与皇帝接触,取得了信任,青云直上的事,的确值得说一说。

从前老北京代代相传说:明世宗朱厚熜皇帝当政期间,有名的大奸臣严嵩,在皇宫紫禁城里,步步青云直上。这说起来与中和殿有着密切的关系。因为皇帝临太和殿大典前,先要在中和殿升座,阅奏章和进行其他活动。严嵩就紧紧抓住这个机会不断地与嘉靖皇帝见面,其目的就是要千方百计取得皇帝的信任和重用。

那么,严嵩究竟是怎样青云直上的呢?有种种传说。现举两例。

例一

传说,严嵩朝思暮想要在朝廷里当个大官。因为他

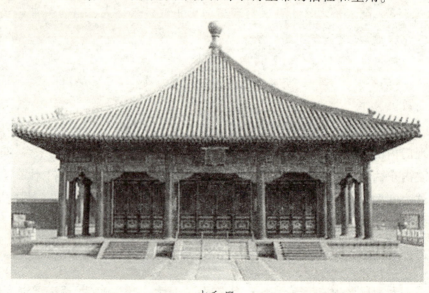

中和殿

天天琢磨这事,日子久了,夜里也梦着这个事儿。

一次,严嵩梦见一位白发老神仙告诉他说:"严嵩,你的诗词不是颇有点名气吗?而当今皇帝也十分喜好诗文,你若迎合皇帝的喜好,还愁没有做大官的命吗?"严嵩听了觉得很对,欢喜得大叫了一声,一下子就醒了。

由此开始,严嵩就挖空心思想办法,只要是有机会与嘉靖皇帝朱厚熜见面接触,就决不错过。传说,严嵩通过一位好友将他恭维嘉靖皇帝的一首七律诗献上了皇帝。朱厚熜一读,不仅是朗朗上口,而且内容也好,诗里诚心诚意歌颂了"真龙天子"。于是,嘉靖皇帝一高兴就将严嵩由翰林院侍读升为国子监祭酒。

例二　传说,嘉靖七年,皇帝朱厚熜在祭祀孔子的前一日,将严嵩召进紫禁城,在中和殿见面。就在这次与皇帝见面时,严嵩出口成章,当着皇上的面就赋上了一首七言律诗。皇上听了,立刻赞扬:"赋得好,赋得好!"皇帝一高兴,就在这年——嘉靖七年(1528年)四月,把严嵩升为礼部右侍郎。不久,再升为左侍郎。

总而言之,严嵩就是这样在紫禁城里拍马钻营、青云直上的。到了嘉靖二十一年(1542年),严嵩任武英殿大学士,入阁,专国政20年,干了许多伤天害理的坏事。

四　紫禁城保和殿与国宝云龙阶石

赵先生问:

人们说,北京皇宫紫禁城里的国宝有许多,其中当然应包括云龙阶石在内。这样,您能不能将国宝云龙阶石的情形给我介绍一下呢?

钱先生答:

云龙阶石,的确够得上紫禁城里的一国宝。

皇宫紫禁城内的保和殿,是宫殿群重点建筑三大殿之一。而保和殿后面的御路"云龙阶石",不仅是皇宫紫禁城内最大的一块精美的石雕,而且也是相当贵重的国宝。它是我国各地保存下来的许许多多石雕中最具有代表性的一座,是石雕艺术宝库中的瑰宝,有极高的艺术水平和观赏价值,如今已成为故宫一大景观。它对周围环境亦有极重要的点缀作用。

云龙阶石表现了雕石艺术大师们的非凡技艺。他们根据宣扬帝王权力至高无上的需要,在保和殿后面御路上,在一块又大又厚的巨石上,精雕细琢九条腾飞的巨龙,出没于流云之间,下面为海水江崖。不仅如此,其石雕的四周,还刻有卷草纹

云龙阶石

图案。整块石雕构图极为严谨壮观,形象生动,雕饰精美。

今天看到的云龙阶石,并不是一开始就是这样的。据说最初为明代的遗物。到了清乾隆年间,朝廷下令,让雕石艺人将巨石上的原雕纹饰去掉,重新雕刻云龙纹图样,即成为云龙阶石了,并且被保留至今。据现在具有相当权威性的专业报纸《北京文物报》载:"重新雕刻此石,清内务府的档案中有详细记载。大石雕的尺寸和重量,清档案中也有记载。按清时计量推算,石雕长16.75米,宽3.07米,厚1.7米,这是重雕的尺寸。"据说,云龙阶石是我国目前保存最大的一块石雕,其重量约二百吨。而"重雕前重量为二百三十九吨,但在明开采这块石料的毛坯时应约三百吨。"

据行家所言,这块三百吨重的石料,为艾叶青石,它出自北京郊区的房山区大石窝村。这一巨大的石料,究竟是怎样从百里之远的大石窝运进京城紫禁城的呢?那时,当然没有像现在这样的运输工具,完全是靠人力和采取一种土的办法。就是在运石的路上,每隔一里之远的地方挖上一口井,待冬天严寒结冰季节,取井水泼成冰道。再调集千余骡马换着拉动巨石,不断移动滑行,一步一步,一段一段地搬运到紫禁城内。

老北京时,人们相传说:巨大石雕与三大殿(太和殿、中和殿、保和殿)同时于永乐十八年(1420年)落成,至今已有五百七十余年的历史了。

五　紫禁城文华殿和武英殿

赵先生问：

人们说：反映皇宫紫禁城的基本概况，除了外朝和内廷，角楼和护城河，以及皇宫紫禁城的重点建筑——太和殿、中和殿、保和殿而外，还有前朝或曰外朝的文华殿和武英殿，亦应包括在内。所以，这里请您将文华殿和武英殿给我说一说。

钱先生答：

好！我给您说一说。

皇宫紫禁城里，不论是外朝（亦称前朝），还是内廷的后宫里，所有的宫殿、楼阁等，都是由一般的宫殿、楼阁而逐渐发展演变而来的。因此，很有必要将楼阁先说一说。

·楼的妙用·

"楼"，属于我国古代的一种高层建筑。它的形式有城楼、箭楼、角楼、钟楼、鼓楼等。

城防系统的一部分　我国古代的城镇，大多有一套完整的防御系统。就是说，除了用砖包砌城墙、城门而外，还修建有千斤闸、护城河、吊桥、敌楼。城门上有城楼，大的城门前有瓮楼（亦称月城），有的还有箭楼。比较大的城，四隅还有角楼。典型的例子，如老北京外城和内城共有十六门，不仅城门上有城楼，而且在大城门外，还有一道用来保护城门的半圆形或方形的城闸，亦称瓮城。

总之，城门上的城楼的应用，主要是为防御外敌。有的城楼前面，还有一座箭楼，保存下来的，如天安门广场南面的正阳门箭楼和老北京内城北面的德胜门箭楼，以及东便门的东南角楼，均为京城守军抵御外敌的战斗堡垒。

统一报时之所　在古代，我国各地比较大的城，均有钟楼和鼓楼。如北京地安门外大街，至今仍耸立着两座楼，均为明清两代向北京全城击鼓撞钟统一报时的地方。

登高赏景之佳处　供人们登高赏景、赋诗作画的"楼"，在我国较有代表性的是湖北的黄鹤楼、湖南的岳阳楼、江西的滕王阁，三者并称为江南三楼阁。如今重建的壮丽辉煌的黄鹤楼拔地而起，耸立在长江大桥的武昌桥头。六十个翘角层

层凌空,尤其是楼的各层排檐起翘,势如黄鹤,展翅欲飞,既不失黄鹤楼传统的独特造型,又比历代的旧楼更加雄伟壮观。

·阁的妙用·

"阁"与"楼"一样,均属于古代高层建筑。由于这两种建筑形式非常接近,不易辨认,所以,人们时常将"楼"和"阁"联系在一起,名曰"楼阁"。诗人白居易的《长恨歌》中就有"楼阁玲珑五云起"的诗句;古画《仙山楼阁》,更为典型,即将楼和阁视为一体。

阁与楼,其建筑形式,若与庄严肃穆、气魄宏伟的大宫殿相比较,虽然都显得玲珑多姿、精丽美观,但二者的使用。却很不相同。楼,如城楼、箭楼、角楼、钟楼、鼓楼等,而阁却别有一番妙用。

为佛家用　自东汉明帝永平年间佛教传入中国后,为了适应佛家精神生活的需要,佛殿造像艺术大师们,将佛像越造越大,越造越神奇,将佛像造得超出真人若干倍。为了适应佛像越造越大的需要,高层、玲珑多姿、精丽美观的阁,逐渐被佛家所占,被佛家所妙用。比较典型的例子,就是河北承德避暑山庄普宁寺中的大乘阁与河北正定县隆兴寺内的大悲阁,以及北京雍和宫里的万福阁。在这三座阁内配置的佛像,为全国最大的木制佛像和铜制佛像及贵重的檀香木制的最大佛像。

为收藏处　阁,这种精美古代建筑,不仅被佛家妙用,而且随着社会文化和人们精神生活不断向前发展的需要,亦逐渐成为收藏珍贵书画、经书及功臣像的地方。例如,珍藏四库全书的北京故宫文渊阁、东北沈阳的文溯阁,以及浙江鄞县(今宁波市)范钦所修建的天一阁等,都是属于我国现存比较著名的藏书阁。

为赏景处　阁也是点缀园林或登高赏景的好地方。如山东登州的蓬莱阁,就是一座别具风格的古代滨海建筑。它构筑在海岸的悬崖绝壁上,千百年来,吸引着无数的游客。苏东坡、董其昌、翁方纲等著名人物,都曾经登临过蓬莱阁,赏景赋诗,刻石纪游。

皇宫紫禁城外朝(亦称前朝)除三大殿外,其左侧(东面)有文华殿,右侧(西面)有武英殿,以及崇楼和文渊阁等精美的建筑。其用途与内廷后宫里的那些宫殿、楼阁等有所不同。

·文华殿·

　　文华殿的位置在东华门内。这座精美的建筑与东华门、主敬殿等组成了一组独立的建筑群。

　　文华殿，建成于明永乐年间。今日人们观赏到的文华殿，为清康熙年间重建的，乾隆年间又重修过。其主

文华殿

殿，为南向五楹，单檐歇山顶。其台基前有丹陛、露台，设石阶左右各一座；其主殿左右(东西)两侧，各有配殿五楹。

　　文华殿，明初为太子书阁处，其殿顶覆盖的不是黄琉璃瓦，而是绿琉璃瓦。每年经筵之日，皇帝自乾清宫乘舆到文华殿，升座听讲官进讲。

　　所谓"经筵"，追溯起来，始于宋代，是为皇帝讲解经传史鉴特设的讲席。自大学士、翰林侍读学士、翰林侍讲学士至崇政殿说书皆得充任讲官，其他官员亦有兼任的。每年二月至端午节、八月至冬至节为讲期，逢单日入侍，轮流讲读。(见《宋史·职官志二》)元明清三代仍沿袭之。

　　文华殿还曾经发生过这样的历史性事件。崇祯十七年(清顺治元年，1644年)三月，李自成率农民起义军攻克北京后，进入了皇宫紫禁城，并且在文华殿召见京师城郊耆老，询问民间疾苦。

　　到了民国时期，文华殿演变成为古物陈列所，陈列各代名人书画册叶卷轴等。

·武英殿·

　　武英殿的位置在皇宫紫禁城前朝西路的西华门内。它不仅与东面的文华殿相对称、相呼应，而且与文华殿一样，与敬思殿、浴德殿等组成了一组独立的建筑群。

武英殿

武英殿与文华殿都是建成于明永乐年间。今日人们看到的武英殿,为清同治年间重修的。其主殿亦为南向五楹,单檐歇山顶。其台基前有丹陛环绕石栏,东西亦设石阶。

武英殿,明代为皇帝斋居和召见大臣的地方。贵族命妇朝见皇后,亦在此进行。

明末农民起义军领袖李自成打进北京后,进入了皇宫紫禁城,就在武英殿办理政务。

到了清乾隆年间,武英殿演变为宫廷修书、印书的地方。中国著名的《四库全书》就编辑于武英殿;《古今图书集成》等印行,亦在武英殿。在这里所印的书籍被称为"殿本书"。清代时,武英殿所出书籍采用铜活字版、木活字版、整块木刻版等技术。

到了民国时期,武英殿和文华殿一样,亦演变成为古物陈列所了。其陈列之古物,有商周秦汉之铜彝器,各朝玉器、瓷器、精雕手工艺珠宝、金石及宋元明书籍等。

第十章

后宫·孝庄文皇后·铜壶滴漏

一 后宫的主要建筑
——乾清宫、交泰殿、坤宁宫

赵先生问：

皇宫紫禁城，其内廷或曰后宫的重点建筑——乾清宫、交泰殿、坤宁宫，其建筑的基本情形，以及这些重点建筑都是作什么用的？您能不能给我说说？

钱先生答：

这个问题不用我多说，只要将《中国名胜词典》里记载的有关原文念一下，就会使您了解明白了。

乾清宫

[乾清宫] 在故宫"内廷"最前面。建于明永乐十八年(1420年)，清嘉庆三年（1798年）重修。清康熙前向为皇帝居住和处理政务之处。明崇祯十七年(1644年)皇帝朱由检因李自成率起义军攻打北京，由此仓惶出逃，自缢于景山。清雍正后皇帝移居养心殿，但仍在此批阅奏折，选派官吏和召见臣仆，咸丰三年(1853年)清文宗在此派兵镇压太平军，光绪二十七年(1901年)后，慈禧在此多次与外国使节勾结，出

乾清宫内景

交泰殿

卖民族利益。

[交泰殿]在故宫内乾清宫和坤宁宫之间。建于明代,清嘉庆三年(1798年)重建。平面呈方形,黄瓦四角攒尖顶,小于中和殿。清代封皇后,授皇后"册"、"宝"的仪式和皇后诞辰礼都在此举行。乾隆十三年(1748年),

代表封建皇权的二十五颗"宝玺"收藏于此。

[坤宁宫]在故宫"内廷"最后面。明永乐十八年(1420年)建,清顺治十二年(1655年)重建。明时为皇后住所。崇祯十七年(1644年)李自成率起义军攻打北京,崇祯帝逃至景山自缢,其皇后吊死于此。清代改为祭神场所。东暖阁为皇帝大婚的洞房,康熙、同治、光绪三帝均在此举行婚礼。

二 慈宁宫与孝庄文皇后

坤宁宫内景

赵先生问:

人们说:若说皇宫紫禁城的基本概况,其中的内容,亦应该包括孝庄文皇后稳定清初政局这方面的内容在内。既然是这样的话,那么您能不能将孝庄文皇后稳定清初政局的事情,给我说一说呢?

钱先生答:

好!我就给您说一说。这需要先从慈宁宫说起。

·慈宁宫·

明清两代时,为太皇太后、皇太后以及随从的太妃、太嫔们居住的宫殿。其位置在后三宫西,西六宫南,即在养心殿西南,雨花阁南,寿康宫东。

内廷

皇宫紫禁城内廷的这座建筑,其主殿南向,七楹重檐;后殿为大佛堂;东西两侧的建筑——朝房整齐;四面环庑前连慈宁门,后连大佛堂;大佛堂后有东宫殿、中宫殿、西宫殿并列,三合院式,其规制皆同;在这座建筑的宫门前之西侧,有慈宁宫花园。

皇宫紫禁城内廷的慈宁宫,据《今日北京》一书中载:

明嘉靖十五年(1536年),建于明初仁寿宫及大善殿旧址,万历年间火灾后重建,清顺治十年(1653年)复重建。乾隆十六年(1751年)重修,三十四年(1769年)为迎贺皇太后八旬寿诞再行改建,增筑主殿为重檐歇山顶,以崇尊养。

康熙皇帝的祖母——孝庄文皇后于康熙二十六年(1687年)冬病死在慈宁宫中,享年75岁。她生前居住在慈宁宫里,既帮助过儿子顺治皇帝,又协助过孙子康熙皇帝,对稳定清初的政局,起了重要作用。孝庄文皇后在清代历史上享有盛名。

·孝庄文皇后帮助儿孙稳定清初政局·

　　清朝初期自然灾害频繁，《北京历史纪年》记载："一六五三年癸巳　清顺治十年　闰六月十七日,京师霪雨,逾月不停,河溢田淹,房屋倒塌。"并且紧接着"一六五四年　甲午　清顺治十一年　四月十三日,辰刻,京师地震"。这样,京津地区百姓的生活处于困苦之中。

孝庄太皇太后像

　　当时,顺治皇帝只有15岁。为了稳定清初的政局,帮助儿子稳坐天下,孝庄文皇后嘱咐顺治皇帝对京城周围地区的灾民进行赈灾。顺治皇帝迅速将赈灾的银两发放到京城周围地区的灾民,稳定了人心,使京城没有发生大的震动。

　　顺治七年十二月,独揽大权的多尔衮病死。皇太后博尔济吉特氏又让顺治皇帝下谕旨:一方面停止了多尔衮生前在长城以北开始修建的避暑城工程;另一方面,严惩了一批贪官污吏,凡是贪赃十两银子以上者,不管是否权臣,一律抄家。

　　但是,皇太后博尔济吉特氏万万没有料到,儿子是短命的。1661年2月15日(顺治十八年正月初七日),爱新觉罗·福临皇帝因患天花病而死。

　　顺治皇帝的儿子爱新觉罗·玄烨继承了帝位。当时,他才只有8岁,怎么能掌握清王朝大帝国的政权呢?在这种情况下,太皇太后又承担起了保护孙子康熙皇帝稳坐江山的重任。

　　太皇太后还曾帮助康熙皇帝平息北方地区的动乱和南方吴三桂的大叛乱,对稳定清朝统治起了重要的作用。

三　古代计时仪器——铜壶滴漏

赵先生问:

人们说:北京皇宫紫禁城内廷三殿之一的交泰殿内珍藏的古代计时仪器——

铜壶滴漏,不仅还有诗配,而且与雄鸡啼更报晓,与"一刻钟"称谓的由来都有关系,是这样的吗?您能不能都给讲一讲?

钱先生答:

是的!北京的铜壶滴漏的确是有诗配,与雄鸡啼更报晓,与"一刻钟"称谓的由来,都有关系。先从北京的铜壶滴漏与诗配说起。

北京故宫(即紫禁城)交泰殿内,存有一件极为珍贵的国宝,即古代计时仪器——铜壶滴漏。

·紫禁城的铜壶滴漏与诗配·

在北京故宫博物院的中路交泰殿里,陈列着由五个水壶构成的铜壶滴漏。更有趣的是,在西路的翊坤宫里,还存有杜甫的《奉和贾至舍人早朝大明宫》一诗的贴录。第一句即"五夜漏声催晓箭"。漏声,即是指铜壶滴漏之声。

那么,铜壶滴漏到底为何物?又怎么会入杜甫的诗句?

铜壶滴漏,是古代一种计时的仪器。《周礼·夏官》上已经谈到设官以管漏刻,这说明奴隶社会的周朝时,已经用简单的铜壶滴漏来计算时间了。这种古代计时仪器,分为两种:单壶和复壶。1949年后,在陕西兴平,河北满城,以及内蒙古均发现有单壶,是西汉初期(约公元前100年)使用的计时工具。复壶为两个以上的贮水壶。而古时著名的复壶,属于元延祐年间(1314~1320年)的漏壶,是"用四只铜壶,由上而下,互相叠置"而构成的计时仪器。现在,故宫陈列着的铜壶滴漏(亦称铜壶),也是属于复壶的类型。它比元延祐年间的漏壶多了一只贮水壶。

铜壶滴漏

铜壶滴漏古称漏刻、刻漏、漏壶。铜壶滴漏这一名称来自唐诗人温庭筠的诗句"静听得铜壶滴漏,夜月微残。"(见《白雪遗音·马头调·好梦儿》)而杜甫把漏声写入诗内还有一段小小的故事。唐肃宗至德二载(757年)秋,郭子仪率领的唐军打败安史叛军,收复了首都长安。肃宗率众官从凤翔回到长安。杜甫时任左拾遗,同朝为官的诗友有王维、贾至、岑参等。他们时相唱和,歌咏唐室的"中兴"。其时贾至写了一首诗,题为《早朝大明宫呈两省僚友》。于是,僚友们纷纷和诗。杜甫的和诗即是"五夜漏声催晓箭"的这首七律。诗中描绘了大明宫的景色:桃花竞艳,旌旗翻卷,燕雀逐风,香烟氤氲。这一切都是杜甫在侍奉早朝时,耳听铜壶滴漏,所看到的绚丽春色,所以铜壶滴漏之声也就自然而然地入了杜诗。

·雄鸡啼更报晓与漏壶及"一刻钟"的由来·

十二辰制 旧时的计时单位,为十二辰制,即一昼夜分为十二个时辰,每一时辰合现在两个小时。以十二地支为名,夜间23~次日1时,为子时;1~3时,为丑时;3~5时,为寅时;5~7时,为卯时;7~9时,为辰时;9~11时,为巳时;11~13时,为午时;13~15时,为未时;15~17时,为申时;17~19时,为酉时;19~21时,为戌时;21~23时,为亥时。

五更 旧时的夜间计时单位,亦叫五夜和五鼓等。夜间五更,从点灯戌时开始计算,中经人定亥时(指人已睡觉),半夜子时,鸡鸣丑时,直至天亮寅时,皆为夜五更。

雄鸡啼鸣与滴漏 某些鸟类的生活规律似乎与时辰有关,我们称它们为知时鸟。知时鸟除了有小燕、大雁和仓庚、戴胜、百舌等外,还包括家禽雄鸡在内。在钟表尚未传入我国以前,特别是在广大农村,除了有少数人家能使用上古老的计时仪器刻漏外,更多的家庭,白天则是依靠观察日影的变化进行计时,如每天中午时日影比较正的,为午时;未时则日影变化的反映为比较偏;而黑夜,则是靠雄鸡啼鸣,如鸡鸣丑时,就是指夜里三点钟左右,雄鸡就开始啼更报晓,雄鸡啼更要啼三次,当第三遍啼后,天就快要亮了。

京城的宫廷中,则使用滴漏计时,夜间凭漏刻由鸡人在宫中传更筹(亦称更签)进行报更,如古籍《陈书·世祖本纪》中载:"每鸡人伺漏,传更签于殿中。"对此,唐代著名大诗人王维在《和贾至舍人早朝大明宫之作》的开头,亦作了描述:"绛帻鸡人报晓筹",其意就是说,头包着红布(象征鸡冠)的鸡人敲着竹签(更筹),在宫中报告清晨的到来。

滴漏与称"一刻钟"的由来　　明代以后,我国才有了计时的钟表。

今北京皇宫紫禁城中路交泰殿内珍藏着的铜壶滴漏,则是清乾隆十年(1745年)制造的。它是由五只贮水壶组成的计时仪器。从前使用时,每天正午,将最上层的壶装满水后,水开始从壶前的龙口流出,依次向下壶滴漏。最下层的受水壶盖上的铜人合抱着漏箭,箭上刻着12个时辰、共96刻的刻度。漏箭底部安着空鼓形水漂(亦称箭舟),放在受水壶内,水涨舟浮,漏箭上升。观察漏箭的刻度,就知道是什么时辰,经一昼夜水满箭尽,将水倒入池内,再重新装水滴漏。

昼夜12个时辰,平均每一时辰为8刻;而每一时辰合现在两个小时,共为96刻。自钟表传入中国后,人们曾经做过试验,即钟表走完15分钟,古代计时仪器漏壶刚好滴完一刻。因此,中外结合,人们将钟表走完的15分钟,称之为"一刻"钟,如12点1刻,1点1刻等。

第十二章

皇家林禁苑中南海

一 中南海溯源

赵先生问：

北京著名的皇家禁苑中南海，其历史悠久，并且在中南海发生了许多政治性历史事件，请您将中南海的历史简要地追溯一下，然后再将中南海发生的重大政治性的历史事件，举些例子说说好吗？

钱先生答：

皇家禁苑中南海的悠久历史，的确值得简要地追溯一下，然后再举些历史政治性的重大事件的例子说说是非常必要的。

北京是辽、金、元、明、清五朝建都之地。金代时，中南海这个地方是帝王离宫的西苑，叫华潭。元世祖忽必烈迁都后，改建〔金〕中都城，名为元大都城，中南海成了皇宫的西内。明代，中南海被称为太液池，又称金海。明太祖朱元璋的第四子朱棣被封为燕王，镇守北平(今北京)，金海即中南海就成了燕王府。清代，将南海、中海、北海，统称为西海子，并列为禁苑。

中南海

清代时西海子,林木成荫,尤其是榆树生长得最多最茂盛。而榆树容易生虫子。据史籍载:光绪九年(1883年),一天,慈禧——叶赫那拉氏游苑(园)至榆树下,虫坠衣襟并蜇了手,她大怒,下令将中南海(苑)里的榆树砍尽。

1888年(光绪十四年),慈禧下令重修西苑(即"西海子")。这座禁苑竣工后,就成了慈禧听政和游乐的好场所。1900年(光绪二十六年),八国联军侵入北京,被八国联军霸占,作为八国联军的统帅部。1911年(宣统三年)辛亥革命摧毁了清朝统治,窃国大盗袁世凯篡夺了胜利果实,又被历届北洋军阀政府盘踞多年。1928年(民国十七年),中南海作为公园正式开放。抗战胜利至1949年前,中南海成为国民政府主席北平行营的所在地。1949年北京解放后,中南海成为中共中央和国务院的办公所在地,毛泽东、周恩来、刘少奇、朱德等党和国家领导人都曾居住在中南海。

1898年起至北京解放,在中南海发生了不少重大的政治事件。

以西太后慈禧为代表的封建顽固势力,既不愿意光绪皇帝掌握朝政实权,更不能容忍光绪皇帝变法维新,所以,在1898年9月20日晚发动了"戊戌政变"。西太后慈禧将光绪皇帝囚禁在中南海瀛台,时间长达10年之久。

1900年八国联军侵入北京,中南海被联军霸占。中南海西门内的怀仁堂,原是仪銮殿旧址。仪銮殿建于光绪年间,是西太后慈禧的寝宫。八国联军攻入北京后,光绪皇帝正被囚在中南海瀛台。西太后慈禧挟持光绪皇帝逃命于西安,中南海的仪銮殿就成为联军统帅瓦德西的统帅部。1901年4月19日仪銮殿起火,烧死一名德军提督,联军统帅瓦德西侥幸活命。

清朝末代皇帝爱新觉罗·溥仪继位第三年,即1911年爆发了辛亥革命。孙中山于1911年12月回国,经17省代表会议推举为临时大总统。1912年1月1日,在南京成立中华民国临时政府,2月12日,清帝被迫宣告退位,结束了清王朝的统治。但是,由于资产阶级的软弱性妥协性,在帝国主义和封建势力的压力下,1912年4月,孙中山被迫辞职,代表地主买办阶级利益的袁世凯窃取了政权,使革命遂告失败。袁世凯当政后,居住在中南海怀仁堂,并在这里办公,接见外国使臣,接受百官元旦朝贺。袁世凯倒行逆施,1916年6月6日,在全国人民的声讨声中一命呜呼。

贿选总统、直系军阀首领曹锟曾经将怀仁堂作为他的府眷住所。

1924年10月,第二次直奉战争爆发。直系第三军总司令冯玉祥,于20日从热河前线倒戈,回师北京,发动政变。11月2日,曹锟辞职,被冯玉祥软禁于中南海的延庆楼。后因直奉两系联合,曹锟获释。1938年,曹锟在天津病死。

二　中南海瀛台与三神山

赵先生问：

人们说：中南海里，有瀛台，有三神山。这究竟是怎么回事呢？请您给我说说。

钱先生答：

是呀，清代著名的能工巧匠雷廷昌，其所以能够将瀛台（南台）设计成了"人间仙境"，是受自古传说中的三神山的影响。因此，这里非常有必要先讲一讲自古传说的三神山，然后再说说南海中的瀛台。

·三神山·

自古传说中的仙山，即三神山，在古籍名著《史记·秦始皇本纪》里有记载："海中有三神山，名曰蓬莱、方丈、瀛洲，仙人居之。"从现有资料看，这是最早的记载。从此以后，这三神山的名字——蓬莱、方丈、瀛洲，就逐渐在古典小说、戏曲等许多作品里出现了。我国各地，有的风景区，其精美的古建筑，有的取其蓬莱之名，称作"蓬莱阁"；有的取其瀛洲的一个"瀛"字命名，如北京中南海里就有一个小岛被命名为"瀛台"，即中南海瀛台。

传说的三神山，是不存在的。唐著名大诗人白居易在《长恨歌》中说："忽闻海上有仙山，山在虚无缥缈间。"著名大诗人李白在《梦游天姥吟留别》里亦指出："海客谈瀛洲，烟涛微茫信难求。"可见，三神山是不存在的。

三神山既然不存在，为什么流传至今？这无非是强烈反映人们的一种美好愿望而已。传说秦始皇巡幸天下名山大川时，就曾经登临过崂山望三神山——蓬莱、方丈、瀛洲。汉武帝刘彻也好祀神求仙，他不仅在"建章宫"里修建了一座仙人承露盘，而且还到过崂山，寻求仙药，企图使他长生不老。

·中南海瀛台·

南海，属于北京著名的三海（即北海、中海、南海）之一。中海与南海以蜈公桥为界，中海与北海以金鳌玉　桥（即今俗称的"北海桥"）为界。

　　南海中的瀛台,明朝称之为南台,又名趯台陂,原为南临一片村舍的稻田,明代帝王常到这里观赏稻波金浪的田园风光。为了满足帝王虚无缥缈的"仙境"生活的意愿,清代能工巧匠雷廷昌产生了将瀛台变成"人间仙境"的造园构思,并将瀛台上的小型建筑群建造得非常精美,格外引人入胜。

　　将三海中的南台改名为瀛台是有一定依据的。如东汉文学家王逸对何谓"瀛",作了较透彻的解释:"瀛,池中也,楚人名池泽中曰瀛。"同时,由于北京三海古时确实也曾经叫做过太液池,所以后来清世祖(顺治皇帝)将南台修改题名为瀛台。现在瀛台上的小型精美建筑群,是清顺治、康熙年间(1644~1722年)扩建的。精美的主体建筑,有翔鸾阁、涵元殿(为瀛台的正殿)、香扆殿、蓬莱阁和南端临水的迎薰亭等。

　　总之,南海瀛台上的小型建筑群,楼阁殿身,显得格外小巧硕壮,金碧辉煌,富丽中透着古朴,优美中伴有刚健,使人观赏后感到真是属于我国小型宫殿建筑美、艺术美与古朴科学性巧妙结合的典范;它表现出我国古代建筑艺术大师们的高度智慧和创造性的才能。

三　北京的先农坛与中南海的丰泽园

赵先生问:

　　人们说:北京著名的先农坛,与中南海的丰泽园亦有着一定的密切关系,那么究竟是什么关系,您能不能回答一下这个问题?

钱先生答:

　　为了回答您提出的问题,需要先从何谓"先农"说起。

·何谓"先农"·

　　先农,就是古代传说中的最先教民耕种之人,并被人们逐渐祀以为神,或曰神农氏,或谓后稷。

　　所谓神农氏,相传远古人民过着采集渔猎生活,他用木制作耒、耜,教民农业生产。不仅如此,而且还传说神农氏是农业和医药的发明者。

　　所谓后稷,传说善于种植各种粮食作物,曾在尧舜时代做农官,教民耕种,并相传为古代周族的始祖。因此,后来周族人就认为他是开始种稷和麦的人,并被后人尊誉为后稷,亦祀以为神。

总之,不论名为先农,或曰神农氏,或曰后稷,其共同的特点,都是与农业密切相关的。故

先农坛

这里以"农业之始"和"祭鱼祭兽祭鸟与北京天坛、先农坛"为题目先说说,然后,再谈观耕台和藉田。

·农业之始·

我国远古人类最初是靠男人猎取禽兽为生的。但是,由于猎取禽兽没有保证,后来同时由妇女采集野生植物为生。在长期采集野生植物的生活中,经过观察、摸索和无数次的试种,终于成功地使许多野生植物变成了人工栽培的农作物。这就是我国农业之始。这实际上是妇女们为人类的生存,开辟和创造了一条崭新的道路。我国历史上有不少这方面神奇的传说和记载。古书《白虎通·号》里记载:"古之人民皆食禽兽肉,至于神农,人民众多,禽兽不足,于是神农因天之时,分地之利,制耒耜,教民耕作,神而化之,使民宜之,故谓之神农也。"其实,所谓"神农"指的就是从事原始农业生产的劳动者,即妇女。据传,神农时期不仅是已经"民食方谷",出现了谷类,而且还已经有了白菜和芥菜之类的蔬菜栽培了。

原始农业到奴隶社会时出现了"农业奴隶",并且在奴隶主的强制劳动生产中,农业奴隶们用大量的血汗,又逐渐培育出各种各样的农业产品,主要的有稷、麦、秫(麦的一种)等各种农作物,而生产这些农作物仍然是属于我国原始社会的农业。

·祭鱼、祭兽、祭鸟与北京天坛和先农坛·

古时,在农村百姓的生活中,有一套讲究的祭鱼、祭兽、祭鸟、祭祀天神的生活风俗,即每年一到雨水节气,人们讲究捉拿"贼鱼"进行祭祀天神,以祈求天神保佑春季风调雨顺,这样秋季才会有好收成,或者叫做五谷丰登,天下人才能安居乐业。而每年一到秋季,为了表示庆丰收,至霜降节气,人们讲究猎取"豺兽"进行祭祀天神。

在我国农村,这种祭天的生活风俗形成比较早。宋元时期的学者吴澄在《月令七十二候集解》里,就已经作了比较透彻的解释:"祭鱼,獭一名水狗也,贼鱼者也。祭鱼,取鱼以祭天。"据古籍《月令气候图说》里记载:自后魏始,"祭鱼"、"祭兽"与别的"候应"一样,亦入历"七十二候",概括叫做"獭祭鱼"和"豺乃祭兽",分别作为春季雨水和秋季霜降一候的"候应"。

每年一到秋季处暑节气,人们要捕杀鹰进行祭祀神农。但捕杀祭祀先农神的鹰,还特别讲究注意"不击有胎禽,故谓之义"。(《月令气候图说》)古时人们将这种"祭鸟"的生活风俗,概括叫做"鹰乃祭鸟",并被列入"七十二候",作为秋季处暑节气一候的"候应"。

明永乐年间,封建朝廷大规模修建北京城时,将百姓精神生活中的祭祀天神和先农神的生活风俗,与帝王精神生活上的需要密切配合,在京城的南面永定门内大街东西两侧,各修筑一座天坛和先农坛。尤其是天坛,世界闻名,它占地约270万平方米,为我国现存古代祭祀性最大的建筑群。

祭祀先农神的建筑群——北京先农坛,建于明嘉靖年间。现存主要建筑有先农坛、观耕台、神仓、太岁殿、庆成宫等。

·观耕台在哪儿?何谓"藉田"·

观耕台和藉田　　观耕台,在先农坛里太岁殿西南。观耕台台方约16米,高1.5米,南向,东西南出陛各八级。台面明代为木制,清代改为方砖铺砌,四周砌黄绿琉璃砖,台围绕以白石护栏。藉田在观耕台的前面,为一亩三分地。明清两代时,在今中南海丰泽园里,就有演耕地一亩三分。《北京名园趣谈》(中国建筑工业出版社1983年6月出版)记载:当年,中南海丰泽园曾"占稻十亩,其中演耕一亩三分,是清

丰泽园老照片

帝演耕的地方。所谓演耕，乃是众臣扶佐，甚至代耕，皇帝本人只是装模作样地走走形式，并不亲自动手耕地。光绪十四年(1888年)二月二十七日，光绪皇帝曾经演耕于此，这也是清王朝最后举行的一次演耕礼"。

封建帝王相当重视"藉田"和"观耕"的礼俗，在社会上产生了影响。清代于敏中等编纂《日下旧闻考·国朝宫室》篇时，亦作了反映性记载。笔者在这里只举两个例子：

例一：乾隆九年御制丰泽园演耕藉礼诗

千亩将临藉，三推预习耕。

脉膏方起动，节序过清明。

礼以勤农重，诗因触念成。

犹思终亩教，望岁倍关情。

例二：乾隆二十三年御制丰泽园演耕作

丰泽春犁习，良规圣考留。

那忘随种日，忽作教耕秋。

无逸聪听训，知艰慎率猷。

陇头偶回顾，殊似服先畴。

第十四章

北海公园的造园装景

一 北海公园的永安桥

赵先生问:

北海公园南面的正门,一进门,向前走没有多少步就是永安桥。人们说:北海公园这座永安桥,亦体现出了古建筑讲究左右对称。我怎么没有看出来呢?请您给我说说这个问题。

钱先生答:

是的!北海公园南门内的永安桥,亦名积翠堆云桥,是相当讲究左右对称的。

北海,为元明时代老北京城——皇城范围内西苑太液池的一部分。当时,人们习惯称瀛台为南海,蕉园为中海,五龙亭为北海。

人们一跨进北海公园南大门,眼前就会出现一座石梁桥。北海公园内的这座桥,今称永安桥。但清代时,被称为积翠堆云桥,在《日下旧闻考》里是这样记载的:"团城外东为承光左门,西为承光右门,北为积翠堆云桥。"

北海公园

那么,当时人们为什么将北海公园内的这座桥名为积翠堆云桥呢?

园林装景艺术讲究有水就有桥。桥,从造园装景艺术角度来说,是点缀园林不可缺少的。同时,桥亦属于古建筑中的一种。而古建筑中,不仅是宫殿群建筑讲究左右对称,桥也不例外。北海公园内的这座"跨太液为桥"(《日下旧闻考》),就恰到好处地体现出了古建筑"桥"讲究左右对称的突出特征。这座"跨太液为桥",是装景点缀园林的。它美就美在既点缀了园林,又方便人们跨水通行,并且在这座桥的两端,又各点缀上了一座精美的牌楼,桥南端的曰积翠,桥北端的曰堆云。对此《日下旧闻考·御制塔山南面记》里,有这样的记载:"承光殿之北(指团城上的承光殿),跨太液为桥,南北各有坊,南曰积翠,北曰堆云。"因此,清代时,人们生活中习惯将北海公园内的永安桥,呼之为积翠堆云桥。这座桥的确体现了古建筑讲究左右对称的突出特征。

其实,北海公园内的古建筑永安桥,不仅是通过其桥的南北各有坊"积翠"、"堆云"的牌楼,紧密相配合,来点缀和体现出了左右对称的;还有就是永安桥南北各有一对石狮子,紧密相配合,亦点缀和体现出了古建筑永安桥是相当讲究左右对称的。

永安桥南北各有一对石狮子,是用来进行点缀永安桥的;所以,其桥南的一对石狮子,头向南;而桥北的石狮子,头向北。

北海公园内的永安寺喇嘛庙,是后来建筑成的,离永安桥北面的石狮子又近,所以人们误认为那一对石狮子是点缀永安寺的,这样,人们就奇怪了,永安寺门前的石狮子,与所有寺庙门前的石狮子不一样,怎么头朝北,面朝里?久而久之,生活中就出现了有的人,为了批评自私的人,就比喻说:你真像永安寺门前的石狮子——头朝里(自私自利的意思)!

其实,这纯属于一种误解,因为:北海公园永安寺是喇嘛庙,和所有的喇嘛庙一样,都沿袭西藏建制,寺庙门前,一律不设置点缀性的石狮子。

二　北海公园里的装景,其重点在白塔山

赵先生问:

人们说:北京著名的北海公园(原为皇家禁范)和北京著名的颐和园万寿山的造园装景,在公园里来说,是最突出最典型最具有代表性的了。

永安桥和白塔山

这里要说的是北京北海公园的造园装景其重点在白塔山,尤其是白塔山的南面,其造园装景,又属于重点中的重点。

其实,不仅如此,北海公园造园装景将中轴线巧妙而又恰到好处地运用上了,其具体的就是表现在:白塔山的南面,从永安寺南面的门起,形成了层层上升的一条中轴线,直至白塔山。从造园装景角度上来说,亦是属于对中轴线有继承、有发展、有创造性。

那么,生活中,人们有这样的认识和看法,究竟对不对?我很想听听您的认识和看法?

钱先生答:

人们对北京北海公园的造园装景的那些认识和看法,我认为是对的;为什么呢?因为从园林装景艺术的角度看,北海公园里的造园装景,其重点集中在白塔山上,是因为其"山四面皆有景"(《日下旧闻考》)。

有关白塔山的基本情况,《日下旧闻考》里有记载。所以,不用我多说,将其原文给您念一下,您就会明白了。

　　御制白塔山总记　　京都于唐为范阳,于北宋为燕山,辽始称京,金元明因之。虽城郭官市建置沿革时或不同,而答阳都会居天下之上游,俯寰中之北拱,诚万载不易之金汤也。宫殿屏宸则景山,西苑作镇则曰白塔山。白塔山者,金之琼华岛也。北平图经载辽时名曰瑶屿,或即其他。元至元时改为万岁山,或曰万寿山,至明时则互称之,或又谓之大山子。本朝曰白塔山者,以顺治年间建白塔于山顶。然考燕京而咏八景者,无不曰琼岛之春阴,故予于辛未年题碣山左,亦仍其旧,所为数典不忘之意耳。山四面皆有景,惜春明梦余录及日下旧闻所载广寒仁智之殿、玉虹金露之亭,其方隅曲折未能尽高下窈窕之致,使人一览若身步其地而目睹其概。盖地既博而境既幽,且禁苑森严,外人或偶一窥视,或得之传闻,其不能睹之切而记之详也亦宜。兹特界为四面,面各有记,如柳宗元之钴鉧、石城诸作,俾因文问景者若亲历其间,赏鼎一脔,足知全味云尔。

三　白塔山南面的装景

赵先生问：

　　人们说：北海公园的造园装景,其重点集中在白塔山上,而白塔山的南面,则又是属于重点。既然是这样,那么白塔山南面的造园装景,您能不能给我说说呢?

钱先生答：

　　好！我给您说说。

　　北海公园里的装景,其重点集中在白塔山上。而白塔山,则

永安寺

又分为南面和北面,东面和西面,需要分别地说。这里从白塔山南面的装景先说起。

说起园林装景,都离不开宫殿、佛寺、楼阁,以及各种亭子等相配合,相点缀。

北海公园白塔山南面的装景,《日下旧闻考·御制塔山南面记》里指出:当人们跨过永安桥(或曰积翠堆云桥),"过堆云(牌)坊即永安寺,殿曰法轮"。

永安寺,为北海公园白塔山南面重点装景的建筑群体。那么,为什么装景要装上"永安寺"这一建筑群体呢?其原因和历史演变的情形分不开。《北京名园趣谈》一书里作了记载:

永安寺是顺治八年,在明代仁智、介福、延和三大殿的旧址上建成的。顺治笃信佛教,他特别崇敬西藏喇嘛诺门汗,依照诺门汗的建议,在广寒殿及三大殿旧址上建庙立塔,初名白塔寺,1742年,乾隆重修时改名永安寺。从山脚下拾级而上,寺院层层,主要殿宇有法轮殿、正觉殿、普安殿,以及配殿、廊殿、钟鼓楼等。

白塔山南面的装景,以永安寺为主,形成了一建筑群体,使白塔山南面的景观,显得格外壮观。《日下旧闻考》里指出:观赏完永安寺的法轮殿,其"殿后石磴拾级而升,得稍平道",其左右则又出现了装景点缀性的两座亭子,即"左右二亭,曰引胜,曰涤霭"。

不仅如此,而且此地方还出现了装景点缀性的另一种景观,就是"复因回叠石中,仍拾级左右各为洞,玲珑窈窕,刻峭崔嵬,各极其致,盖即所谓移艮岳者也"。

穿洞而上,则又装景点缀上了两座亭子以及佛殿等。这正如《日下旧闻考》里记载的:"穿洞而上,适与拾级而上者平。洞之上,左右各有亭覆之,曰云依,曰意远。"其"平处为佛殿,前曰正觉,后曰普安。两厢各有殿,东曰圣果,西曰宗镜"。例如《日下旧闻考·国朝宫室》里云:

〔臣等谨按〕云依、意远亭下各有石洞,其东洞有额曰楞迦窟。普安殿内恭悬皇上御书额曰慧根圆相,又曰如如不动。联曰:真谛总涵华海露;慈光长仰德山云。又曰:心镜朗悬空色相;智灯长满烛人天。

普安殿前东为宗镜殿,西为圣果殿,殿后石磴层跻为善因殿。

〔臣等谨按〕善因殿内供梵铜佛像,殿后即白塔也。

看来,白塔山南面,装景点缀性的亭子比较多,左一亭右一亭,"自永安寺墙之东缘山而升,路中有振芳亭,再升为慧日亭"(《日下旧闻考·国朝宫室》)。

其实,振芳亭和慧日亭,这二亭,特别是慧日亭,还有"慧日亭碑"。对此,《日下旧闻考·国朝宫室》里亦有记载:

[臣等谨按]慧日亭碑,一为顺治八年建塔恭纪文,一为雍正十一年重修恭纪文,今皆附录卷内。

·悦心殿·

悦心殿其殿中有宝座和古玩陈设,院内置铜鼎、铜缸、铜鹤、铜鹿、铜凤、铜龙等物。悦心殿,清代从乾隆皇帝开始,嘉庆、道光、咸丰、同治、光绪等游赏北海时,都在悦心殿召见大臣,办理政事。还有就是:每年数九寒天,清代的帝王们,差不多个个都曾来悦心殿观赏太液池中的冰嬉。

悦心殿

据《日下旧闻考·国朝宫室》里记载,悦心殿有联、有额、有御制悦心殿作、有御制悦心殿诗、御制腊日悦心殿侍皇太后膳的诗韵。

·庆霄楼·

庆霄楼在悦心殿后。庆霄楼,是乾隆皇帝用"庆霄"二字作楼名的,以此示意楼宇高峨，可冲霄汉。不仅如此，而且乾隆帝还亲笔题诗云："琼岛层楼号庆霄，开诏茆亦近元宵；银花火树从无赏，燕贴鹤幡近可招。"

对庆霄楼前后左右，其周围装景点缀性的建筑，《日下旧闻考·国朝宫室》里，还作了补充性的记载。例如：

〔臣等谨按〕庆霄楼南向上下各七楹，额曰云木含秀。联曰：得水之情，盆鱼有乐；领山之趣，拳石皆奇。又曰：延赏亭台皆入画；向阳景物又从新。静憩轩联曰：悦性适因静；会心何必遐。又曰：暇当绨几身聊憩；景入纱疏意与存。自永安寺门至此为塔山南面之景。

庆霄楼

乾隆二十五年御制庆霄楼即目诗：

堵波高矗杰楼横，伊字当前三点成。
霄是眼华由景庆，月如心印任亏盈。
且迟慧草缘阶苗，正喜唐花映座荣。
绣户悬灯从未赏，常年辜负此称名。

庆霄楼之西有延廊，环抱山石间，筑室其中，为一房山。由房内南间石岩盘旋而下，为蟠青室。《日下旧闻考》记载：

〔臣等谨按〕一房山联曰:好山一窗足;佳景四时宜。又曰:翠霏峰四面;青罨户千螺。

白塔山南面装景点缀性的建筑还有别的,这里就不一一细说了。这里将"御制塔山南面记"的全文转引出来,以供您阅读欣赏。

御制塔山南面记　承光殿之北,跨太液为桥,南北各有坊,南曰积翠,北曰堆云。过堆云坊即永安寺,殿曰法轮。殿后石磴拾级而升,得稍平道,左右二亭,曰引胜,曰涤霭。复因回叠石中,仍拾级左右各为洞,玲珑窈窕,刻峭崔嵬,各极其致,盖即所谓移艮岳者也。穿洞而上,适与拾级而上者平。洞之上,左右各有亭覆之,曰云依,曰意远。平处为佛殿,前曰正觉,后曰普安。两厢各有殿,东曰圣果,西曰宗镜。又自永安寺墙之东缘山而升,路中有振芳亭,再升为慧日亭。稍西则顺治年间建塔碑记及雍正年间重修碑记。复略升则进普安殿之东廊矣。其寺墙之西,亦缘山而登,半山有亭,匾曰蓬壶挹胜,再登则为悦心殿。偶临塔山,理事引见恒于此。其后为庆霄楼,每逢腊日奉皇太后观冰嬉之所也。悦心殿东侧书屋为静憩轩。转石屏入墙门,则仍普安殿。自殿后陟石阶将百磴,即山顶,白塔建于此。塔前琉璃佛殿曰善因。考日下旧闻,山顶为广寒殿,盖即建塔之所。山中为仁智殿,则今普安佛殿是。塔后列刹竿五,或谓之转梵经,或谓之资瞭远。其下为藏信炮之所,八旗军校轮流守之。盖国初始定燕京,设以防急变者。雍正年间复申明其令。载在史策,其发信炮金牌则藏之大内。予因思之,比及藉此知守,其失守已多矣。然而睹此知惧,凛天命,畏民嵒,戒盛满之志,系苞桑之固,则信炮之制岂非祖宗之良法美意万世所当慎守者乎!

四　白塔山西面的装景

赵先生问:

人们说:游览北京著名的北海公园白塔山,感到其"山四面皆有景"(《日下旧闻考》)。既然是这样,那么白塔山的西面,其造园装景的基本情形怎样呢? 您能不能给我说说呢?

钱先生答:

白塔山的东西南北,其四面确实皆有景。那么白塔山的西面,究竟是怎样装景的？其装景建筑有哪些？这里将"御制塔山西面记"的原文，我给您念念，请您欣赏，然后我再列举上一二个例子说说。

《日下旧闻考·国朝宫室》里的原文：

御制塔山西面记　　室之有高下，犹山之有曲折，水之有波澜。故水无波澜不致清，山无曲折不致灵，室无高下不致情。然室不能自为高下，故因山以构室者，其趣恒佳。庆霄楼既据山之高，楼西缘廊而降有二道，其一向南不数武为一房山，盖房中覆湖石成山云。历磴以下为蟠青室，回廊环其外。缘廊北降，达山之西，凭廊向南，俯瞰有深渊。东则山之西脚，而山半腰有亭曰揖山，乃从悦心殿西角门而出者。其下峭壁插入，澒然靓然，若龙湫之有神物也。波与太液通，石桥锁其口。桥之南，步堤东转，可通悦心殿及永安寺前。桥之北则琳光殿前，为山西总路矣。又其一转而北，有亭焉，曰妙鬘云峰，历石磴而下则水精域。其下有古井，古井向有记，辟诸家记载谓引金水河转机运斗之非，及辇土压胜之谬。凡山之阴、山之麓所为屈注飞流，线溪亩池，皆绠汲此井以成其势。水精域之下为甘露殿，又下为琳光殿。则就平陆，为山西之路。转而北为阅古楼，楼壁砌三希堂法帖碑版，攀梯而登，与地平。稍北则亩鉴室，窗临清池，即凿山溪引古井之水也。阅古楼后楹平临山溪，石桥驾其上。度桥有小石亭，梁柱皆渤诗。过亭，唅岈崟岹，径祗容人，摄齐而上，出岩墙门，与庆霄楼后门相望，而山西之景略毕。

下面将"御制塔山西面记"里提到的装景点缀性建筑阅古楼介绍一下。

·阅古楼·

阅古楼这一装景点缀性的建筑，其位置在白塔山西坡山脚下，是两层楼宇，上下各25间，其特征是：左右环抱，成半月形。阅古楼楼上存放着乾隆年间摹刻的《三希堂法帖》，是中国著名的书法艺术石刻珍品。

1747年，乾隆皇帝将三王墨迹，以及魏晋以来的名家墨迹编辑成册，定名为《三希堂法帖》三十二卷，并下谕旨，命人分刻在495块石板上，又将刻板嵌入阅古楼墙壁。可以说，阅古楼石刻，是我国历代书法的重要汇编。其刻术非常精巧，其刀锋亦非常清晰，成为书法艺术中的瑰宝。

对白塔山西面装景点缀性的景观——阅古楼，《日下旧闻考·国朝宫室》里，还

作了补充性的记载：

〔臣等谨按〕阅古楼额为皇上御题，乾隆丁卯岁以内府所藏魏晋以下名人墨迹钩摹勒石，御定为三希堂法帖三十二卷，既成，嵌石楼壁中。楼后层有额曰翠涌虹流。

不仅如此，《日下旧闻考·国朝宫室》里还记载：

乾隆十九年御制阅古楼诗　三希堂法帖石刻既成，作延楼于琼华岛之西麓，嵌石壁间，用期贞固。因名曰阅古，而系以诗：

> 宝笈三希萃法珍，好公天下寿贞珉。
> 楼飞四面开屏障，神聚千秋作主宾。
> 不杂嬴刘夸博广，略存魏晋要精真。
> 游丝灯影参元契，大块文章沆瀣津。

五　白塔山北面的装景

赵先生问：

人们说：白塔的东西南北，其四面皆有景。那么其北面究竟是怎样装景的呢？您能不能给我讲一讲呢？

钱先生答：

白塔山的北面，和南面、东面、西面一样，亦有装景的一些精美的建筑。其实，白塔山北面的装景，还是没有离开楼、阁、廊、亭、堂相配合。这里先将临水游廊和漪澜堂说一说，然后再将《日下旧闻考·国朝宫室》里记载的"御制塔山北面记"的原文给您念念，请您欣赏。

·临水游廊·

白塔山北面的装景，其特征为：白塔山北坡，其山脚临湖环山，其装景成为一

漪澜堂临水游廊

组呈半圆形的整体建筑群。据说,是乾隆皇帝下谕旨,仿照金山汇天寺而进行修建的。沿湖岸以漪澜堂为中心,营建了一套60间延楼和60间临水游廊,东起倚晴楼,西止分凉阁,非常美丽,宛如一条彩带。当游人漫步其廊间,随着游廊的忽直忽折、忽开忽合,白塔山及北海的不同美丽的画面,层出不穷,很自然地映入了人们的眼帘。

·漪澜堂·

白塔山北面的这一装景性的建筑,昔日是帝后们登舟泛湖的码头。不仅如此,而且据说,乾隆皇帝常在这里垂钓,并将其钓得的鱼,送到后堂烹食。据说,参与修建圆明园的西洋画家郎世宁、蒋友仁等,亦常被皇帝召到漪澜堂赐宴。后来,据说一些达官重臣们,也常常找出各种借口,在漪澜堂设私宴。

对白塔山北面装景点缀性的建筑——漪澜堂,《日下旧闻考·国朝宫室》里,还作了这样补充性的记载:

阅古楼北为漪澜堂

〔臣等谨按〕漪澜堂据琼岛北麓,规制略仿金山,五楹北向,堂后左右有过山石洞。堂内联曰:萝径因幽偏得趣;云峰含润独超群。……西暖阁额联曰:四面波光动襟袖;三山烟霭护壶洲。堂后檐额曰秀写蓬瀛。阅古楼岩墙门出转东则邀山亭。又东北则酌古堂,三楹西向。倚石为洞,循洞而东,有屋三楹,前宇后楼额曰写妙石室。联曰:石缝若无路;松巢别有天。

……

乾隆二十四年御制漪澜堂诗：

> 春冰未泮湖，春气已昭苏。
> 仙木吉祥御，绮屏瑞霭扶。
> 获金不殊地，浮玉宛成图。
> 比似新丰市，胡宽底藉乎。

乾隆二十七年御制雪中漪澜堂诗：

> 昨吟琼岛兆佳阴，喜罩祥霙塔影森。
> 太液漪澜虽迟待，金山消息已侵寻。
> 千岩素镂玲珑窈，万木葩生清净林。
> 一咏江天游目句，先期浮玉此登临。

　　白塔山北面装景性的建筑，亦有不少，就不一一列举了。

　　下面，将《日下旧闻考·国朝宫室》里记载的"御制塔山北面记"的原文转引出来，以供您阅读和欣赏，同时，亦就会使您了解其然了。

　　御制塔山北面记　自阅古楼岩墙门出，转而东，则邀山亭，又东北则酣古堂。堂之东室倚石洞，循洞而东，则写妙石室。堂与室之南皆塔山之阴，或石壁，或茂林，森峭不可上。而室之东间乃楼也，踏梯以降，复为洞。窈窱窅映，若陶穴，若嵌窟，旋转光怪，不可殚极。若是者行数百武，向东忽得洞门，出则豁然开朗。小厂三间，曰盘岚精舍。而其南则仍石岩陡立。然羊肠之径可以跻而上达看画廊，廊属山东景，兹不复缀。自精舍转而北，至环碧楼缘飞廊而下，则嵌岩室，折而西小山亭额曰一壶天地，西扇面房额曰延南薰。其盘岚精舍之西，由洞门北行数十武，亦达扇面房。自房而西为小昆邱；盖宙鉴室水盈池则伏流不见，至邱东始擘岩而出，为瀑布，沿溪赴壑而归墟于太液之波。又西为铜露盘，铜仙竦双手承之，高可寻尺，此不过缀景，取露实不若荷叶之易，则汉武之事率可知矣。又西为得性楼，为延佳精舍，为抱冲室，为邻山书屋，名虽殊而因高以降，或一间，或两架，皆随其宛转高下之趣而各与题额。又自宙鉴室北墙门而出，缘山蹊亦可达此。至邻山书屋则就平地廊接道宁斋矣。其东乃漪澜堂,盖山之北以堂与斋为主室,而围堂与斋北临太液,延楼六十楹,东尽倚晴楼,西尽分凉阁,有碧照楼、远帆阁分峙其间,各对堂与斋之中。南瞻窣堵,北颊沧波,颇具金山江天之概。故登楼与阁,偶有吟咏,无不以是为言。由漪澜堂而东,则莲华室以奉大士及妙法莲华经得名。出墙而南,则为塔山东面之境矣。若夫各室内或题额,或联语,率铭意寄兴,无关于景概之全,斯则不悉载。

"御制塔山北面记"里,将装景点缀的情形,基本上都一一说到了。这里值得特别一提的是:"又西为铜露盘,铜仙竦双手承之,高可寻尺,此不过缀景,取露实不若荷叶之易,则汉武之事率可知矣。"其中所说的这个装景点缀性建筑,的确值得以《汉武帝刘彻与北京"仙人承露盘"》为题细说一下。

·汉武帝刘彻与北京"仙人承露盘"·

相传,汉武帝刘彻,好祀神求仙,晚年为求长生不老,下谕令在都城长安建章宫内,铸造铜人,美其名为"仙人",手托铜盘,承接露水,誉名为"仙露"。因受阴阳说的影响,所以,武帝刘彻认为饮服"仙露",可止住阴气,永生阳气,即可长生不老。

至三国(魏、蜀、吴)时期,据古籍《魏略》里记载:魏明帝曹睿于景初元年(公元237年),下谕令遣人到长安建章宫内,拆掉和搬运汉武帝时建造的一座仙人承露盘,企图运往魏都洛阳城,但因重弃留于霸城。对此,《汉晋春秋》里作了记载:"帝〔指明帝时〕,徙盘,盘拆,声闻数十里,金狄(即铜人)或泣,因留霸城。"

元代初年,在陕西霸城发现了一个铜人,据当地人相传,说这一铜

仙人承露盘

人,是汉武帝刘彻时期"仙人承露盘"的遗物。元世祖忽必烈得知后,命人将铜人由陕西霸城运至大都(北京),安置在帝王宫苑内(即今北海公园内)。

大都(北京)造园艺术大师们,根据"日归于西,起明于东"(《史记·历书》),密切结合"天子当阳"(《左传》)的要求,将汉武帝刘彻时期的遗物铜人,设立在帝王宫苑内琼华岛东侧的山坡上。

据《北京名园趣谈》一书中说,明嘉靖皇帝朱厚熜"也是一个妄求长生的皇帝,他听道士说,乾方才是天之门,引露必用天门露。而乾方是西北,于是又把铜露盘连铜人从东山坡移至西北坡"上。

至今在北海公园内,在白塔山北麓山腰,有一座方形高台,周围雕石设栏,中间竖立一根高达数丈的汉白玉柱,柱身满雕蟠龙花纹,柱顶立一铜人,双手高托一个荷花形大铜盘。据说,这个铜人,就是汉武帝刘彻时期"仙人承露盘"珍贵的遗物。

六　白塔山东面的装景

赵先生问:

人们说:游览了北海白塔山,其东西南北四面,确实皆有景,那么,白塔山的东面,其装景,确实像南北西三面一样,亦没有离开亭、廊、殿等进行点缀。抽象说是这样,那么白塔山东面的装景,其基本情形究竟怎样呢?您能不能给我说一说呢?

钱先生答:

好!我给您说说。

白塔山东面,与西面、北面、南面一样,亦没有离开使用亭、廊、殿等点缀性建筑来装景,例如有看画廊、交翠庭、石洞、见春亭、智珠殿等。这些装景点缀性的建筑,在《御制塔山东面记》里,都一一作了叙述。下面将原文给您念念,请您欣赏,同时亦就会使您了解其然了。

御制塔山东面记　　因旧置而修饰之谓之沿,易新建而创为之谓之革。山之南,沿者多而建者少;山之北,革者夥而置者稀。然东北溯琼岛春阴之石幢虽出于新建,亦实述其旧置。由石幢登山径为看画廊,其上则交翠庭。庭之下、廊之侧,攀援石洞以出为古遗堂,对之者,峦影亭。自堂蹑梯以下,仍依洞以出为见春亭。遂循东岸可至半月城前。而自交翠庭步岭路至智珠殿者,分左右阶而下,亦达半月城前。盖殿原据城上,埤堄即平殿基也。过石桥则陟山门,而白塔山四面之事备矣。白塔建自顺治八年辛卯,至于今盖百有二十年矣。夫士民之家尚以肯构为言,况兹三朝遗迹,地居禁苑,听其荒废榛秽为弗当。然予自辛酉、壬戌之间,始稍稍有所葺建,至于今凡三十年,而四面之景始毕成为之记。虽云发内帑以徐为之,然而视春明梦余录、日下旧闻所载有过之无不及矣。知我罪我,吾岂能辞哉!

对白塔山东面装景点缀性的一些建筑物,《日下旧闻考·国朝宫室》里,还作了补充性的记载,例如:

由白塔东下至山足为智珠殿,殿后缘山径折而北为交翠庭。
〔臣等谨按〕 智珠殿三楹东向供文殊佛像,恭悬皇上御书额曰般若香台。联曰:塔影迥悬霄汉上;佛光常现水云间。交翠庭二楹联曰:波光入窗淡;草色护阶新。

乾隆二十三年御制交翠庭诗:

择向开庭更向山,蓊青攒黛锁屏颜。
春阴琼岛疑迷路,只在碧琳天地间。
……

〔臣等谨按〕洞门上石刻真如二字,小楼内联曰:天阔云非系;波空月自明。庭之下,廊之侧,攀援石洞而出为古遗堂,三楹,北向。联曰:秋月春风常得句;山容水态自成图。对之者为峦影亭,门额曰梢云,曰霏玉。古遗堂下为见春亭。
〔又按〕由看画廊折而东至山麓,有石碣恭刊御书琼岛春阴四字,为燕山八景之一。
……

见春亭在琼岛春阴石碣之南。自智珠殿至此为塔山东面之景。

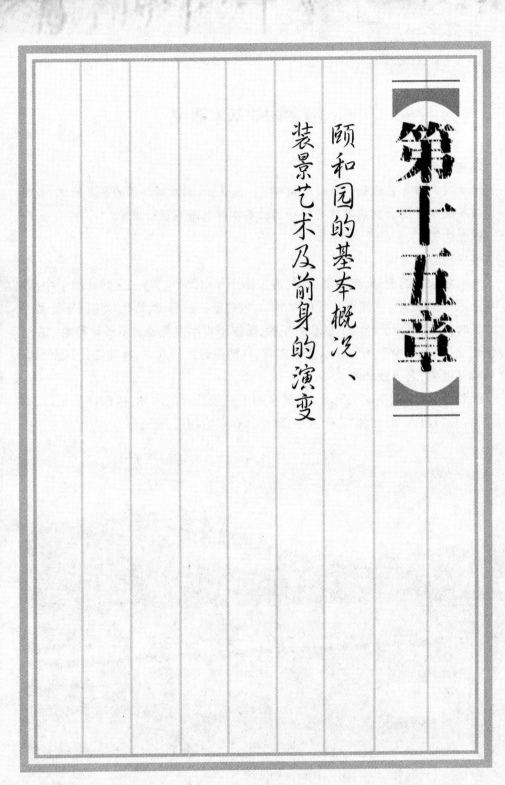

第十五章

颐和园的基本概况、装景艺术及前身的演变

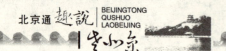

一 颐和园的基本概况

赵先生问：

游览过北京著名的颐和园的人相当多。但是，人们对颐和园的基本概况，并不一定有全面的了解。您能不能将颐和园的基本概况给我说一说呢？

钱先生答：

好！我给您说说！

北京颐和园的前身，名为清漪园，清咸丰十年（1860年）第二次鸦片战争中，毁于英法联军的战火。光绪十二年（1886年），按照慈禧的旨意，清廷挪用海军经费重建。其时，光绪皇帝已经到了亲政的年龄，慈禧不得不假意表示要归政养老。在这种情形之下，光绪皇帝为了表示孝敬之意，以博得母后的欢心，将建造的这座皇家宫苑御笔题额，名曰颐和园。

颐和园，因为是皇家的宫苑，为了区别于一般性质的园林，所以将其正门，称为东宫门，门匾额"颐和园"三个大字，就悬挂在东宫门的上方。

颐和园

"颐和"二字,其意为颐养天年、安享太平。为什么这样理解呢?因为"颐和"取紫禁城内颐和轩之"颐和"之意。颐和轩为乾隆皇帝准备退位养老的地方。对此,乾隆四十一年(1776年),乾隆皇帝在诗作中曾云:"此时仍尽瘁,他日拟颐和",意为"他日"准备颐养天年,安享太平之福。其实,"颐"原为《易经》的卦名,《序卦》:"颐者养也"。不仅如此,而且在《易·颐第二十七》里,更进一步指出:"天地养万物,圣人养贤以及万民,颐之时大矣哉!"

·颐和园的突出特征·

世界闻名的北京颐和园,是中国封建社会时期最后一座皇家宫苑,或曰皇家园林。它继承和发扬了中国历代园林或造园艺术的传统,博采我国大江南北造园手法的长处,兼有北方山川雄浑宏阔的气势和江南水乡婉约清丽的风韵,并兼蓄自古帝王之宫室的富丽堂皇,以及民间宅居的精巧别致与宗教寺庙的庄严肃穆,既气象万千,又协调和谐,浑然一体,成为中国园林艺术的瑰宝。

·北京颐和园的主题·

颐和园东宫门前牌楼题额"涵虚"和"罨秀"所包含的意思,就已经给人们点出来了。"涵虚"与"罨秀"题额告诉人们:颐和园是一座山清水秀、恬静清幽、风景如画的皇家宫苑。

涵虚,比喻清幽、恬淡、宁静的环境。涵虚一词,在我国历史上,早已被文人墨客恰到好处地运用了。例如唐代著名诗人孟浩然诗:"涵虚混太清",再如南宋著名文人朱熹诗:"萧然万籁涵虚清"。罨秀(罨音yǎn掩)一词比喻风景如画。例如,我国唐代著名诗人白居易诗云:"凝香薰罨画,似泪看胭脂。""罨"与"秀"相结合,表示风景如画之意。

二　颐和园的装景艺术

赵先生问:

人们说:我国各地方,虽然有许多各种各样的造园装景,但是相比较来说,北京著名的颐和园,其造园装景,在全国是最突出最典型最具有代表性的。您能不能将颐和园造园装景艺术给我讲一讲呢？

钱先生答：

您提的问题，很值得回答一下。

自古始，社会生活实践中，就有许多各种各样需要修筑的工事，如打仗时，前线战地上就要挖战壕、设障碍等，可称作"打仗工事"。言"造园"，则是区别于社会生活实践中所需要修筑的各种各样的工事，因它是为了满足人们生活中的一种享乐，所以将"造园"这种工事，名为"装景工事"。

我国"造园"一词，始于明计成之著《园冶》。然而"造园"，我国同世界上的许多国家一样，亦经历了相当长的历史时期，才逐渐发展演变成为一种综合装景艺术。

所谓"造园装景综合艺术"，概括说来，则是属于盖冶美学土木植物等各种科学于一炉而集其大成者；其特征是人为胜于天然之奇，浓丽应富于错综变幻之美。

我国的造园装景艺术，至清代时，就已达到相当高的水平，如北京海淀区东部，原有一座大型皇家御苑圆明园，其造园装景综合艺术，在全国来说，最具有代表性，为我国造园装景综合艺术的突出典型。圆明园这座大型造园装景，其总的特征，概括说来，属于"中外兼收，汇集江南无数名园胜景于一炉"。其规模之大，范围之广，诚可大观。咸丰十年（1860年），入侵的英法联军劫掠园中珍宝，并纵火焚毁了圆明园。现仅存长春园西洋楼的部分石雕残迹。

今日著名的北京颐和园，原是帝王的行宫和花园。这座名震天下的皇家造园装景综合艺术品，虽然没有圆明园那样突出典型，但其中亦包括许多宫殿和楼台亭阁等精美的古建筑在内。

我国古建筑的格局，最突出的特征，概括说来，就是"均齐划一"，但缺乏错综变化之趣味。所谓"均齐划一"，就是指我国古建筑的格局，讲究中轴线和左右对称，如寺庙、宫殿、楼阁等，可以说居多皆是。

自古始，所有的古建筑，其中特别是宫殿群建筑，均齐划一的格局，逐渐发展演变形成为封建帝王统治服务的一种渲染和夸张的工具。明清封建朝廷和建造宫殿大师们，为了宣扬帝王无上尊严与权威的需要，在紫禁城的宫殿建筑格局上，就特别强调以均齐划一、庄严宏丽为主旨。紫禁城内的宫殿群建筑十分讲究均齐划一，在全国最具有代表性。

然而，随着历史的发展前进，造园技术亦不断向前发展，园林建筑逐渐出现冲破古建筑群均齐划一传统性的正统格局，于是便产生了古建筑格局的变化。而古建筑格局的变化，在园林中的体现，其最突出的就是：造园艺术大师们，将古建筑

格局,尽可能因地置宜变化,力求新颖,不落正统格局的常套,使园林中的古建筑,能融人类情感于自然,有助于人们心意的舒发;富于景观的变化,以满足人们游览时精神上的需要。

随着造园不断向前发展,园林中的古建筑,其所以会出现变化的格局,主要是如前面所说的:因为造园是属于一种综合艺术,盖冶美学土木植物等各种科学于一炉而集其大成者;所以,造园应兼有人为胜于天然之奇,浓丽应富于错综变幻之美……。因此,言造园出现变化的格局,则属于一种必然。

以北京颐和园为例,园中有许多精美的古建筑,其中有的已经冲破传统性的正统格局,因地置宜变化,如精美的古建筑长廊,就是一个具有代表性的典型:它依山面湖,因依山势而曲,游人行其间,既可移步换景,欣赏湖光山色,又能使游人观赏到各具内容、无一雷同的大小一千四百多幅苏式彩画。造园艺术大师们,将精美古建筑长廊,同万寿山与昆明湖有机结合起来,成为点缀和丰富颐和园山水画卷中不可缺少的部分。

但颐和园毕竟是属于皇家的园林,不可能不受古建筑均齐划一传统性的正统格局的影响。因此,园内的大宫殿建筑群,仍然保持着古建筑正统的格局。如万寿山前山的一些建筑,就是以八面三层四重檐的佛香阁为中心,组成颐和园内巨大的主体建筑群。以山脚下的"云辉玉宇"牌楼为起点,经排云门、二宫门、排云殿、德辉殿、佛香阁,直至山顶的智慧海,形成一条层层上升的中轴线,东侧有转轮藏和万寿山昆明湖石碑等;西侧有五方阁和铜铸的宝云阁等。显然,这组建筑群保持了古建筑讲究中轴线和左右对称的传统格局。

颐和园中的许多古建筑,从造园装景艺术的总体角度来看,毕竟冲破古建筑传统性的均齐划一,缺乏错综变化无趣味的正统格局,出现因地置宜变化的新格局。这表现在园内古建筑配置形式的多样化,巧妙衬托了传统性的均齐划一古建筑正统格局的基本特征,使颐和园内的古建筑,显得更加精美。如万寿山后山,有五彩琉璃的多宝塔,至今仍然屹立在绿树丛中;山上有景福阁、重翠亭、写秋轩、画中游等楼台亭阁;山下,除了有精美的长廊外,还有知春亭、十七孔桥、仁寿殿、乐寿堂、德和园及大戏楼等。

总之,我国古代劳动人民和造园装景艺术大师们,凭着高度的智慧和才华,运用山水画手法,经过艺术的剪裁和提炼,将自然美景浓缩在296公顷的土地上。把颐和园建造成一个集自然美、建筑美、艺术美三者结合的典型的园林美景,观之令人心旷神怡。

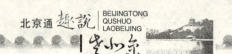

三　万寿山和昆明湖前身的演变

赵先生问：

人们说：年复一年日复一日，不论春秋冬夏，从全国各地、从世界各地，来北京游览著名的颐和园万寿山和昆明湖的人多得无法统计。

可是，游览了著名的颐和园万寿山和昆明湖后，有很多人仍然弄不明白万寿山和昆明湖究竟是怎样来的，您能不能将万寿山和昆明湖前身的演变，说一说呢？

钱先生答：

您提的问题很好，下面我就跟您说说。

万寿山的前身，曾被人们名曰金山和瓮山；昆明湖的前身，亦曾被人们名曰金水池、瓮山泊和西湖景。至乾隆十五年(1750年)，二者才被改名为万寿山和昆明湖，并且一直被沿袭使用至今。

元代时，金山所处的地理位置，就在今日北京著名的玉泉山之旁。过去，传说

万寿山昆明湖

有一位老人,曾在金山偶然挖出一个刻有花纹的大石瓮。生活中人们传来传去,渐渐就将金山给改名为瓮山了。

当时,瓮山前有一泓由泉水汇聚成的湖沼。"湖沼"意为比"沼"即"小池"大,而又比"湖泊"小的水池。那么,怎么称这一湖沼比较合适呢?人们一琢磨就给它取名为瓮山泊。

金水池或曰瓮山泊的开发,与元世祖忽必烈及元代著名的天文学家、水利学家和数学家郭守敬都有着密切的关系。为什么?"元世祖至元四年,始定鼎于中都之北三里,筑城围六十里,九年改为大都。"

元世祖忽必烈,不仅非常重视元大都城的建设,而且亦很重视兴漕运。据传,忽必烈曾经两次命都水监郭守敬引玉泉诸水至瓮山脚下,要将金水池或曰瓮山泊开发成为京城西郊的一处大水库。

经过开发,玉泉山旁的瓮山有了很大的变化。因将开挖金水池的土,给搬运到瓮山上,这使瓮山增高了许多,从而也使瓮山泊更深更宽阔了。此地从此自然而然就变成一处山高水阔的风景胜地。乾隆元年(1736年),画家郑板桥曾到此一游,写下了《赠瓮山无方上人诗》二首。无方上人是一位和画家交谊很深的和尚。其中一首写道:"山裹都城北,僧居御苑西。雨晴千幛碧,云起万松低。天乐飘还细,宫莎剪欲齐。菜人驱豆马,历历俯长堤。"

瓮山泊经过开发,成为山高水阔的风景胜地。到了明代,渐渐被皇帝看中。如明孝宗(朱祐樘)皇帝于弘治七年(1494年),为给他乳母助圣夫人祈福,在瓮山上建起了一座圆静寺。继孝宗皇帝之后的正德皇帝武宗(朱厚照),这位爱游山玩水的皇帝,亦看中了瓮山和瓮山泊。在瓮山和瓮山泊开发的基础上,进一步建起了有山有水的好山园行宫,将瓮山又改回原名金山,将瓮山泊改名为金海,总称好山园;并取江南杭州西湖景之意,将此处风景别称为北方的西湖景。从此,这里成为正德皇帝经常来游玩、垂钓和狩猎的理想之地。

四　颐和园的前身,名为清漪园

赵先生问:

听您这么一说我明白了许多,但是明朝后瓮山和瓮山泊的情形是怎样呢?您能不能就这个问题,再说一说呢?

玉泉塔影

钱先生答：

好吧，咱们先从瓮山说起。

瓮山和瓮山前的瓮山泊，至清代，其发展变化就更大了。尤其是乾隆十五年（1750年），在筹备庆贺他的生母孝圣皇太后钮祜禄氏60寿辰的名义下，下令大力开发和改造瓮山和瓮山泊，拆毁明代时营建的圆静寺，大兴土木，改建大报恩延寿寺。将瓮山改名为万寿山。瓮山泊被挖深，并被扩展了一倍多，其目的，是为了准备在湖中训练水师。历史上的汉武帝为征讨昆明，曾在古都长安挖昆明池以练水兵。乾隆帝仿效其意，于是将瓮山泊亦改名为昆明湖。其湖面比以前开阔多了，达220多公顷，占全园面积的四分之三。因昆明湖碧波映现着天光云影，所以被誉为清漪园。

对北京著名的万寿山和昆明湖，其前身演变的基本情形。《日下旧闻考·国朝苑囿》里，亦有记载：

清漪园建于万寿山之麓，在圆明园西二里许，前为昆明湖。

〔臣等谨按〕孙承泽春明梦余录载，瓮山在玉泉山之旁，西湖当其前，金山拱其后，明时旧有圆静寺，后废。今上乾隆十五年，于其地建大报恩延寿寺，命名万寿山。并疏导玉泉诸派，汇于西湖，易名曰昆明湖。设战船，仿福建广东巡洋之制，命闽省千把教演。自后每逢伏日，香山健锐营弁兵于湖内按期水操。若其经流，则自绣漪桥南入长河，引流入京城，绕紫禁城而出，归通惠河通济漕渠，灌溉田亩，实万

世永赖之利也。皇上御题额曰清漪园,有御制昆明湖记、清漪园记,恭载卷内。

应当说,这次开发和扩建是相当成功的。主要表现在:造园艺术大师们,密切结合封建皇帝精神生活的需要,将昆明湖分为三个主要的水域,根据每一水域的需要,恰到好处地各点缀上一座岛屿。其三岛分别为南湖岛、团城岛和藻鉴堂岛。它们象征着自古传说中的三神山:蓬莱、方丈、瀛洲。每一岛上都建有亭台楼阁,湖畔筑殿堂寺院。这些建筑随着阴晴雨霁、日月虹霓以及春夏秋冬而变换着它们美丽的风姿。即便是冰封雪冻的季节,昆明湖上的琼楼玉宇亦照样使人流连忘返。正如乾隆皇帝御笔题诗所说的那样:"何处燕山最畅情,无双风月属昆明。"

然而极为可惜的是:1860年,英法联军侵入北京,世界闻名的北京万寿山清漪园连同附近的玉泉山静明园、香山静宜园、畅春园、圆明园(统称三山五园),都毁于第二次鸦片战争的战火。清漪园除个别建筑外,其余皆成为灰烬。

第十六章

颐和园内著名的仁寿殿、乐寿堂、玉澜堂、听鹂馆、宜芸馆

一　颐和园内著名的仁寿殿

赵先生问：

人们说：北京著名的颐和园，其造园装景亦没有离开各种各样的古建筑来紧密相配合，如昆明湖水岸上有名的仁寿殿、乐寿堂、玉澜堂、听鹂馆、宜芸馆，等等，将皇家禁苑——颐和园，点缀打扮得格外美丽壮观。

既然是这样，那么能不能请您将昆明湖水岸上著名的仁寿殿、乐寿堂、玉澜堂、听鹂馆、宜芸馆等，其精美的古建筑群，分别地给我说一说呢？

钱先生答：

好！下面我就将颐和园内著名的仁寿殿、乐寿堂、玉澜堂、听鹂馆、宜芸馆等，分别地给您说说。

·仁寿殿名称的由来·

北京颐和园内的仁寿殿，乾隆时名勤政殿，1860年毁于英法联军，1890年(光绪十六年)重建，更名为仁寿殿。殿东向，阔九间，两侧有南北配殿，前有仁寿门，门外为南北九卿房。

光绪时期，慈禧、光绪来颐和园居住期间，仁寿殿就成为他们会见王公大臣及处理朝政的场所。光绪二十六年(1900年)以后，慈禧、光绪曾在仁寿殿多次接待外国使节和进行政治活动。据《北京名园趣谈》一书中记载：

1898年6月16日，光绪皇帝发动变法维新运动时，也在这仁寿殿召见改良派领袖康有为，密谈了两个多小时，命康有为任总理衙门章京；允其专摺奏事。

这座精美建筑，之所以更名为仁寿殿，追溯起来，《论语·雍也》篇里，已出现有"仁寿"之语的记载，即"知者乐(yào药)水，仁者乐山。知者动，仁者静。知者乐，仁者寿。"(聪明人爱好水，仁人爱好山。聪明人活动，仁人沉静。聪明人快乐，仁人长寿。)后来，《汉书·董仲舒传》将"仁"和"寿"二字联系在一起，曰："尧舜行德，则民仁寿。"慈禧、光绪同历代封建皇帝一样，不仅首先需要打出施"仁政"的旗号，以有利于安定天下民心，而且祈望"与天同寿"，于是各取一字，合成为"仁寿"。

仁寿殿内原共有匾额十方，其中，除了"海涵育春"匾已无，其余九方至今均尚存。匾额的内容，也不外乎两方面，一方面宣扬封建皇帝的"仁政"，如"德风惠露"、"海涵育春"等；另一方面则是"寿恺褆康"、"寿协仁符"等，即祝愿皇帝长寿、国家康泰升平。

这里所祈祝的"国泰民安，四海升平"，都是与帝王的"万寿无疆"联系在一起的，充分反映了封建专制的思想。

·仁寿殿·

皇家殿堂，北京颐和园内著名的仁寿殿，其最突出的特征，可概括为：富丽堂皇。这集中表现在：仁寿殿内，正中是一座方方的平台，三面设有雕造精美的木栏台阶。平台称地平床，中间设置宝座、御案、掌扇。宝座后是一座饰有二百多个不同写法的寿字的屏风。地平床的周围，还有凤

仁寿殿

凰、角端[1]、鹤灯、鼎炉、龙抱柱等配套的景泰蓝制品，完全是一派金銮殿的气势。仁寿殿是帝后处理国事的地方，慈禧住在颐和园时，在这里垂帘听政。慈禧坐在正面的宝座上，在地平床的左侧为光绪皇帝另设一宝座。一般说来，临朝的时间皆在黎明，即在天尚未完全亮。尤其是每遇大朝时，殿内外鼎炉里都点燃起藏香或檀香，

---

[1]角端　角，音"路"。据《元史》载：元太祖在东印度见到一种日行18000里会说话的异兽，名为角端，是象征吉祥的。实际只是与龙凤一样的想像中的神化动物形象。

造成一派香烟缭绕的神秘气氛,显示皇权至上。

仁寿殿不仅是慈禧太后和光绪皇帝在颐和园居住期间朝会大臣的重要场所,同时亦是慈禧做寿时"万寿庆典"中举行筵宴的地方。

仁寿殿是处理国事的重要场所。这里可举例子说说。慈禧统治时期,暴政不胜枚举。她在仁寿殿处理国事,据《颐和园》一书中载:

仅从1900年4月6日至6月9日的短短的两个月里,就发布镇压义和团运动的上谕20多道。"八国联军"入侵北京,她外逃西安,签订丧权辱国的《辛丑条约》后,她得以回到北京。回京后,她又把仁寿殿作为媚外活动场所,不断地接见德、法、英、意、美、日各国驻华使臣和驻军的海军司令。并在1903年9月17日、1904年4月15日和8月19日、20日以及1905年3月24日、25日多次招待各国驻华使臣和夫人游园,在仁寿殿举行"游宴",在南北配殿"赐果食"。甚至于把使臣夫人请到自己的寝宫乐寿堂去。实在是极尽献媚之能事。正是"筵宴摆开,献瑞百戏;暴政流传,遗臭万年"。

仁寿殿亦是慈禧做寿时"万寿庆典"举行筵宴的地方。这是亦可举例子说明。据《颐和园》一书中载:

仁寿殿也是慈禧做寿时"万寿庆典"中举行筵宴的地方。据清宫记载,光绪二十三年,慈禧63岁生日在这里举行筵宴的情况是这样:

慈禧事先指派恭亲王和庆亲王负责"万寿庆典"工作,庆典的日程安排是:

农历十月初七日:太后进城回宫行礼,当日返园;

初八日:仁寿殿筵宴,皇帝率王公百官进爵;

初九日:仁寿殿筵宴,皇后领妃嫔公主福晋①命妇②等进爵;

初十日(生日):排云殿受贺;

---

①福晋　据《大清会典》载:亲王、世子、郡王的正妻被封为亲王福晋、世子福晋、郡王福晋。

②命妇　清代官员是品级制,由高到低分为一品至九品。对于一品二品官员的正妻和母亲封为夫人,三品官之妻封淑人,四品官之妻封恭人,五品官之妻封宜人,六品官之妻封安人,七至九品官之妻封孺人。在宗室中非品级的,也有类似的封赠。如贝勒以下至辅国将军的正妻也封夫人,奉国将军正妻封淑人,奉恩将军正妻封恭人。对有封赠的妇女称为"命妇"。这里讲的"命妇",指有资格进宫的高级官员的有封赠的妇女家属。

十一日：仁寿殿筵宴，皇帝率近支王公等进爵；

十四日：仁寿殿筵宴，皇后领妃嫔公主福晋等筵宴。

从庆典日程安排上看，六天活动中，仁寿殿筵宴占其四。

二　颐和园乐寿堂与庭院内的
怪石"青芝岫"趣闻

需要先从"怪石"说起。

·怪石的丑与美·

怪石，自古以来就被文学家、画家和造园艺术大师们格外重视。如明代著名小说家吴承恩就将怪石写进《西游记》第一回里，说花果山有"丹崖怪石"及吸引人的"削壁奇峰"前，有"麒麟独卧"。经过文学家精心的艺术加工，使"丹崖怪石"与被神化了的花果山周围的景物浑然一体，顿生诗情画意，耐人寻味。

怪石的突出特征是"丑"。对此，清代文学家刘熙载在《艺概》中作了恰到好处的解释，他说："怪石之丑为美，丑到极处，便是美到极处。"著名画家郑板桥以丑石自喻，他画的几幅竹石画，最突出之处就是均未离开奇丑的怪石。因此，他在画题中说："燮画此石，丑石也。丑而雄，丑而秀。"

丑石能称"雄"见"秀"，反映出来最基本的特点是瘦、透、漏、皱。我国太湖地区所产的湖石，就有这些特点。瘦，指山石必须体态苗条，有迎风而立之势；透，是说石纹的贯通，"纹理纵横，笼络起皱"；漏，是指大孔小孔，涡洞相套，上下贯穿，四面玲珑；皱，是指山石表面凸凹褶皱、千奇百怪的形态。太湖石，据说自唐宋以后，便著名于全国。造园艺术大师们都将太湖石用来点缀风景，增加园林自然情趣。如上海豫园里，就有一块一丈多高的太湖石，其特征为玲珑剔透，百窍通达。因此，它不仅被人们誉为"玉玲珑"，而且相传是江南园林三大奇石之一（另二大奇石是苏州"瑞云峰"、杭州花圃"绉云峰"）。

怪石比较突出的，还有如今横卧在北京颐和园乐寿堂庭院里的"青芝岫"，它是清乾隆皇帝发现后，下谕旨将它运进颐和园中的。至今，此怪石上尚有清晰可见的乾隆皇帝及大臣们的题咏多处。

·颐和园乐寿堂·

北京颐和园内慈禧的寝宫乐寿堂,原为乾隆时的清漪园建筑,建于乾隆十五年(1750年),是乾隆皇帝为了孝敬他的母亲,下谕旨为其母60寿辰而营建的。这座建筑檐下挂"乐寿堂"三字大匾额。

乐寿堂

其实,乐寿堂的"乐寿"二字,追溯起来,出自《论语·雍也》篇,孔子曰:"知者乐水,仁者乐山。知者动,仁者静。知者乐,仁者寿。"

乾隆皇帝在《御制诗·乐寿堂》里,亦有自注,他说:"向以万寿山背山临水,因名其堂曰'乐寿'。屡有诗,后得董其昌《论古帖》,知宋高宗内禅后,有乐寿老人之称,喜其不约而同,因以名宁寿宫书堂,以待倦勤后居之。"

乐寿堂原为两层建筑,咸丰十年(1860年)被英法联军烧毁。光绪十三年(1887年)重建时,改成现在的式样,并成为西太后慈禧在颐和园内的寝宫。

乐寿堂按照宫廷原状陈列,中间为起居室,西套间为寝宫,东套间为更衣室。起居室内,用名贵木材紫檀雕制成的相当精致的御案宝座设置在室内的中间。在御案宝座后有十五折玻璃屏风,将室内照得格外宽敞。在御案宝座的两侧,插列有孔雀羽毛掌扇。这对孔雀羽毛掌扇,不仅相当精致,而且能点缀出西太后慈禧的威仪。

在御案宝座的两端,还陈列有盛果子用的一对青花大果盘。每一盘能堆放四五百只各色水果。这是专供闻香味的。

在起居室的四角,还配置有四只镀金九桃大铜炉,专供点燃檀香调节室内空气的。

在中间起居室内还有两张八仙鱼桌,制作得相当讲究:桌面为两层玻璃结构,夹层嵌制以"鸂鶒木"(水鸟名)和象牙雕造的相当精致的亭台楼阁。其下,为方形鱼槽,可放养金鱼。慈禧每天坐在桌旁用茶的同时,亦可以尽情观赏美丽的金鱼穿游在"亭台楼阁"之间,从而得到美的享受。

·青芝岫·

在乐寿堂前,列有铜鹿、铜鹤、铜瓶。合起来谐音成为"六合太平"。庭院内,除了种植有玉兰、海棠和牡丹等花卉外,院内还设置有一座巨大怪石,长8米、高4米、宽2米,体态秀丽,色青石润,故谓之"青芝岫"。在这巨大怪石上,尚有乾隆皇帝的题诗,这里将它抄录如下,以供欣赏:

我闻莫厘缥缈,乃在洞庭中。湖山秀气之所钟,爰生奇石窈玲珑。石宜实也而函虚,此理诚难穷。谁云南北物性殊燥湿?此亦有之殆或过之无不及。君不见房山巨石磊岂夋,万钟勺园初筑葺。旁搜皱瘦森笏立,缒幽得此苦艰涩。致之中止卧道旁,覆以葭屋缭以墙。年深屋预墙亦废,至今窍中生树拱把强。天地无弃物,而况山骨良?居然屏我乐寿堂。青芝之岫含云苍,崔巍刻削哀直方。应在因提疏仡以前辟元黄。无斧凿痕剖吴刚,雨留飞瀑月留光。锡名题什翰墨香。老米皇山之石穴九九,未闻一一穴中金幢玉节纷萦纠。友石不能致而此致之,力有不同事有偶。知者乐兮仁者寿,皇山洞庭夫何有?

乾隆在青芝岫上题这一长诗,其意思是:我听说莫厘山缥缈峰皆在太湖洞庭山中。天所赋予的湖山秀气,生出玲珑透剔的奇石。这些奇石既实又虚,其中奥妙难以尽言。谁说南方北方的物性有燥湿的不同?我看不能一概而论。君不见房山巨石巍峨挺拔,正当米万钟勺园初建之时。各处搜罗的奇石如森笏般挺立,取自深山幽谷何等艰难。这块山石半途而废弃置路旁,只好覆以草棚,绕以围墙。年深日久草棚、围墙均已颓废,现在孔窍中生长的树木已有一握之粗。但天地之间并无弃物,何况此石质地如此之佳,得以屏放在我的乐寿堂前,如青芝般的山岫云雾苍苍。如鬼斧神工般的雕琢直且方。此石形成应是在开天辟地之时。石如吴刚伐桂无斧凿之痕,经过飞瀑的冲刷,月光的照射。如今我赐以名,题以字,使翰墨留香。米芾的皇山之石有孔窍八十一个,也没有听说其石穴中有此奇观。米万钟不能得到此石,而我能得到,事虽相同而力不同。此石能使智者乐使仁者寿,皇山洞庭还能有什么好的山石呢?(以上释意之文引自《颐和园楹联镌刻浅释》)

青芝岫这一巨大怪石,怪就怪在每年一到夏秋季节,它全身苔藓斑驳,翠绿欲滴,因此被命名为"青芝岫"。

青芝岫产于房山区大山里。被明代太仆米万钟发现,欲移至当时他自己经营的勺园(现已无存)内陈设。米万钟雇用了许多人,用40匹马拉车搬运这一巨大怪石。结果由于财力竭尽,半途而废,将巨石弃置良乡镇(今房山区境内)路旁。后来传说米万钟因搬运这一巨大怪石而败家。因此,人们将它又俗称为"败家石"。

清乾隆十五年(1750年)改建清漪园时,将米万钟弃置路旁的巨大怪石移至园内,作为园林中的点缀,以供观赏。

三　颐和园玉澜堂与百日维新

·玉澜堂及其名称的由来·

颐和园内的玉澜堂在仁寿殿南。它是园内临湖而建的一座精美的古建筑。这座精美的古建筑,与园内其他许多古建筑一样,亦有东西配殿。其东配殿,叫做霞芬室;西配殿称为藕香榭。

这座临湖建筑,为什么被称为玉澜堂呢?乾隆皇帝有一

玉澜堂

首称赞这座建筑的诗。诗里说："澜实水所有,玉名水所无。借名以喻实,名实原不殊。溪堂俯临之,稚春冰尚铺。幻名仍幻矣,真实孰真乎?"从这首诗可知,"玉澜堂"这一名称为清漪园时的旧名。这里还需进一步说明的是:"玉澜堂"一词,实际上早在西晋文学家陆机的诗里就已经出现了。诗中云:"芳兰振蕙叶,玉泉涌微澜。"清代,恰到好处截取"玉澜"二字,用于这座临湖建筑。"玉澜堂"的命名,其原因除了前面所述之外,还可作这样的认识和理解,即:"玉澜堂"的"玉",可理解是指玉泉山麓的"玉泉"。此泉为燕京八景之一。"玉泉垂虹",是万寿山昆明湖水的重要水源,而"玉澜堂",其"澜"字,显然又是取昆明湖水之意,玉澜堂亦确确实实西临昆明湖。这样,将临水的一座精美的建筑,给命名为"玉澜堂",当然是非常贴切的了。这座建筑,咸丰十年(1860年)毁于英法联军,光绪十二年(1886年)重建,后为光绪寝宫。

·玉澜堂与百日维新·

百日维新,是发生在光绪年间的一件大事。光绪二十四年四月二十三日(1898年6月11日),光绪帝采纳康有为、梁启超等人的变法主张,下诏定国是,并颁发了十道维新法令,推行新政。因为这年是农历戊戌年,故又称戊戌变法。但以慈禧皇太后为首的守旧派反对变法。双方展开了激烈斗争。慈禧任命荣禄署直隶总督,统率甘军、武毅军和袁世凯的新建军,掌握军政实权。

慈禧太后画像

光绪皇帝画像

七月中旬,守旧派密谋九月乘天津阅兵时举行政变。八月三日,即公历1898年9月18日夜,主张维新变法的谭嗣同亲自赶到法华寺袁世凯的寓所,当面相劝袁世凯助行新政,请其营救光绪帝。就在这个关键的时候,袁世凯在政治上耍了两面派。他当着谭嗣同的面,满口答应支持维新变法,并声言杀荣禄犹如杀一条狗,等等。可是,袁世凯转过头来就向荣禄告了密。荣禄连夜赶往颐和园向慈禧奏告。这一切,光绪皇帝都被蒙在鼓里,根本不知道,因而,在9月20日的这天,光绪皇帝还按照原来早就安排好的计划到颐和园向慈禧请安。然而他万万没有料到,慈禧已经回城到皇宫紫禁城里去了。

还没有等光绪皇帝弄清楚到底是怎么回事,八月六日,即公历9月21日清晨,慈禧发布假造的"上谕",说皇帝"有病",她要"训政"。就这样,光绪皇帝被关囚在颐和园内的玉澜堂。慈禧不仅囚禁光绪,还下令杀了谭嗣同等6人,通缉康有为、梁启超等人,并废除新政。历时仅103天的变法终于失败。慈禧发动的这次政变,史称戊戌政变。

一年四季,物换星移,平日光绪被囚关在中南海瀛台。慈禧每年进住颐和园时,都要把光绪皇帝带到园里囚禁在玉澜堂。

四　颐和园的绮丽和宜芸馆、听鹂馆

·北京颐和园的绮丽·

"绮"(音"起"),原指有花纹或图案的丝织品。如:绮罗和纨绮等。《汉书·高帝纪第一下》里作了有关记载:"贾人毋得衣锦、绣、绮、縠、绤、纻、罽。"唐训诂学家颜师古(581~645年)对"绮"作了相当透彻的解释:"绮、文缯也,即今之细绫也。"随着社会不断向前发展,"绮"字逐渐演变成一个抽象的泛指"美丽"的词。

北京颐和园山水,可谓绮丽。其绮丽,主要是以万寿山精美的古建筑群和充满天然趣味的昆明湖最为著名。我国古代劳动人民和造园大师们凭着高度的智慧和才华,运用中国山水画手法,经过艺术的剪裁和提炼,把自然美景浓缩在296公顷的土地上。

颐和园万寿山,原名叫瓮山。据传说,最初因有老人在山上凿得石瓮,因此而得名为瓮山。清乾隆时,改为万寿山。颐和园以万寿山为中心。万寿山面临昆明湖,前山有长廊、排云殿、佛香阁、智慧海等著名建筑;后山苍林修竹,有谐趣园等建筑;西有桃柳夹道的长堤。颐和园还有清晏舫(石舫)、知春亭、十七孔桥和凤凰墩等建筑点缀。园外借用西山、玉泉山之景,景物曲折多变。"景外有景,园中有园",真是集自然美、建筑美、艺术美三者结合的典型的园林美景,观之令人心旷神怡。

·话说宜芸馆·

北京颐和园,为我国名园之一。它原为封建帝王的行宫花园。清代时,清朝廷为让乾隆皇帝在这座行宫花园内与在皇宫(紫禁城)里一样,亦能有个藏书、读书的好地方,于1750年在仁寿殿之西营建了一座精美的建筑,其正殿名为宜芸馆,并配有东西两配殿:东曰道存斋,西曰近西

宜芸馆

轩。宜芸馆于1860年毁于英法联军,光绪时重建,仍用旧名。

这座为帝王藏书、读书的精美建筑,为何命名为宜芸馆?按古书《尔雅·释诂》里的解释:"宜,事也。"而"芸"为植物名,即芸香。古时,人们藏书多用芸香驱蠹虫,久而久之,就将书籍别称为"芸编",将书签名为"芸签"。因此,乾隆皇帝将朝廷为他藏书、读书而营建的这座精美建筑,取"芸编"之意,命名为"宜芸馆"(意为"宜于藏书")。对此,乾隆皇帝亦作了比较透彻的解释:"宜芸意实在芸编"(《颐和园楹联镌刻浅释》)。但实际上,乾隆皇帝从未在宜芸馆认真读过书。光绪年间,这里成为隆裕的居住处。至今,在这精美建筑宜芸门两侧,仍然保存着乾隆皇帝临摹古代书法家的石刻。

·为何称"听鹂馆"·

北京颐和园万寿山前山西部,有一建筑名曰听鹂馆。为何取名为听鹂馆呢?这得先从"鹂"说起。

鹂，是一种观赏鸟，即黄鹂，亦称黄莺、黄鸟。人们对鹂这种观赏鸟的认识甚早，如《诗经·豳风·七月》里记载："春日载阳，有鸣仓庚（即黄鹂）。"杜甫诗中亦有"映阶碧草自春色，隔叶黄鹂空好音。"

听鹂馆

后来，人们逐渐认识到黄鹂这种鸟对自然气候规律性变化的反映。即每年一到春季惊蛰节气，即春暖花开的季节，黄鹂就会发出悦耳婉转的鸣声。结合农业二十四节气，古代人将鹂这种鸟对节气的反映称为仓庚鸣，并确定作为惊蛰节气二候的候应。

北京颐和园内的听鹂馆，为清漪园时的旧名，它始建于清乾隆时。因黄鹂这种鸟，不仅是受人们欢迎的观赏鸟，而且对农业生产需要的二十四节气亦做出了贡献，所以，它受到宫廷帝王的重视。当这座供宫廷演出的建筑落成后，就取其欣赏黄鹂鸣声之含义，将这座建筑命名为听鹂馆。此馆光绪年间重修，后有二层戏台。光绪十八年（1892年）德和园建成后，这座供宫廷唱戏演出的听鹂馆，就搁置不用了。现在，颐和园内的这座听鹂馆，已成为游人的餐厅。

第十七章

昆明湖北岸的精美建筑

——长廊

一 颐和园著名的长廊

赵先生问：

北京颐和园著名的长廊，是非常精美的古建筑；而古建筑，都有着一个共同的突出特征，就是要讲究和体现出左右对称。

那么，这里有个问题，就是颐和园的长廊，它依山面湖，是曲曲折折的，怎么还能体现出古建筑讲究左右对称呢？还有就是颐和园长廊有诗有匾额相点缀；还绘有著名的彩画，每幅彩画差不多都有一个故事。

游览颐和园著名的长廊，有不少人弄不明白长廊，以及长廊的诗和匾额，还有彩画等，其内容究竟是什么？您能不能都给我们讲一讲呢？

钱先生答：

您说的这些问题，的确是存在的，而且非常值得说一说。

下面，我就一一给您讲一讲。

·廊和颐和园长廊·

廊，始为屋檐下的过道或独立有顶的通道，即人们习惯称的走廊等。唐诗人李商隐在《正月崇让宅》诗里，就恰到好处地描写了"廊"："密锁重关掩绿苔，廊深阁迥此徘徊。""廊"这种建筑形式，随着社会不断向前发展，特别是随着造园装景艺术不断向前发展的需要，逐渐发展成为相当讲究的装景点缀性的精美建筑。

尽管在全国各地许多园林里，都有各种各样精美的廊，特别是长廊，但最长、最精美、最具代表性的，则应属于北京颐和园著名的长廊。

·北京颐和园著名的长廊·

中国古建筑中造园装景点缀性的、最精美、最长的长廊。因为它长，所以人们将这座长廊，还俗称为千步廊。它东起邀月门，西止石丈亭，全长728米，共273间。东部起点邀月门，在乐寿堂西，门前的一株白玉兰是百年老树，在月光下，皎洁的花朵晶莹似玉。因此，人们取其意，给它取名为邀月门。"邀月"，出自唐代大诗人李

长廊

白的诗句:"举杯邀明月,对影成三人"(《月下独酌》诗)。

那么,长廊西部的止点,为何名曰"石丈亭"呢?这是因为此处有玲珑湖石,高丈余,人们以石奇高大者为石丈,与"亭"相联系,遂将该亭命名为"石丈亭"了。石丈亭为清漪园时旧名。

那么,颐和园长廊始建于何时,究竟为什么要修建这座长廊呢?

清乾隆十四年首建此廊,专为其母孝圣皇太后沿廊漫步、观景和观雨赏雪之用。

明代著名的造园大家计成和清朝李斗,都对廊在园林艺术中的作用有独到的见解。

明代造园家计成在《园冶》里说:造园"装景",其"廊宜曲宜长则胜"。清朝李斗在《工段营造录》里亦云:造园装景,其廊"随势曲折谓之游廊,愈折愈曲谓之曲廊,不曲者修廊,相对者对廊,通往来者走廊,容徘徊者步廊,入竹者竹廊,近水者水廊",等等。

尽管造园装景有各种各样点缀性的长廊,但其特征,基本上如明计成和清李斗以上所说。中国传统的古建筑,最基本的特征是均齐划一,讲究中轴线和左右对称,然而缺乏错综变化,形成无趣味的正统格局。但是,颐和园精美的古建筑——长廊,却冲破了古建筑传统性的正统格局,而因地置宜变化。其所以会出现变化的新格局,主要是因为符合了造园是属于一种综合艺术的要求,盖冶美学土木植物等各种科学于一炉而集其大成,才会出现兼有人为胜于自然之奇,浓丽应富于错综变幻之美。

颐和园长廊,就是属于因地置宜变化新格局的一座精美的古建筑。它依山面湖,依山势而曲。游人行其间,可凭栏远眺,移步换景,欣赏湖光山色。例如,观览雨中景色时,天连水,水连天,特别是暴风骤雨,使得平静的湖面,一下子变得波涛汹涌;

颐和园长廊画

观赏雪景时,漫天皆白,如镜湖面上雪花如柳絮飞扬。在养云轩钟院门额上,镌刻的"川泳云起",以及其两侧镌刻的"天外是银河烟波宛转,云中开翠幄香雨霏微",恰到好处,高度概括了这里烟波浩渺、雨雾迷离的自然美丽的景致。长廊蜿蜒于万寿山南麓,昆明湖边。它将如画的景区、景点,巧妙而自然地串联成一线,为颐和圆旖旎的风光镶上了画框,把昆明湖和万寿山之间美丽的景色,给衬托得更加层次分明。

若说起精美的长廊本身来,其特征亦非常突出:重彩髹漆,彩绘亦非常不一般,它能使游人欢欢乐乐观赏到各具内容、无一雷同的大小一千四百多幅苏式彩画。这些彩画,除西湖风景"苏堤春晓"、"平湖秋月"、"断桥残雪"等外,还有人物故事,如"武松打虎"、"张飞夜战马超"、"大闹天宫"等,以及翎羽花卉,等等。

造园装景艺术大师们,将精美的长廊,同万寿山与昆明湖有机结合起来,使其成为点缀和丰富颐和园山水画卷不可缺少的一部分。

长廊依山面湖,因山势而曲。尽管它不像万寿山那样,具有一条层层上升的中轴线,然而它却巧妙而富有变化地保持着古建筑讲究左右对称的传统。具体表现在:从万寿山前山山脚下的云辉玉宇牌楼起,直至山顶的智慧海,形成的这条中轴线来分,长廊的东西两侧各有两座亭子和一座临水亭,相当讲究左右对称,但却并不给人呆板、平稳的感觉。这几座亭子即:留佳亭、寄澜亭、清遥亭和秋水亭。长廊东侧的临水亭,名为对鸥舫;西侧的临水亭,叫做鱼藻轩。特别是留佳亭等四个象

征着春、夏、秋、冬的八角亭,不仅建筑物本身是东西两侧各相对称,而且其匾额亦是讲究对称的。东西二亭的匾额,每亭有匾额三幅,亦就是说,长廊东部的二亭共有匾额六幅;其西部的二亭亦有匾额六幅。

·长廊东部的两个重檐八角亭·

留佳亭　意为:美景长驻之亭。其亭为乾隆皇帝命名的,有诗云:

> 春景虽迟迟,春意亦融矣。
> 柳绿及桃红,弗久应至耳。
> 是亭曰留佳,盖因纳赏起。
> 然而来必往,驹形谁能止。
> 吾意艰其留,在此不在彼。

留佳亭匾额,有三:

璇题玉英①　文思光被②　草木贲华

这三匾额,意思分别为:椽头玉饰有英华之色,聪明才智照耀天下,草木秀美繁茂。

寄澜亭　意为:寄情于湖水之亭。此亭面临昆明湖,故有此名。其亭亦为乾隆皇帝命名,有乾隆诗云:

> 澜寄亭乎亭寄澜?
> 题名昔以偶凭栏。
> 如斯迅景仍称寄,
> 玩澂人应着眼看。

("澂",音kě,贪之意)

---

①璇题玉英　璇题:椽头玉饰;玉英:意指玉有英华之色。《汉书·扬雄传》:"珍台闲馆,璇题玉英。"

②文思光被　文思:意指聪明才智;光被:意为光照,或曰普照。此匾额,摘引自《文心雕龙·时序》:"今圣历方兴,文思光被。"

寄澜亭匾额,亦有三:

华阁缘云①　烟霞②天成　夕云③凝紫

这三匾额,其意思分别为:金碧辉煌的楼阁耸入云霄,天然的烟霞之景,夕阳里的彩云凝成紫色烟霞。

·长廊东部的临水亭·

对鸥舫,这座临水亭,其亭名意思为:面对水鸟的画舫。对鸥引自唐朝李嘉祐《竹楼》:"傲吏身闲笑五侯,西江取竹起高楼,南风不用蒲葵扇,纱帽闲眠对水鸥。"乾隆皇帝有关这座临水亭的诗:"湖上构虚轩,依波与舫同,对鸥以名之,水鸟时相从。……"

·长廊西部的两个重檐八角亭·

秋水亭,意为:清澈湖水之亭。此亭南临昆明湖水,与长廊东部象征"春"的留佳亭相对。秋水:比喻明澈。唐代王勃《滕王阁序》:"秋水共长天一色"。白居易诗:"双眸剪秋水"。

秋水亭,与留佳亭一样,亦有匾额三:

长廊秋水亭

①华阁缘云　引自曹植《七启》:"华阁缘云,飞陛凌虚。"
②烟霞　形容大自然的景色。例如,唐著名诗人白居易诗:"愿为愚谷烟霞侣,思结空门香火缘。"
③夕云　指傍晚的云彩。例如,南朝宋大文学家鲍照诗:"鳞鳞夕云起,猎猎晚风道。"

德音汪涉①　禀经制式②　三秀分荣

这三匾额是颂扬封建皇帝的,其意分别为:皇帝的威望如昆明湖水既深且广,根据圣贤经典制定规范,灵芝繁茂。

清遥亭,名称意思为:遥望清波之亭。因其临昆明湖,故取遥望清波之意,而得名为清遥亭。

它与东部的两座亭子一样,亦有匾额三:

斧藻群言③　云郁河清④　俯镜清流⑤

意思分别为:皇帝是归纳采用群臣之言,祥云集聚,河水清澈,俯观清澈昆明湖之水。

·长廊西部与东部对称,有一座临水建筑鱼藻轩·

鱼藻轩　　在这座临水建筑内,可观赏昆明湖里的鱼来回游动的情形。鱼藻,不言而喻,是指:鱼在水藻。《诗经·水雅·鱼藻》:"鱼在水藻。"以"鱼藻"命名,含有"万物各得其所"的意思。乾隆皇帝有诗咏鱼藻轩:

> 负冰初过矣,依藻又怡然。
> 物各适其性,时维迁不迁。
> 跃潜喻合道,动静性俱天。
> 设似牧人梦,所祈是有年。

---

①德音汪涉　德音:指有德行的人及其威望和名声。《汉书·董仲舒传》:"陛下发德音,下明诏。"汪涉:意为深而广。司马相如《难蜀父老》:"湛恩汪涉"。

②禀经制式　《文心雕龙·宗经》里的语句:"若禀经以制式,酌雅以富言。"

③斧藻群言　为修饰之意。此语引自《文心雕龙·原道》:"重以公旦多才,振其徽烈,制诗缉颂,斧藻群言。"

④云郁河清　云郁:祥云集聚。河:指黄河。古时候,人们以河清为祥瑞之兆,如《易·乾凿度》里记载:"天降嘉应,河水先清三日",故将"河清"与"云郁"相联系,成为清遥亭的匾额。

⑤俯镜清流　引自《闾丘冲诗》:"俯镜清流,仰睇天津。"

二　长廊彩画故事列举

·八仙过海·

八仙过海,是中国家喻户晓的一个神话故事。八仙分别为:

汉钟离　　即钟离权。钟离为复姓。关于他的传说,最早见于五代、北宋。例如,在20卷的《宣和书谱》第19卷里载:"神仙钟离先生名权,不知何时人。而间出接物,自谓生于汉。吕洞宾于先生执弟子礼。"后遂称汉钟离而不名。或云权尝自称"天下都散汉钟离权",后人误以"汉"字属下,故称"汉钟离"(见清胡鸣玉《订讹杂录》)。汉钟离的法宝是一只大扇子。

其实,汉钟离,即汉代钟离子,姓钟离名权。京兆咸阳(今属陕西)人。钟离权,字寂道,号和谷子,又号王阳子,又号云房先生。其父钟离章是东汉大将,因率军征伐北胡有功,故封燕台侯;其兄钟离简为中郎将。

八仙之一的汉钟离,神话传说,他的诞生就非常不一般:一个大白天,有一个巨人,迎着他的母亲,大踏步前来,到他母亲跟前,一下子就不见了。由此,他母亲就怀了孕。孩子一生下来,就像三岁小儿一般,天生一副福相:顶圆额宽,耳厚眉长,目深鼻耸,口方颊大,唇脸如丹……更为奇怪的是:此儿自从生下来,昼夜一声都不哭,到了第七天头响,就会说话了。

神话传说,说汉钟离长大成人后,有一天遇上一老人。此人披白鹿裘,扶青藜杖并问道:"来者是汉大将军钟离权吧?你何不寄宿山僧之所?"汉钟离大吃一惊,心想:"乃遇异人也!"传说,这位问话的老人是东华先生,叫王玄甫,是位上仙。他曾传授给汉钟离长生真诀、金丹火候及青龙剑法。后来,汉钟离又遇见华阳真人。华阳真人传授给他太乙刀圭、火符内丹、洞晓玄玄之道。最后,汉钟离在崆峒紫金四皓峰得玉匣秘诀,成了真仙。不仅如此,而且他还被玉帝封为"太极左宫真人"。

还有神话传说,说汉钟离受铁拐李的点化,上山学道。下山后又飞剑斩虎、点金济众。最后与兄钟离简同日升天,度吕纯阳而去(见《东游记》)。

那么,历史上到底有没有汉钟离(或曰钟离权)其人呢?回答是:唐代确有个钟离权。《全唐诗》里,就收录了他的三首绝句,并有其小传云:

咸阳(今属陕西)人。遇老人授仙诀,又遇华阳真人、上仙王玄甫,传道入崆峒山,自号云房先生。后仙去。

张果老　说他常倒骑白驴,日行数万里,等等。张果老手持的渔鼓是他的法宝。他的神话故事,最早见于《明皇杂录》;新、旧《唐书》均有《张果传》,列方技类。传说女皇武则天曾遣使欲召见八仙之一的张果老,他佯死不去。还传说张果老到唐武则天当政的时候,已经有数百岁了。他久隐中条山,往来汾晋间,后人又在五大名山之一的北岳恒山曾经见到过他。

张果老的轶事,在《旧唐书》、《明皇实录》、《新唐书·方使传》等书里皆有记载。

这里,列举一个神话故事,其情节大体上是这样的:唐太宗、唐高宗闻张果老之名,命人召之,张果老都谢绝了。后来女皇武则天也下令召见张果老,但他出山半道上佯死而不去。一直到唐玄宗李隆基召他,并派使臣到深山去请他。去的使臣裴晤一见张果老齿落白发,而且还是个很不起眼的糟老头儿,打心眼儿里就有点看不起他,态度立刻傲慢起来。这些张果老都看得明明白白,他不动声色,在朝廷派来的使臣裴晤面前,给来了个气绝身死。吓得裴晤赶紧焚香诵念真龙天子求道之意。这招还挺灵,没有多大工夫,张果老就渐渐清醒了。使者裴晤再也不敢相逼了,飞快回到宫中,将实情奏禀玄宗皇帝。玄宗得知,深感惊奇,并认为使臣裴晤办事不得力,遂另派中书舍人徐峤带玺书前往深山迎张果老进京。

张果老进宫,玄宗皇帝一见面,就感到非常疑惑,问道:"朕有点不明白了,先生既然是一位得道者,为何先生的齿发衰朽得如此这般?"张果老答道:"我张果老,正是因为齿落发稀时才得道的,所以只好像这副模样。既然皇帝陛下见着问了,我张果老莫如将齿发尽去掉了,不是更好嘛!"说罢,张果老头上立刻就净光光的了,嘴里残缺不全的牙齿也立刻掉了,并且满口露出了红色。玄宗一见大惊,言道:"先生,你张果老为何又变得如此模样……"。玄宗皇帝的话音刚落,张果老又变了,变成"青鬓皓齿",俨然一翩翩少年。

韩湘子　传说他是唐代著名文学家韩愈的族侄。其性格狂放,曾在初冬时,于数日内令牡丹花开数色,每朵又有诗一联,当韩愈得知,大为惊异(事见《酉阳杂俎》)。《青琐高议》里又说韩湘子以法术点化韩愈。韩愈谪官潮阳,途中遇雪。韩湘子冒雪前来,并语以花上之诗,两人乃宿于蓝关驿舍。辞行时,又告韩愈以未来之事,后皆应验。

其实，韩愈侄孙韩湘十二郎(老成)之子，曾官大理丞。韩愈贬潮阳，至蓝关时曾赠诗，有"云横秦岭家何在？雪拥蓝关马不前"之句。故传说中韩湘子得道成为八仙之一的事，亦可以说是由此附会而来。韩湘子的法宝是箫。

关于韩湘子的神话故事还有不少。这里只将与"云横秦岭家何在？雪拥蓝关马不前"这一诗句密切相关的神话，简要地说一下，就是：韩愈上表谏阻佞佛的唐宪宗迎"佛骨"进京时，宪宗皇帝李纯大怒，将他贬到荒远的潮州去做刺史。途中有一人冒雪而来，此人正是"八仙人"韩湘子。他对韩愈道："您还记得当年花上的句子吗？说的就是今日事也。"韩愈一打听这里的地名正叫"蓝关"，于是嗟叹再三，方信湘之不诬也。韩愈对韩湘子说："我为你琢磨成了一首比较完整的诗，今天你来得正好！"说完，立刻就赋道：

> 一封朝奏九重天，夕贬潮阳路八千。
> 本为圣明除弊政，敢将衰朽惜残年？
> 云横秦岭家何在？雪拥蓝关马不前。
> 知汝远来应有意，好收吾骨瘴江边。

铁拐李　传说中的八仙之一，本姓李名玄，曾遇太上老君得道。那么，他既然姓李名玄，为什么被称为"铁拐李"呢？因为古时人们代代相传：他蓬首垢面，祖腹跛足，并用水喷倚身的竹杖，变成铁杖，故称铁拐李。传说他神游时因其肉身误被徒弟火化，游魂无所依归，乃附一饿死者的尸身而起。有关铁拐李，还有种种神奇传说。他的宝物是葫芦。八仙中的铁拐李，从前在民间的影响比较大，但他仍然是作为一个群体八仙过海各显其能而出现的。传说，他身背的大葫芦里，有治病救人的灵丹妙药。因此，过去民间特别是医药行，把铁拐李看作为狗皮膏药的发明者，或曰祖师爷。从前凡是卖狗皮膏药的药铺，或从事这一行业者，敬的药仙就是铁拐李。

其实，八仙之一的铁拐李神话，可以说是由李八百尸解故事附会而成。而李八百之事，可见《宋史·陈从信传》里的记载。

吕洞宾　名喦(一作岩)，号纯阳子，相传为唐京兆人，一作河中府(今山西永济县)人。唐会昌(841~846年)中两举进士不第，浪游江湖，遇钟离权授以丹诀时年64岁。曾隐居终南山某地修道。后游历各地，自称回道人。传说他曾在江淮斩蛟、岳阳弄鹤、客店醉酒等。他的神话传说，大概最早起于北宋岳州一带。小说、戏曲中

写他故事的很多。元代封为"纯阳演政警化孚佑帝君",通称吕祖。道教全真道①尊为北五祖②之一。

曹国舅 在八仙中,他的神话故事最少,其传出时间亦最晚。相传他姓曹名友,宋代人。因为他本为国舅,故被尊为曹国舅。因其弟仗势作恶,他恐受牵累,遂散财济贫,入山修道。后由汉钟离、吕洞宾引入仙班(事见《东游记》)。这是一说。还有一说,说他于宋哲宗绍圣四年蝉蜕于徐州玉虚观。曹国舅当系宋外戚曹佾的附会。曹国舅使檀板。

然而,清代学者赵翼在《陔馀丛考》卷三十四里,还有这样的说法:

曹国舅,相传为曹太后之弟。按《宋史》慈圣光献太后(即曹太后)弟曹佾,年七十二而卒,未尝有成仙之事。此外又别无国戚而学仙者,则亦传闻之妄也。

蓝采和 传说,他常穿破蓝衫,一脚着靴,一脚跣露,手持大拍板,行乞闹市,乘醉而歌,周游天下。后在酒楼,闻空中有笙箫之音,忽然升空而去(所传故事最早见于南唐沈汾《续仙传》)。金代文学家元好问在他的一首诗里写道:"人笑蓝衫似采和"。元杂剧还将他写成一个伶人③,说他的真姓名是许坚。蓝采和被人画作少年形象,手持花篮。

然而,神话中的蓝采和,其原型说起来还是个有点才气的流浪汉,有关他的情况,在《续仙传》、《南唐书》、《确潜类书》等书里均有记载。下面是南唐沈汾《续仙

---

①全真道 亦称"全真教"、"全真派"。此道与正一道同为道教两大教派。金世宗大定七年(1167年),王重阳在山东宁海(今牟平)全真庵讲道时所创立。其教旨以"澄心定意、抱元守一、存神固气"为"真功","济贫拔苦、先人后己、与物无私"为"真行";功行俱全,故名"全真"。后50余年,其徒邱处机为元太祖尊称国师,号长春真人,总领道教,于是到处建立道观。他所居的北京白云观即为著名的"十方丛林"之一。全真道又分遇仙、南无、随山、龙门、嵛山、华山、清静七派。此后道教即正式形成全真、正一两大教派。全真派的道士须出家。

②北五祖 道教全真道对其创立者王重阳及王玄甫(号少阳)、钟离权(号正阳)、吕嵒(号纯阳)、刘操(字海蟾)的尊称。为区别于南五祖,故名。全真教声称,王玄甫为"天仙",钟离权汉时"成仙",吕嵒唐时"成仙",刘操宋时"成仙",借此宣扬全真道的道统。元世祖至元六年(1269年)赠封五人为帝君(见《金莲正宗记》)。

③伶人 古时人们对乐人的称呼。例如《国语·周语下》载:"伶人告和"。古学者韦昭注:"伶人,乐人也。"后来逐渐演变成为指演戏的人。

传》里的文字描写：

　　蓝采和，不知何许人也。常衣破蓝衫，六銙黑，木腰带，阔三寸余。一脚著靴，一脚跣行。夏则衫内加絮，冬则卧于雪中，气出如蒸。每行歌于城市乞索，持大拍板长三尺余，带醉踏歌，老少皆随看之。机捷谐谑，人问应声答之，笑皆绝倒，似狂非狂，行则振靴。……

　　歌辞极多，率皆仙意，人莫之测。但以钱与之，以长绳穿，拖地行，或散失亦不回顾。或见贫人即与之，或与酒家。周游天下。人有为儿童时至，及斑白见之，颜状如故。

　　后踏歌于濠梁，酒楼乘醉，有云鹤笙箫声。忽然轻举于云中，掷下靴衫腰带拍板，冉冉而去。

　　传说，蓝采和还是位流行歌手，歌不离口。最有名的是"踏歌"：

踏歌蓝采和，
世界能几何？
红颜一春树，
流年一掷梭。
古人混混去不返，
今人纷纷来更多。
朝骑鸾凤到碧落，
暮见桑田生白波。
长景明晖在空际，
金银宫阙高嵯峨！

　　何仙姑　　传说她是唐代时广州增城的一位女子，住在云母溪。说她在十四五岁的时候，因为天天吃云母粉而成神仙。她的行动如飞，日往山中采果奉母。还有一种传说，说何仙姑本为宋永州道姑，士大夫多趋询休咎，甚为著名。

　　因与吕洞宾的传说起于同时，后人又附会为另一传说中吕洞宾所超度的赵仙姑(姓赵名何，零陵人)，遂成为吕洞宾弟子。图画中，何仙姑举着一枝荷花。

　　关于何仙姑的祖籍，有两说：一说是广州增城县人氏，一说她是湖南永州(零陵)人氏。但《续通考》里说:"何仙姑,广州增城人,何泰之女也。"增城当地的传说则更为具体,说她是增城县小楼区新桂乡人,原名何秀姑,生于唐武后某年农历三月初七,中宗(李显)时八月初八升仙。

说何仙姑吃云母粉而成神仙,在《续通考》里有这样的虚构、夸张描写:

> (何仙姑)年十五,梦神人教食云母粉,可得轻身,因饵之。誓不嫁。往来山顶,其行如飞。每朝出,暮则持山果归遗其母。后遂辟谷,言语异常。武后遣使召至阙,中路失之。景龙中白日飞升。

八仙是我国古建筑彩绘和石雕中常见的人物。但也有的艺术作品不画出人物,而只画出他们各自的宝物。这种图画称为"暗八仙"。

八仙中尽管有的是附会出来的,但有的确有真人,例如汉钟离和吕洞宾。他们实际上是道教全真道"北五祖"中的两个。钟离权,即汉钟离,自谓生于汉,汉时"成仙"。吕嵒即吕洞宾,号纯阳子,为唐京兆人,唐代时"成仙"。古时候,为了丰富人们的精神生活,不知哪位文人墨客或者雅士,也可能是平民百姓,编造出了这个引人入胜的神话。

八仙过海的故事,是在许多寻求长生不老仙药的历史事实(如秦始皇、汉武帝曾求不死之药)和民间传说的基础上,发展演变而来的。传说中的八仙,其所以要过海,亦是想到东海瀛洲采药,解除人间在那一年天下大闹瘟疫给百姓带来的苦难。八仙分成三伙:汉钟离、曹国舅、张果老为一伙;吕洞宾、韩湘子、蓝采和三人结成一伙;铁拐李和何仙姑装扮成父女,又为一伙。八仙从昆仑山出发,约定在阴历八月十五中秋节月儿圆的这天夜里,在崂山的山顶上相聚。他们相聚之后,便各自拿出自己的宝物,各显神通,要漂洋过海到东海瀛洲去采药。他们在大海上说说笑笑,面对烟波浩瀚的大海,迎着阵阵扑面而来的徐徐清风,不知不觉就漂到了东海瀛洲……。

后来,用"八仙过海,各显神通"比喻人们做事各有各的办法,或各自显示本领,互相竞赛。

长廊彩绘——八仙图

·游湖借伞·

颐和园长廊彩画"游湖借伞",其典故出自神话故事《白蛇传》中的情节。

长廊彩绘——白蛇传

《白蛇传》是我国著名的神话故事,并被搬上戏剧舞台,成为许多剧种常演不衰的传统剧目。其内容是描写白蛇(白素贞或称白娘子)思凡下山,与侍女青蛇(小青)同至杭州。白蛇爱上店伙计许仙并结为夫妇。法海和尚以白、青为妖,几次从中破坏,终借佛法将白素贞镇于雷峰塔下。

《白蛇传》这一故事,其思想性是很强的。它集中表现了反封建的主题思想,歌颂了纯真的爱情,因此一直被流传至今。

颐和园长廊彩画故事"游湖借伞",说的就是《白蛇传》中,白娘子和许仙在杭州西湖断桥初次相会的情景。

断桥 一名"段桥",又名"宝祐桥"。那么,为什么名为断桥呢?其原因之一是唐代张祜诗有"断桥荒藓合"的句子;再加上从孤山的来路(白堤),到此就断了,由此而得名断桥。

西湖断桥的名声在全国之大,与白蛇故事的广为传播极有关系。

游湖借伞 传说有一年,在清明节的这一天,白娘子和小青来杭州西湖游玩。她们俩来到断桥玩了没有多大一会儿,白娘子一抬头看见迎面来了一位英俊的青年男子。这时她和人间的女性一样,顿生爱慕之情并告诉了侍女小青。

侍女小青毕竟不是一般人,她头脑非常灵敏,心中暗说:"白娘子你放心好了,我设法成全你和这位英俊后生的姻缘……。"她很快生出一计。她用手一指,立刻使西北方出现了一片乌云,不一会儿飘到了西湖,天渐渐沥沥下起了不大不小的雨。那英俊的后生一见天下起了雨,急忙租了一条船,钻进了船舱。这时,侍女小青有意将白娘子急急忙忙带到了岸边。那英俊的后生在船上一瞧:岸边上有两位女子还被雨淋着呢,他心里非常不落忍,就跟船主说了一下,让二位女子也上了船。上船后,侍女小青有意和英俊后生搭上话,才知道这位男子叫许仙,父母双亡,孤

182

身一人。她心中暗想："天下事,真是不巧不成书,真是从天上掉下来的一对好姻缘,——许仙白娘子,白娘子许仙!"这时,白娘子亦是心领神会。小青和白娘子有意不断和许仙攀谈。没有多大工夫,船就开到了太平桥。白娘子和小青该下船了,可是天仍然下着雨,小青就有意忙着说:"许相公,你看天还下着雨,你坐在船上,也不能让白娘子和我淋着雨呀!"许仙立刻回答道:"是,是!哪能呀!"说着就将他的一把伞借给了她们。小青将伞接到了手里,说:"许相公,您别忘了第二天到我们白娘子家里来取伞!"

第二天,天晴了,许仙就来到白娘子家取伞。小青就借此机会将白娘子和许仙两人的婚事给撮合成了。还传说多少世以前,许仙曾经救过白蛇,白蛇为了报答救命恩人——许仙,以身相许,所以在小青的撮合之下,二人的婚事就一拍即成了。

·唐僧取经·

长廊中的这一幅彩画,取自古典名著《西游记》中的故事。唐僧这个人物,在唐代佛教盛行时期确有其人。唐僧,即玄奘,本姓陈,河南偃师人,13岁时在洛阳出家。因玄奘是唐代人,所以被简称为唐僧。

玄奘为了要到印度(当时称天竺)去求取"真文"(佛经),就踏上远行征途。出玉门,经西域,过大漠,越雪山,到了印度的佛教最高学府那烂陀寺以及其他地方。他虚心向僧侣们学习和研究佛经。历尽艰辛,经过17年的时间,终于在贞观十九年(645年),带着取得的真文,即梵文经典657卷,回到了唐都长安城。当时,他不仅是受到唐朝廷派官员僧众出城迎接,而且唐太宗李世民亲自召见他,并赋予他纲纪天下僧徒的权力。玄奘从河南洛阳出走时,只是个默默无闻的普通僧人,但是当他从印度归来时,30多岁的玄奘,因受到唐朝廷的重视,特别是因为受到唐太宗李世民的亲自召见,一下子就成为名震天下的一代宗师。他率众翻译佛教典籍,为佛学研究做出了巨大贡献。他根据亲身经历写的游记《大唐西域记》,成为研究南亚诸国古地理和中外文化交流史的重要著作。

颐和园长廊画——唐僧西天取经

到唐高宗李治永徽三年(公元652年),玄奘为了贮藏经卷等实际的需要,在唐朝廷的支持下,他亲自参加设计,在长安城南大慈恩寺内,依照印度建筑形制建造了一座大雁塔。塔为5层,高190尺。现在,人们看到的大雁塔,则是武则天时改建的,原为10层,由于战争的破坏,只留下7层,高64米。此塔,原名为"大慈恩寺塔",而名为"大雁塔",则是后来的称呼。关于将"大慈恩寺塔"呼之为"大雁塔",其说虽不一,但据《天竺记》一书中记载:"噘亲国有迦南佛伽蓝(殿),穿山石作塔五层,最下一层作雁形,谓之雁塔。"故后世逐渐将"大慈恩寺塔"呼之为"大雁塔"。

唐僧师徒四人与蟆龟趣谈　　唐僧师徒四人,是我国古典名著《西游记》中塑造的主要人物。明代大小说家吴承恩在《西游记》里,将"龙生九子"之一的蟆龟与唐僧师徒四人去西天取经,密切联系一起。说他们四人有一天走到通天河边,一瞧河水波涛滚滚,根本找不到渡河的船只。对悟空、八戒和沙和尚来说,过通天河是不成问题的。可是,对肉眼凡胎的唐僧来说,却成了问题。

当唐僧师徒四人面对通天河一筹莫展的时候,河中心突然泛起了高大的浪花,然后紧接着就从水中钻出一个大乌龟来。它伸出长脖子说:"你们师徒四人不用愁,你们去西天取经,是件大好事,我这个龙子的性格,你们是知道的,善负重,我愿助人为乐,帮助你们渡过这座通天河,但有一件事情,我与你们相求,就是你们到了西天见到如来佛时,别忘了帮我代问一下:我这个龙子,何年何月才能修道升天?"肉眼凡胎的唐僧开口闭口就是"阿弥陀佛",连连点头表示答应。龙子蟆龟见了这般情景,欢喜得立刻说:"你们师徒四人,都要把眼睛稍闭一下,来来来,我驮你们过通天河!"唐僧师徒四人按照蟆龟的指点,大家都把眼睛稍闭了一会儿,于是平平稳稳、不知不觉,就渡过了通天河。

唐僧师徒四人,历经千辛万苦,终于到了西天。当天,他们就欢天喜地朝拜了如来佛祖,在四大金刚的带领下,取得了真经。然后,他们师徒四人,未曾停留,立刻从西天急急忙忙往回赶路,却把龙子蟆龟拜托的事情给忘掉了。师徒四人来到通天河时,龙子蟆龟又从河里浮出水面,二话未说,高高兴兴地驮他们过河。当渡到河心时,龙子蟆龟就问起所拜托之事,唐僧师徒四人却无法回答。蟆龟一看这般情景,心里就明白了:"他们把我所拜托之事给忘掉了。"蟆龟立刻大怒,在河中心连连翻身,一下子就不见了。这一闹腾,使他们师徒四人及行李、取得的经书等物,全部落入水中。幸亏孙悟空神通广大,才得以保全师父唐僧的性命和取得的经书以及行李等物。只是经书全部被水给浸湿了,弄得师徒四人只好在通天河岸边找了一片平台,将被水浸湿的经书摊开晒干。

·三英战吕布·

颐和园长廊彩画"三英战吕布"，其典故取自《三国演义》里的故事。故事情节大体上是这样的：东汉末年，董卓控制朝政，凶狠专横。一时间逼迫得当时各路诸侯，不得不举袁绍为盟主，带领各自的兵马讨伐董卓。董卓亦不示弱，立即派他的部将华雄出来迎战，连战数个回合，杀死对方

颐和园长廊画——桃园三结义

不少将士。就在这个节骨眼儿上，关羽表示愿去斩华雄的首级。曹操一旁见了，打心眼儿里敬佩关羽，叫人酌热酒一杯，让关羽饮了上马，关羽大声说："酒先放在这里，待我去上阵将人头拿回来再喝！"话音刚落，他就拍马出阵。没有多大一会儿，关羽手提华雄的人头进了军帐。那杯酒还没有凉，手摸去还温热呢。董贼一听说他的部将华雄被关羽杀掉了，心里就开始有点慌了，不得不派出名将吕布率领15万大军驻守在洛阳之东的虎牢关。袁绍派八路大军亦赶到虎牢关前。两军对阵，在虎牢关激战，吕布连杀对方数员将领。张飞一看这种情形，眼睛都红了，催马冲杀上去，连连战了有五十个回合。关羽见张飞战胜不了吕布，立刻出阵，挥舞起青龙偃月刀，勇往直前去助战。二比一，三匹战马，一时间丁字阵摆开，厮杀三十个回合，不分胜负。刘备见此情形，擎宝剑斜刺过来，三个人将吕布围在当中，轮流厮杀，亦不见胜负。吕布渐渐觉得难以招架，便立即向刘备虚晃一戟，拍马就冲出了包围圈，逃回虎牢关去了。

颐和园长廊彩画，内容十分丰富，多取材于《三国演义》、《西游记》、《封神演义》等古典长篇小说和民间神话故事、传说。要把每幅画的故事都说出来，非有广博的知识不可。以上选的，只是大家熟悉的几则。

第十八章

颐和园的中心建筑和万寿山的
主体建筑及两侧的装景

一 颐和园全园的中心建筑——排云殿

赵先生问：

北京著名的颐和园万寿山，尤其是前山，是万寿山造园装景中的重点。万寿山的前山，从山底下，云辉玉宇牌楼起，经过排云门、金水桥、二宫门、排云殿、德辉殿、佛香阁、众香界，直至智慧海九个层次，构成了一条层层上升的中轴线。从造园装景的角度上来看：将中轴线巧妙而又恰到好处地运用到造园装景上，亦是属于对中轴线的继承，有发展有创造。

颐和园中心建筑图

前山，是颐和园万寿山造园装景的重点，而且颐和园公园的中心建筑——排云殿，还有万寿山的主体建筑——佛香阁，都是在万寿山前山（南面）层层上升的中轴线上。

那么，您能不能将排云殿和佛香阁，以及万寿山东西两侧装景点缀性的建筑的具体情形，给我说说呢？

钱先生答：

您说的那些认识和看法，是对的！下面就分别地说一说。

明代孝宗（朱祐樘）皇帝于弘治七年（1494年）为给他乳母助圣夫人祈福，在瓮山建起圆静寺。可以说北京著名的玉泉山之旁的瓮山始盛于此。乾隆皇帝下谕

旨大规模营建、扩建和改造瓮山和瓮山泊时，不仅将瓮山和瓮山泊给分别改名为万寿山和昆明湖，而且拆除了圆静寺，改建成为大报恩延寿寺。乾隆皇帝在御制《万寿山大报恩延寺碑记》里说：

> 钦惟我圣母崇庆慈宣康惠敦和裕寿皇太后，仁善性生，惟慈惟懿，母仪天下，尊极域中。粤乾隆辛未之岁，恭遇圣寿六帙诞辰，朕躬率天下臣民，举行大庆礼，奉万年觞，敬效天保南山之义。以瓮山居昆明湖之阳，加号曰万寿，创建梵宫，命之曰大报恩延寿寺。殿宇千楹，浮图九级，堂庑翼如，金碧辉映，燃香灯，函贝叶，以为礼忏祝嘏地。

咸丰十年（1860年），大报恩延寿寺毁于英法联军。光绪十八年（1892年），慈禧下令在大报恩延寿寺旧址上重建，并名为"排云殿"。据考证，"排云殿"的殿名，源于晋代诗人郭璞的《游仙诗》："神仙排云出，但见金银台"诗句。

·排云殿的突出特征·

概括说来，就是：它依山筑室，步步递高，黄瓦台阶，为颐和园全园的中心建筑和最富丽的精美建筑。不仅如此，而且排云殿与其他建筑一起构成了万寿山前山一组精美的大建筑群。可以说从昆明湖北岸的中间码头开始，经过"云辉玉宇"牌楼、排云门、金水桥、二宫门、排云殿、德辉殿、佛香阁、众香界、智慧海九个层次，层层上升。人们可以非常明显地看到：从水面一直到山顶，构成了一条垂直上升的中轴线。中轴线的东西两侧，有四座配殿相配合，相辉映，又有变化多样的复道回廊相沟通，相点缀，使排云殿显得更加富丽、堂皇。

·正殿排云殿的基本情形·

排云殿内檐悬一匾额，上书"大圆宝镜"四个大字。这一匾额，其内容，是对封建统治者的一种奉承，说封建皇帝如苍天一样，能洞察一切，无所不知，无所不晓。所谓"大圆宝镜"，据考证，为佛家语，因为佛家语里有"四智"：一、大圆镜智，谓如来真智，洞察一切，如大圆镜；二、平等性智，谓如来观一切法与诸众生皆悉平等；三、妙观察智，谓如来能观智诸法，彻底了解；四、成所作智，谓如来能引诸众生入道，成就本愿所欲作之事（可见《成唯识论》）。

排云殿

排云殿在颐和园万寿山南麓，坐北朝南。它是一座明五暗十左右带暖阁、套室的22间大殿。像这样由众多间阁室构成的大殿，可以说在世界宫殿建筑中亦是罕见的。屋顶与皇宫紫禁城一样，亦覆盖着琉璃瓦，远远望去，真是一派金光闪耀。檐下是彩绘檐柱、斗拱，在蓝天、白石台基的映衬下，更加显得美丽而又庄严。

排云殿内，设有九龙宝座，座后为朱漆底嵌珐琅博古的围屏，座旁有一对木雕大"寿"字，座前宝鼎成行。殿内隔扇门等装修，亦使用万字不到头的花样，以示长寿。殿内后间分立着两个高大的珐琅人形，名曰"麻姑献寿"。殿内还陈列许多寿礼，无非是玉雕或木雕的老寿星和八仙祝寿之类等等。

颐和园全园的中心建筑排云殿，是一座专供慈禧祝寿举办庆典大礼的大殿。据说，当时每年农历十月初十，慈禧庆贺生日的这天，排云殿里钟鼓齐鸣、卤簿仪仗威严，钦天监的官员宣布吉时已到，由光绪皇帝领头的祝寿仪式按部就班地进行。

庆典的礼仪活动，大体上是这样的：慈禧端坐在排云殿内正中央的九龙宝座上，周围香烟缭绕。排云殿的前面为二宫门。当光绪皇帝登至二宫门洞时，要向端坐在排云殿内的慈禧行三跪九叩首(《日下旧闻考》载)的大礼。而朝廷里的王公大臣们，则要按辈分和官阶分别侍在排云门内金水桥的桥南桥北。三品以下的官员，则全部被安排在排云门外行礼。光绪皇帝在二宫门除了要向慈禧行三跪九叩首的大礼，还要让朝廷内阁的一大学士代其读一篇事先拟好的寿词。事毕，由总管首领太监领着皇帝登上排云殿的台阶，渐渐跨进排云殿，向端坐在九龙宝座上的慈禧递上寿词，奉上如意①。慈禧再向光绪皇帝赐如意。然后皇帝退出排云殿。紧接着皇后进排云殿，向慈禧行三跪九叩首礼。总而言之，每当为慈禧祝寿这天，排云殿真是比"神仙排云出"诗句所说的还要气派。

①如意　是喜寿吉祥物。清代，帝、后每逢"万寿"、"千秋"，群臣均奉献如意，作为最庄重的贺礼。

二　颐和园万寿山的主体建筑——佛香阁

·佛香阁·

　　佛香阁在排云殿北,万寿山南麓正中,是万寿山全山最高的建筑,也是万寿山前山建筑群中的主体建筑,并且是颐和园的标志性建筑。颐和园的建造思想,受佛教的影响。而佛香阁就是其中一个比较典型的例子。为什么呢?

　　因为"佛香阁"匾额,其"佛香",据考证,为:佛陀众香。佛为梵语"佛陀"之简称,亦称"休屠"、"浮陀",可译为觉者、智者,为如来十名号之一。香为"众香国"之简称,即为佛经中理想之国。

　　佛香阁,阁高41米,建筑在20米高的石造台基上,气势宏伟,高耸入云。阁顶与智慧海琉璃坊齐。阁形为八面三层四重檐,造型美观。而且一年四季,随着季节的变化,阴晴雨雪。无论春秋冬夏,还是清晨黄昏,从颐和园造园装景艺术角度来说,佛香阁这座精美的古建筑,都会给人们带来一种美的享受。

　　除上所述,这里再提一下:乾隆皇帝时,曾在佛香阁的基址上,建造九层舍利塔,人们俗称为延寿塔。塔前有多层宝殿。对此,《日下旧闻考·国朝苑囿》里有记载:

　　御制万寿山大报恩延寿寺碑记……青鸳大兰若,堂殿八九重。铁镍界百道,铃铎半空响。后有舍利塔,直上凌虚空。高悬金露盘,去地百余丈。中为无垢地,处处白银阶。涂壁百品香,窣地七宝饰。堂堂莲花座,宝相何庄严。

万寿山佛香阁

据说,此塔初建时仿浙江之六和塔,建造到第八层时,因有人提出京师西北隅不宜建塔,所以拆塔改建为"阁",八角三层四重檐。1860年毁于英法联军。1892年光绪时重建,内供接引佛(即阿弥陀佛)。

佛香阁的四周有廊,在这里还可以眺望湖中山影。佛香阁有匾额,其特点:都是用来歌颂封建统治者的。

·佛香阁前有"山门",后有"众香界"和"智慧海"·

佛香阁前,即南面,有"山门"。那么,佛香阁南面的"门",为何称为"山门"呢?佛教自东汉明帝永平十年(公元67年)传入中国后,因佛寺多在山间,故称,当然,北京颐和园万寿山的主体建筑——佛香阁前面,即南面的"门",亦不例外,沿袭名曰为山门。

佛香阁之北,有"众香界"和"智慧海"。佛香阁往北,有石道盘登到"众香界"。所谓"众香界",实际上是一座三间七楼的五色琉璃牌坊。

众香界这座五色琉璃牌坊之北,即琉璃牌坊的后面,是一座五开间两层的五色琉璃佛殿,名曰"智慧海",其语出自《无量寿经》"颂曰:……如来智慧海,深府无崖底。"

智慧海这座五开间两层的建筑,其佛殿,因柁檩、椽窗等,都是用大理石垒砌而成的,其石的外表,则又嵌饰五色琉璃砖,故被称作无梁殿。因殿内供无量寿佛,而且琉璃砖上满刻观音佛像,故又称作无量殿。1900年8月15日,沙俄侵略军将智慧海抢掠、破坏一空。至今人们尚能看到智慧海里嵌饰着的一排排观世音佛像,被破坏得个个脸上都已经残缺了,这就是沙俄侵略军留下的历史性的侵略伤痕。

众香界和智慧海

三　万寿山东西两侧装景点缀性建筑

·需要说在前面的话·

　　造园艺术大师们,紧密配合颐和园里的中心建筑——万寿山前山的排云殿及万寿山的主体建筑——佛香阁,非常艺术地将万寿山东西两侧,皆给装景点缀上了精美的建筑——楼阁廊亭等。

　　这里先从万寿山西侧说起。

　　万寿山西侧半山坡上,一组楼、阁、廊、亭,皆依山而建。无论是登楼、登阁观赏山湖景色,还是沿廊入室随意游览,都会使人自然而然地产生身在画中的感觉,因此被人们誉名为"画中游"。

·宝云阁、五方阁和清华轩·

　　宝云阁　　为一精美建筑,位于佛香阁西南,与大报恩延寿寺同时建造。宝云阁最突出的特征是:其建筑的梁、栋、窗、格、椽、瓦及阁内供奉的佛像,均为铜铸。因此,人们将宝云阁俗名为"铜亭",或曰"铜殿"。铜亭,通高7.5米,重207吨;通体呈蟹青冷古铜色,造型精美,工艺复杂,是世界上少有的珍品。

　　"宝云",是取晋代名僧之僧名,他是西凉州人。杭州亦有"宝云山"、"宝云庵"等,皆出自该僧名。北宋著名文学家苏轼有"宝云山前路盘纡"、"宝云楼阁闹千门"等诗句。

　　五方阁　　宝云阁后面的一高阁,其匾额为:

五方阁

　　五方阁下大石壁为诵经时悬挂佛像的地方。"五方",即指:五方色,为佛家语。佛教密教有两种说法,其中一种说法为:东方青,西方白,南方赤,北方黑,中央黄。因此,这块匾额取佛家语"五方色"之意,其意为:聚有五方色之阁。

　　清华轩　　造园艺术大师们,为了将万寿山西部半山坡上装景点缀性的重点建筑——铜亭、五方阁给衬托得更加使人们感到在"画中游",于是在五方阁、铜亭下,或曰在前哨的地方,还恰到好处,给点缀上了一座精美的建筑,名曰"清华轩"。原为大报恩延寿寺罗汉堂遗址。光绪时与排云殿同时改建。南北轩皆五楹,东西厢各三楹,前庭有八角莲池,中架石桥。关于原大报恩延寿寺罗汉堂,在研究老北京著名的专著《日下旧闻考》里有记载:

> 罗汉堂为门三,南曰华严真谛,东曰生欢喜心,西曰法界清微。堂内分甲乙十道,塑阿罗汉五百尊,东门内曰祇树园,曰狮子窟,曰须夜摩洞;转而南为阿伽桥;稍南曰阿楼那崖,曰徒多桥,桥上曰弥楼,曰摩偷地,曰砥柱,曰摩诃窝;上曰兜率陀崖,曰功德池,曰 檀林;再上曰须弥顶,曰善现城,曰金田,曰陀罗峰,曰鸡园,曰鹿苑;中为室罗筏暗殿;北曰耆阇崛,旁曰舍利塔,曰蜂台,曰毗诃罗桥;南曰露山,曰香岩;西曰信度桥;诸额皆御书。堂之东有亭,卧碣上勒御制五百罗汉记。

·转轮藏和介寿堂·

在万寿山佛香阁东侧,有与西侧精美建筑宝云阁(俗称铜亭)、五方阁相呼应的一组装景点缀性建筑——转轮藏和转轮藏下的建筑介寿堂。

不论是转轮藏,还是介寿堂,以及介寿堂的东殿、西殿,皆有楹联。

在转轮藏正楼和两翼廊亭的怀抱中,一座高9.87米的大石碑建在汉白玉须弥座上。这石碑始建于乾隆十六年(1751年),正面刻有乾隆皇帝御笔手书"万寿山昆明湖"六个大字。背面刻有乾隆皇帝的手书《万寿山昆明湖记》,记述了开挖昆明湖的目的和经过。

颐和园中的转轮藏,是仿杭州法云寺藏经阁建造的藏经楼。正楼二层三重檐,在琉璃瓦顶上立有福、禄、寿三星三个琉璃小立像。正楼两翼以两层弯廊南接两座配亭。因亭中各有一可以转动的藏经架,所以叫做转轮藏。

转轮藏东、西两亭中设有木塔,木塔八面均可贮藏经书和佛像,中有轴,地下设机关,推之即可转动。封建帝王入室祈祷,只要用手扶一下转动的木塔,就算是将塔内的经书全念了一遍,取其象征性的意思。

为了将转轮藏装景点缀得更加美丽,与西部一样,建筑艺术大师们在转轮藏下建造了一座名为介寿堂的建筑。"介寿"语出自《诗经·豳风·七月》:"以介眉寿"。

第十九章

景福阁与重阳节及谐趣园趣谈

一　景福阁与九月重阳节趣谈

赵先生问：

人们说：不仅是民间老百姓讲究过八月十五中秋节和九月九重阳节，老佛爷慈禧很喜欢颐和园万寿山东部山顶的景福阁，所以她很讲究每年八月十五中秋在景福阁赏月，每年九月九日重阳节在景福阁进行登高活动。

还有，在颐和园的东北角，有一处非常小巧玲珑，结构精致，自成格局，被人们称为是颐和园的"园中之园"的谐趣园。

游览了景福阁和谐趣园，有不少的人，并不了解景福阁和谐趣园。您能不能将景福阁和谐趣园讲讲？我很想听听您的认识和看法。

钱先生答：

颐和园内的景福阁和谐趣园，这两处造园装景，的确是很值得说一说。

·景福阁与重阳节·

九月九日重阳节是我国的传统节日，它与万寿山东部山顶的景福阁有密切关系。

"重阳"之说，出自战国时期，如屈原《楚辞·远游》："集重阳入帝宫兮，造旬始而观清都。"洪兴祖对何谓"重阳"作了比较透彻的解释："积阳为天，天有九重，故曰重阳。"东晋时，著名文学家陶渊明将"重阳"又称作"重九"。

从我国历史上来看，重阳节的习俗，早在南朝梁著名文学家吴均（469~520年）的小说《续齐谐记》里就有反映。书中言：

汝南桓景随费长房游学累年。长房谓曰："九月九日汝家中当有灾，宜急去，令家人各作绛囊盛茱萸以系臂，登高饮菊花酒，此祸可除。"景如言，齐家登山。夕还，见鸡犬牛羊一时暴死。长房闻之，曰："此可代也。"今世人九日登高饮酒，妇人带[戴]茱萸囊，盖始于此。

可见，至迟我国南朝梁（502~557年）时，就已经出现九月九重阳节"登高饮菊花酒"的习俗，并一直被流传下来。所谓"菊花酒"，古籍《西京杂记》里作了解释，即每年

景福阁

当"菊花舒时,并采茎叶,杂黍米酿之,至来年九月九日始熟、就饮焉。故谓之菊酒。"每年农历九月,秋高气爽,登高远眺,山清水秀,不仅赏心悦目,而且有益于健身,有益于延年益寿。因此,至今人们还讲究每年农历九月九重阳节进行登高活动。

　　慈禧很喜欢景福阁这个地方,讲究每年八月十五日中秋节在景福阁赏月,每年九月九日重阳节这天,在景福阁进行登高活动。

　　景福阁,其"景福"二字,出自《诗经·小雅·小明》:"神之听之,介尔景福。"意为大福也,或曰洪福,其"洪",大也。因此,景福阁意为:洪福齐天之阁。

　　景福阁,原名昙花阁。因阁基座为昙花形,故名。乾隆皇帝曾在诗中称:"佛阁名称优钵昙,清供暮霭与朝岚。普贤愿力三千遍,不及色空空处参。"光绪十八年(1892年)在昙花阁遗址建的景福阁,前后五楹。这座建筑,有装饰点缀性的匾额和楹联,以体现其文化色彩。

　　景福阁被慈禧看中了,她非常喜欢这个地方。在重阳节这天,慈禧讲究吃福(野雉)、禄(鹿肉)、寿(羊肉)、禧(鲟、鳇鱼等)。特别是每年一到盛夏伏暑季节,慈禧常在这里和后妃、宫女们押宝、推牌九,美其名为"过阴天儿"。

二 颐和园的园中之园——谐趣园

谐趣园,位于颐和园内东北角。它小巧玲珑,结构精致,自成格局,被人们称为园中之园。

谐趣园的前身,名曰惠山园;而惠山园又是与寄畅园有着密切的关系。因此,这里先从寄畅园说起。

·寄畅园·

寄畅园,在江苏无锡惠山。惠山,亦称慧山,或曰惠泉山。位于江苏无锡市西郊。惠山是江南名山之一,以泉水著名,有著名的天下第二泉,即惠山泉,亦称之为陆子泉;除此之外,还有龙眼泉等十多处泉水。用其泉水泡茶,清醇可口。惠山的东麓,有寄畅园、唐代李阳冰刻"听松"石床、宋石经幢、宋金莲桥等名胜古迹。

寄畅园,其全园大体上分为东西两大部分:东部以水廊为主,西部以假山树木为主。园东部是一个南北狭长的水池,名锦汇漪,池中还有一座九脊飞檐的方亭,名知鱼槛,游人可倚栏观赏鱼藻。

在寄畅园的高处,可眺望惠山、锡山,绿嶂巍峙,龙光塔影。造园"装景"艺术大师们,恰到好处地运用了借景手法,将自然风景收入了寄畅园。全园的设计、布局等,都显得非常巧妙,体现了山林野趣、清幽古朴的园林风貌。

清康熙、雍正、乾隆几代皇帝南巡时都游览过寄畅园,并且亦都在寄畅园里居住过。这里要特别提到的是:乾隆皇帝南巡时,第一次到寄畅园游览和居住,就看中了它,并称赞说:"清泉白石自仙境,玉竹冰梅总化工。"

乾隆皇帝因为太喜爱寄畅园,遂令随行的画师进行写生临摹,并制图携回京城,令仿建寄畅园,取"惠山"二字,命名为"惠山园"。《日下旧闻考》里,记叙了惠山园的情景:

惠山园门西向,门内池数亩,池东为载时堂,其北为墨妙轩。……园池之西为就云楼,稍南为澹碧斋。池南折而东为水乐亭,为知鱼桥。就云楼之东为寻诗径,径侧为涵光洞,迤北为霁清轩,轩后有石峡,其北即园之东北门。

乾隆皇帝还曾写《惠山园八景诗》,并且在诗序中说:"一亭一径,足谐奇趣。"由此可见,惠山园就是谐趣园的前身。

·"园中之园"谐趣园·

谐趣园,初建于乾隆十六年(1751年),名曰"惠山园"。在皇家园林颐和园内,为什么还要建造一个园中之园呢?乾隆皇帝在《惠山园八景诗序》里,作了解释:

谐趣园

江南诸名墅,惟惠山秦园最古。我皇祖赐题曰寄畅。辛未春南巡,喜其幽致,携图以归,肖其意于万寿山之东麓,名曰惠山园。一亭一径,足谐奇趣。

嘉庆十六年(1811年)经过大修后,改其名为谐趣园。

谐趣园占地十余亩,以水池为中心,百间游廊、五处轩堂、七座亭榭环绕池边,倒影入池。

其游廊曲折回环,联结临水建筑,廊两侧,一边是山石绿树或翠竹簌簌,一边却清波微澜或流水潺潺,自有不同于长廊的奇趣;那饮绿水榭,当初是慈禧垂钓之处。每年一到严冬雪后,踏冰赏景,别有一种意趣;那廊亭结合的游廊,式样显得格外别致;那廊"三步一曲,五步一折",使园中之园显得更加幽邃。

·主体建筑涵远堂·

涵远堂为谐趣园主体建筑,是供慈禧游览休息之用的。

匾额:

涵远堂

涵远堂

涵远,为恩泽遍及四海之意,其意思是歌颂封建帝王的。涵远堂的前身,是墨妙轩,原为惠山园八景之一。因当时内藏三希堂续摹石刻,故名为墨妙轩。嘉庆十六年大修完工后,将此轩改名为涵远堂。

·知鱼桥·

知鱼桥在谐趣园内,非常有名。桥有牌坊题额。因桥身比较低,便于人们观鱼。那么,为什么将这座桥命名为知鱼桥呢?这里用了"知鱼"的典故。典故出自名著《庄子·秋水篇》:

知鱼桥

庄子与惠子游于濠梁之上,庄子曰:"鲦(音tiáo条)鱼从容是鱼之乐也",惠子曰:"子非鱼安知鱼之乐?"庄子曰:"子非我,安知我不知鱼之乐?"

·谐趣园内的知春亭·

　　谐趣园,其水池四周用太湖石砌成泊岸,沿岸植柳,池中种莲。夏天,莲叶田田,荷花吐艳,清香袭人。而春天风景更为可人。因此,园内又立有知春亭,并且有"知春亭"三字匾额。

　　说起知春亭,颐和园内以"知春"命名的就有三座:一座在昆明湖的东岸,名为"知春亭";另外两座,都在"园中之园"谐趣园内。

　　"知春"这一用语,其内含,可作多种理解。其中包括:得知春天来临的讯息。然而,春天来临的讯息,亦有各种各样,并且已被古代许多文人写入了诗作里或书里。例如:观鱼戏而知春(王勃诗:"鸟飞林觉曙,鱼戏水知春");看鸭泳而知春(苏轼的《惠崇春江晚景二首》:"竹外桃花三两枝,春江水暖鸭先知");看北斗东指而知春(大诗人李白的《惜余春赋》:"天之何为令北斗而知春兮,回指于东方");杜甫的《春夜喜雨》:"好雨知时节,当春乃发生。"另外还有农业"七十二候"立春节气一候的"候应"——"鱼上冰"(俗称)。因为谐趣园为慈禧垂钓处,所以此处的"知春亭",应理解为"鱼戏水知春"(见前引唐代王勃诗)。

知春亭

【第十章】

昆明湖与其东侧及西堤的造园装景

一　颐和园十七孔桥

赵先生问：

北京的颐和园，昆明湖相当著名，其湖水，亦是属于造园装景的重要组成部分，并且一些点缀性的建筑亦非常有名。湖中不仅有三岛，而且还有十七孔桥、水上石舫等；其湖的东侧有铜牛，西侧的西堤有六桥和耕织图等；对这些点缀性的造园装景，许多人游览了，并不知道是怎么回事。那么您能不能将昆明湖中的三岛、十七孔桥、水上的石舫，以及东侧的铜牛和西堤的六桥、耕织图等，给我讲一讲。

钱先生答：

是呀！昆明湖中的三岛、十七孔桥、水上的石舫、湖东侧的铜牛、西堤的六桥、耕织图等，都有一定的讲究。下面我就分别地给您说一说。

颐和园十七孔桥　颐和园装景点缀性的观赏桥，虽然有六七座，但其中的十七孔桥最具有代表性。十七孔桥为大型拱桥，具有与一般石桥不同的美，给人以曲线优美柔和之感。不仅如此，当游人身临其境时，又会发现其拱洞倒影于水中，呈现出珠链般的圆环，使湖面景物平添无限姿色，将颐和园衬托得格外优美。

它是造园艺术大师们，在造园装景时，为配合全园景观整体布局的需要而设

颐和园十七孔桥

计的。它自东堤通向南湖岛,桥长150米。人们游园,无论是漫步堤边,还是泛舟湖上,放眼望去,十七孔桥犹如雨过天晴出现的长虹卧在昆明湖的水波上。十七孔桥被人们誉名为"昆明湖上的第一桥",在全国所有的古典园林中,恐怕亦是属于独一无二的。十七孔桥与其他桥不同的是:

它兼有苏州宝带桥和北京卢沟桥的特点,桥栏望柱上雕有神态不同的石狮544只。石狮威武凶猛,形象生动。十七孔桥桥上联额,均为乾隆皇帝所书。

十七孔桥题额是:

修蝀凌波

"修",长也。"蝀",即"蝃蝀",就是指"虹",如《尔雅·释天》解:"虹",亦作蝃蝀。十七孔桥是一座比较长的桥,其题额意思是说:十七孔桥如长虹一般凌架于昆明湖碧波之上。

十七孔桥还有一个题额是:

灵鼍偃月

鼍,又叫鼍龙,即扬子鳄,古人迷信,故称"灵鼍",视为一种神兽。"偃",意为"卧"。该题额意为:十七孔桥犹如鼍龙横卧在昆明湖上,如偃月一样美丽好看。

二　昆明湖水上石舫

古代,舫本指竹木筏,后来通指船,如三国时魏国王粲《赠蔡子笃》诗:"舫舟翩翩,以溯大江。"我国古代,人们将两船相并亦称"舫"。又如《国策·楚策一》:"舫船载卒,一舫载五十人,与三月之粮。"《索隐》:"舫,谓并两船也。"后来,在社会生活中,亦就逐渐演变成为将小船称之为"舫"了。如游舫,画舫。例如南宋词人姜夔《凄凉犯》:"追念西湖上,小舫携歌,晚花行乐。"

昆明湖水上石舫　　颐和园昆明湖上的石舫,其前身为明代时圆静寺的放生台。乾隆皇帝下谕旨营建清漪园时,拆掉了圆静寺,建起了万寿山大报恩延寿寺,将圆静寺的放生台改台为船,始更名为石舫。1755年始建的这座石船,其船体是采用巨大的石块雕造,建造成有两层舱楼。继圆静寺的放生台之意,每年一到农历四月初八"浴佛日",即"浴佛节",乾隆皇帝都要陪着他的生母孝圣皇太后到这个地方放生,表示他们信佛的虔诚。有点滑稽的是,这位孝圣皇太后也常在这里垂钓。她可曾想到过她钓上来的正是她以前放生的鱼虾?

这仅仅是昆明湖水上装饰景点石舫来历的一说。还有一说就是:清乾隆二十年(1755年)始建的这座石舫,除了用来观赏昆明湖景色外,更重要的是还用它来起一种警戒作用。乾隆皇帝曾经写过一篇《石舫记》,叙述建造石舫的原委,并援引唐代著名宰相魏徵谏唐太宗李世民所用的比喻:"水能载舟,亦能覆舟。"其意是说,船是由水浮起来航行的,但是使船翻沉覆没的也是水。《日下旧闻考·国朝苑囿》里,亦确有这方面情况的记载,例如"御制石舫记"云:

石舫,盖筑之昆明湖中,不依汀傍岸,虽无九成之规,而有一帆之概。弥近烟云之赏,迥远风浪之惊。鸥鹭新波,菰蒲密渚。涌金漪而月洁,凝玉镜而冰寒。四时之景不同,朝暮之观屡易。彼之青雀黄龙,虽资济川,亦虞穿线,则何如一肖形而浮坎止艮,义两存焉。非徒欧米之兴慕也。且田盘之浮石,奇则奇矣,而或需乎云;香山之绿云,似则似矣,而或乏乎水。若夫凛载舟之戒,莫磬石之安,虚明洞达,职思其居,意在斯乎!意在斯乎!

石舫

这里进一步指出，取"载舟之戒"才能奠就江山永固，如磐石之坚。

我们还可以这样理解，就是：乾隆皇帝要冲破宰相魏徵的名言"水能载舟，亦能覆舟"，于是就下谕旨在昆明湖上建造了一座石船，命名为"石舫"，这样水就不能覆舟，用其来象征清王朝的统治，坚如磐石般地巩固。

后来，慈禧下令第一次重修石舫时，仍然沿袭乾隆皇帝时的做法，将石舫当放生、垂钓之用。然而在第二次重修时，其变化就比较大了。乃仿翔凤火轮样式，建起西洋舱楼，增设了机轮。石舫长36米，船楼为木结构，舱内墁花砖，嵌五色玻璃，陈设为西洋桌椅。因为盛夏季节，慈禧常常要在舱楼上用早点，吃夜宵，故又将石舫改名为清晏舫。

三　颐和园西堤六桥

·西堤·

颐和园西堤，是乾隆年间修清漪园时，建筑师们经过深思熟虑之后，仿杭州西湖苏堤而建的。其结果相当成功，为什么？因为一到早春时节，这里的景观格外不一般，柳条吐绿，桃花放红，一条彩色缤纷的长堤，浮现在昆明湖中。行走在堤上，宛如漫步江南三月的西子湖畔，其佳景堪称为"西堤春晓"。再加上巧妙点缀上了"西堤六桥"，西堤被装饰打扮得更加美丽了。

·西堤六桥·

有关西堤六桥，《日下旧闻考·国朝苑囿》里记载：颐和园内，"西堤之北为柳桥，为桑苎桥，中为玉带桥，稍南为镜桥，为练桥，再南为界湖桥，桥之北为景明楼。……西堤六桥并直亘昆明湖。"

根据《日下旧闻考》的记载，下边不按西堤六桥的顺序，而是区分不同的情形，将西堤六桥做一介绍。

西堤第二桥豳风桥和第五桥练桥，有着一个共同的特点，就是皆可称作"亭桥"。当然豳风桥亦可称之为"屋桥"，但就其造型来说，它与"练桥"近似，亦很似"亭"。

在桥上建亭或桥头建亭，是我国古代桥梁建造中的一种特殊做法，并且多见

于造园，在园林中既起到了点景作用，而其本身又是富有诗意的小型精美建筑。这种亭桥建筑，在我国南方较多，北方则较少，即便是有，也是在皇家园林里出现，例如北京颐和园。

豳风桥　　是一座平面长方形的屋桥。但从它的造型来看，基本上与练桥近似，亦为亭式桥，或曰亭桥。桥西原有耕织图、水村居等景点，颇具江南水乡特色。

据《日下旧闻考·国朝苑囿》里记载：豳风桥原名桑苎桥。为什么被改名为豳风桥呢？传说其原因是"桑苎"发音近似"丧主"，而老佛爷慈禧的丈夫咸丰皇帝，名叫奕詝，"詝"与"苎"同音，尽管奕詝已驾崩多年，但还是要避这个讳，所以桑苎桥被改名为豳风桥了。取诗经《豳风·七月》篇的"豳风"之意。桥西有仿江南乡村的风景点，又照顾到原名"桑苎"的含意，亦就两全其美了。

练桥

在镜桥之南，为清漪园时的旧名。这座亭桥，为四角重檐攒尖顶，供观景与憩息之用。桥名的由来，可以说是取意于南朝齐诗人谢朓《晚登

练桥

三山还望京邑》诗："余霞散成绮，澄江静如练。"杜甫《画鹰》诗亦云："素练风霜起，苍鹰画作殊。"练，其本意为：把丝麻或布帛煮得柔软洁白；这里指水流之趋势的特点如"练"，即：昆明湖之水，南流之趋似如匹练。故将这座桥命名为练桥。

西堤北起第一座桥，名为柳桥。

柳桥　　此桥是清漪园被改为颐和园时，才被改名柳桥的。这座桥的取名，据考证，出自大诗人杜甫诗句："柳桥晴有絮"。对西堤这座柳桥，乾隆皇帝还有诗云：

> 著个轻舠①弄拍浮，
> 漾沿直到柳桥头，
> 漫漫晴落谢家雪②，
> 却似山荫访戴游③。

西堤第三座桥是玉带桥。

玉带桥　　此桥拱高而薄。其造型轮廓为一流畅挺拔的曲线(从摄影图面上看,相当明显)。其桥身、桥栏,皆选用青白石和汉白玉雕砌,洁白如玉,宛如玉带,故被命名为玉带桥。这座桥的题额、对联均为乾隆皇帝所书。

玉带桥

西堤第四座桥,名曰镜桥。

镜桥　　有人考证,认为桥名取自唐著名诗人李白《秋登宣城谢朓北楼》:"两水夹明镜,双桥落彩虹"的诗意。乾隆皇帝对这座桥作诗云:

> 匪拖虹影讵拖绅,
> 何处空间可著尘。
> 若道湖光宛是镜,
> 阿谁不是镜中人?

---

①舠　指小舟。其形如刀。

②谢家雪　为谢道韫咏雪诗的典故。

③访戴游　为晋代王徽之雪夜乘船山荫访戴逵的典故。

西堤第六桥,名为界湖桥。

界湖桥 位于西堤最南端,界于两湖之间。乾隆皇帝曾说过:

是处长堤,为内外湖分界,向多题咏,惟界湖桥从未有咏,今岁雨旸时若游此,颇饶余兴,偶一拈笔,亦以补吟咏之阙也。

四 漫话昆明湖东侧的铜牛和西堤的耕织图

颐和园昆明湖东岸,靠近十七孔桥处,有一装饰和点缀性的铜牛,它铸于乾隆二十年(1755年)。二百多年来,它在颐和园里,默默地注视着昆明湖的沧桑变化。铜牛卧在青白石雕造的海浪纹基座上。铜牛形象逼真:双角高耸、两耳竖立、目光炯炯。面对昆明湖一池波澜,注视谛听的警觉神态,惟妙惟肖,栩栩如生。在这里安放铜牛,用意究竟是什么呢?

为了回答这个问题,要从古代传说中的大禹说起。

·大禹和《金牛铭》·

大禹,传说为古代部落联盟领袖。姒姓,亦被称为夏禹、戎禹等。一说名文命。鲧之子。传说大禹原为夏后氏部落领袖,奉舜命治理洪水。他领导人民疏通江河,兴修沟渠水利,大力发展农业生产。在治水13年中,三过家门不入。传说他曾铸造九鼎。他的儿子——启,建立了中国历史上第一个奴隶制性质的国家,是夏代的开国君主。

因为大禹为人类社会做出了许多重要的贡献,后来人们为了祭祀大禹,表示对大禹的敬仰,就编造出了许多附会性的传说。其中传说大禹治水时,用铸造铁牛沉在江河湖底的办法来除掉水患。此种附会性的传说,发展演变到唐代时,开始出现讲究将铸造的铁牛放置在江河湖水的岸边,以此示意可镇住水灾。昆明湖边的铜牛,就是沿袭自古流传下来的旧例。牛背上还铸刻有《金牛铭》,叙述了铸造的用意。其铭文为:

夏禹治河，铁牛传颂。

义重安澜，后人景从。

制寓刚戊，象取厚坤。

蛟龙远避，讵数鼍鼋。

潆此昆明，潴流万顷。

金写神牛，用镇悠永。

巴邱淮水，共贯同条。

人称汉武，我慕唐尧。

瑞应之符，逮于西海。

敬兹降祥，乾隆乙亥。

铭文的内容，《颐和园楹联镌刻浅释》(1985年6月，北京日报出版社出版)一书里有这样的解释："古时夏禹王治水的时候，流传着关于铁牛的故事。这件事意义重大并能够治服洪水，因此后人都照此办理。这种制度犹如汉代人们在身上佩带避邪饰物一样，其卦象为以厚德载人的坤卦。兴风作浪的蛟龙要远离这里，何况鳄鼋之类。像昆明湖这样的大水，集聚的水面有万顷之多。用铜铸成这个神牛，用以长久地镇服洪水。无论是湖南的巴陵，还是中原的淮河，都要按此办法处理。人们往往称颂汉武帝，我独慕古代的尧帝。现在国家出现祥瑞的兆头，甚至这昆明湖也有。我对这些上天降下的瑞应表示敬意。"铭文末的"乙亥"，即乙亥年，为1755年。

那么，为什么在铜牛背上又铸刻名为"金牛"呢？因为我国古代人们将"铜"亦称之为"金"。"金"是对金属类的通称，例如"五金"，就是指金、银、铜、铁、锡而言。

·铜牛的民间传说·

关于铜牛，有一个民间传说。

在十七孔桥的东头不远处，有一座精美建筑——八方亭。不知哪一年，不知是哪个人，来到了颐和园万寿山佛香阁、智慧海的高处，往南面眺望。他边眺望边琢磨，越琢磨就越觉得南湖岛像乌龟的背；那十七孔桥与龟背相联系一起看，真像十七节长长的乌龟脖子；其桥头的那座亭子，就像乌龟的头。与脖子相联系一起来看，真像浮在昆明湖水面上的一只特大的乌龟，伸出长长的脖子，将头伸向了东岸。由此开始，人们传来传去，这说法就被传开了。

铜牛

又传说，当颐和园全部工程竣工后，慈禧曾经派她身边的亲信大太监李连英替她先行巡视一番。到了夜晚，整个颐和园灯火通明，他来到全园的中心建筑排云殿前，面对从未见过的这一美景，他得意忘形。在美景中，他看得眼花缭乱，忽然间好像看见水面上浮出一只大乌龟，居然动起来，仰起了它那十七节长长的脖子，将头高高地伸向了东岸。不仅如此，李连英还感到一时间昆明湖波涛翻滚，狂风大作，有的大树，眼看着被大风刮倒了。

见此情景，李连英一时不知如何是好，可把他吓坏了。偏偏凑巧，从颐和园东面的宫墙外，突然传来了一阵牛叫。这是怎么回事呢？原来是居住在附近的农民们晚间归来时，牵着耕牛路过颐和园宫墙外边。此时，干了一天活的耕牛又渴又饿，其中有一头牛开始叫了起来，紧接着其他牛也跟着叫。牛的叫声被浮在昆明湖水面上的大乌龟听见了。乌龟立刻被镇住了，当即就纹丝不动，狂风也停了下来。

李连英把遇到的这种奇怪现象，一五一十地奏告了慈禧。她听后笑了笑说："咱们老祖宗讲究阴阳五行——金木水火土。人们说京师有五镇。那么有哪五镇呢？东方之镇为黄木厂，其木系金丝楠木，长七丈有奇；京师南方之镇为燕墩，置在永定门外一里许；西方之镇，为著名的大钟寺大铜钟；中方之镇，为神武门外的万岁山；北方之镇，自然是昆明湖了。这样吧！李连英你快替我下一道令：让京城匠人们，赶紧铸造出一铜牛，设置在昆明湖的东岸边上，盯住十七孔桥桥头上的八方亭及十七孔桥和南湖岛，防止它们再变成大乌龟。就让铜牛卧在那里镇水吧！"于是就有了这镇水铜牛。

·耕织图·

前边说到"西堤六桥"时，曾提及幽风桥。其实在幽风桥西，原来还有耕织图。

说到铜牛，不能不提一提耕织图。清王朝自称"天朝"，这样可以把昆明湖比做"天河"，那么，东侧的铜牛和西侧的耕织图可以比喻为天河两侧的牛郎织女。这也可以作为铜牛的又一种说法。

颐和园团城岛四门中的南门题额为"幽风图画"。所谓"幽风"，为《诗经》中一章的名称《幽风·七月》。通过这门额，人们可以看到封建帝王也是比较重视农业的。为什么？这里从《幽风·七月》与古七十二候说起。

"幽"，古地名，在今陕西旬邑县和彬县之间。《幽风·七月》篇，是对今陕西旬邑和彬县一带古代生活的真实写照。这篇分为八章的诗作，概括说来，第一章写奴隶从岁寒到春耕的苦况，第二章写女奴蚕桑劳动和

耕织图

怕被奴隶主恶少侮辱的心情，第三章写替奴隶主制布帛衣料的过程，第四章写秋收后为奴隶主猎取野兽，第五章写奴隶为自己修补破屋过冬，第六章写奴隶主与奴隶生活的天壤之别，第七章写农事完毕还要替奴隶主日夜干活，第八章写寒冬为奴隶主储冰防暑和准备年终宴会，它比较生动而具体地描绘了三千多年前奴隶社会时期受奴隶主残酷剥削和压迫的奴隶们的生活，既比较真实地反映了我国西周时期的阶级矛盾。而且包含有对一年四季春夏秋冬物候性的认识，这亦是非常宝贵的，并逐渐被列入"七十二候"。

春季 《幽风·七月》篇第二章："春日载阳，有鸣仓庚。"仓庚，就是黄鹂，属于一种观赏鸟，并且被选入七十二候，作为惊蛰节气二候的候应，叫仓庚鸣。

夏季 第四章："四月秀葽，五月鸣蜩。"说的是四月苦菜生长。后来被选入

七十二候,作为小满节气一候的候应——苦菜秀;五月鸣蜩,是说一到夏季农历五月,知了鸣叫,后来,作为夏至节气二候的候应,概括为蜩始鸣。

秋季 第八章:"九月肃霜,十月涤场。"后来把节气规律性变化的这种反映,根据为"草木黄落",作为秋季霜降节气二候的候应。

冬季 第八章:"二之日凿冰冲冲,三之日纳于凌阴。"后来概括为"水泽腹坚",作为冬季最后一个大寒节气三候的候应。此季节,正是"凿冰冲冲"的大好时机。

总而言之,北京颐和园昆明湖中团城岛南门的题额"豳风图画",包含的内容是很丰富的,可概括为:农业生产的天然图画。

·昆明湖东侧的铜牛和西堤的耕织图象征着 天河两岸的"牛郎织女"·

那么,自古流传下来的神话,"七夕"牛郎会织女,究意是怎么回事呢?

民间流传的神话故事"牛郎织女"中,织女是天帝的孙女,亦称天孙。其实所谓天帝,是古星名,亦称帝星,即北极五星中最明亮的一颗小熊座β星。天帝的孙女织女星身负重任,就是年年要织造云锦。但是,自从织女嫁给河西牛郎后,就把织造云锦的任务中断了。这样,天空无云,不会降雨,影响了大地上的农业生产,王母娘娘一怒之下,大笔一挥,画了一道天河,使牛郎和织女两分离,

景明楼

一个在河东,一个在河西。后来,天帝向王母娘娘求了个情,才下令允许牛郎和织女每年阴历七月初七之夜即七夕相会一次。

七夕牛郎会织女的神话传说,始于汉朝《古诗十九首》。此后,经过多年的流传,经过人们的不断加工修改,到南宋时,牛郎会织女的神话故事,基本上演绎得比较完整了。比较典型的例子,南朝梁宗懔撰写的《荆楚岁时记》里,就记载得比较完整了:"七月七日,牵牛织女会天河。……"再例如,古籍《风俗通》里说:"织女七夕当渡河,使鹊为桥。"

古时人们所说的"天河",实际上,就是天文学上讲的银河系。日常生活中,人们只要稍加留心就会发现,每当晴朗的夜晚,肉眼就可以看到天空中有云状的光带,那就是人们俗称的天河,天文学上叫做银河系。自古始,人们习惯将银河系称为天河,如唐大诗人王建在《秋夜曲》里,就说:"天河悠悠漏水长,南楼北斗两相当。"

就织女星来说,它在天空中的位置,是在银河西,与河东的牛郎星相对。从天文学来说,这颗织女星,属于自己能发光的天体,是天空中许许多多恒星中的一颗。它的光度,据科学家们测算,要比太阳大50倍;它的表面温度,亦要比太阳高3000℃,为9000℃。古人为了丰富社会文化生活,就逐渐将二十八宿里面的两颗星牛郎和织女遍造成神话传说,即每年农历七月初七之夜牛郎过天河去会织女,并且一直被流传了下来。

但是,不论牛郎和织女的神话传说多么引人入胜,毕竟是神话,并不符合科学。唐著名诗人杜甫就有这样的诗句:"牵牛出河西,织女处其东,万古永相望,七夕谁见同?"。

五　颐和园昆明湖中的"三岛"

造园艺术大师们,不仅将皇家园林北京颐和园建造成为有山有水——万寿山和昆明湖,并装景点缀上许多精美的楼台亭阁廊等建筑,而且为了满足封建皇帝精神生活的需要,与造园装景密切结合,在昆明湖中建造了"三岛"(南湖岛、藻鉴堂岛、治镜阁岛),以此象征自古传说中的"三神山"。

《史记·秦始皇本纪》:"海中有神山,名曰蓬莱、方丈、瀛洲,仙人居之。"从现有资料看,这是最早的记载。从此以后,这"三神山"的名字就逐渐在文学作品里出现了。我国各地,有的风景区,其精美的古建筑,也有的取"蓬莱"之名,称作"蓬莱阁";有的取"瀛洲"的一个"瀛"字命名,如北京中南海"瀛台"。

其实,人们早就认识到"三神山"是不存在的,仅是传说而已。例如,唐著名诗人白居易在《长恨歌》中写道:"忽闻海上有仙山,山在虚无缥缈间。"著名诗人李白在《梦游天姥吟留别》里吟咏:"海客谈瀛洲,烟涛微茫信难求。"

"三神山"既然是不存在的,那么它又为什么能流传至今呢?其实,这无非是反映出生活中人们的一种愿望罢了。秦始皇巡幸天下名山大川时,就曾经登临过崂山望"三神山"。

颐和园的设计者,深受"三神山"传说的影响,将昆明湖分为三个主要水域,并将每一水域给点缀上一座岛屿。这三座岛屿,把虚幻的仙境展现于皇家园林,寄托着封建帝王祈求长生不老的幻想。

昆明湖中的"三岛",不论亭台楼阁,还是殿堂寺院,随着春夏秋冬四季的变化,而变幻着它们美丽的风姿。

·南湖岛·

南湖岛,其主体建筑为涵虚堂。南有露台,绕以石造雕栏。

涵虚堂在南湖岛广润灵雨祠北、云香阁建筑西北处。这座建筑清漪园时为望蟾阁,仿武昌黄鹤楼建造。这样,南有涵虚堂,北有排云殿,隔湖相望。南湖岛上,乾隆皇帝命名的云香阁和月波楼等,皆寓意南湖岛之美似月宫仙境。乾隆皇帝曾赋诗描绘南湖岛的美丽:

南湖岛

> 一径石桥通,崇台迥据中。
> 四时延座景,八面纳窗风。
> 霄映漪光碧,波含倒影红。
> 隔湖飞睎者,望此作蟾宫。

又有诗云:

> 高阁湖心号望蟾,每来小坐未曾淹。
> 何当座里披金镜,为忆阶前响玉签。
> 虚阁情知景无二,因缘时见晓余尖。
> 却欣八面珠帘卷,水色山光取次拈。

然而非常可惜的是:咸丰十年(1860年),涵虚堂毁于英法联军,光绪十六年(1890年)重建,改为一层,即今日人们所见的。

这里特别需要说一说的是:过去人们为了祈求风调雨顺,把希望寄托在龙王身上,于是讲究在水边修建龙王庙。昆明湖的龙王庙建在南湖岛上。龙王庙门额上刻着"广润灵雨祠",是乾隆皇帝的儿子嘉庆帝写的。

关于这个匾额,有一个传说,说有一年京城久旱不雨,眼看着昆明湖就要干涸了。嘉庆帝从圆明园来到了龙王庙拈香祈祷,向龙王求雨。礼毕銮驾回到圆明园,尚未坐定,就雷声隆隆,下起了瓢泼大雨,喜得嘉庆帝立即御笔书写了"广润灵雨祠"这一龙王庙的门额。

还传说宋真宗赵恒曾诏封四海龙王,封西海龙王为广润王。因昆明湖亦名"西海",或"西湖",所以就取"广润灵雨祠"作为龙王庙的门额了。

·藻鉴堂岛·

西堤西侧养水湖中的岛上,有一建筑名藻鉴堂,故称该岛为藻鉴堂岛。藻鉴堂为清漪园时的旧名,对藻鉴堂,乾隆皇帝曾赋诗多首。其中一首云:

> 湖上构疏轩,湖色窗中滟。
> 虚明涵万象,名之曰藻鉴。

谋目对有本,澄心看不厌。

掠珠燕颉颃,吹穀鱼喁唅。

秋夕月娟娟,春朝风滶滶。

于水彼曾云,于人吾方念。

另有一首诗云:

湖中之屿构以轩,廊围池水澄碧连。

每来辄为小憩延,架插缥帙三千篇。

翻阅首愧虞书论,知人惟帝已其难。

吁嗟藻鉴那易言?

·治镜阁岛·

因为岛上治镜阁,原为三层建筑,下为圆城,故将该岛俗称团城岛。

治镜阁,其"治"为"治理"之意,其"镜"为"明察"之意,二字联系一起,意为:明察政治。治镜阁位置在西堤西侧湖中,为清乾隆帝当政时建造的,其阁名亦为清漪园时的旧名。团城,有四门绕以曲池,中腹为重城。乾隆皇帝有诗咏治镜阁:

湖中峙城阁,向题曰治镜。

是盖有二义,申之以斯咏。

一曰镜古治,善政与恶政。

一曰境今治,敬胜及怠胜。

敬则其政善,民安与俗正。

怠则其政恶,君骄而臣佞。

敢不戒其怠,犹恐驰兹敬。

求治忌太速,亦足滋为病。

无逸而有为,永言励吾行。

然而极为可惜的是,此阁在1860年毁于英法联军,并且至今仍然为废墟,未被修复。

第十一章

北京与佛教的关系

一　取"大乘"和"小乘"命名的北京街巷地名

赵先生问：

佛教自东汉明帝永平年间传入中国后，经过漫长的四五百年的时间，到了隋唐时期，逐渐产生和形成具有中国特色的许多宗派，如天台、华严、唯识、禅宗、净土、密宗等。不仅如此，而且佛教思想渐渐对我国哲学、文学和民间风俗等许多方面，都产生了影响。

既然是这样，当然北京亦不例外。那么究竟都受了哪些影响，您能不能举上几个例子来说？

钱先生答：

好，下面我就举上几个例子说说。

取"大乘"命名的北京街巷、胡同，例如：

大乘胡同　　西城区：东起锦什坊街，西至阜成门南顺城街。

小乘巷　　西城区：西起南草厂街，南至大乘巷。

大乘巷　　西城区：东起赵登禹路，西至南草厂街。

那么，北京街巷地名里，为何会出现以"大乘"和"小乘"命名的胡同和街巷呢？其中一说与佛家有着密切的关系。

显然，这里需要将何谓"大乘"和"小乘"，先说个明白，然后，用不了多少话，就可以说清楚北京为什么会出现以"大乘"和"小乘"命名的街巷地名。

大乘巷

二　何谓"大乘"和"小乘"

·大乘·

大乘梵文Mahāyāna(摩诃衍那)的意译。即大乘佛教。大是对小而言。乘是指运载工具,比喻普渡众生从现实世界的此岸到达悟的彼岸之意。公元一、二世纪时,由佛教大众部的一些支派演变而成。强调一切众生皆可成佛,一切修行应以自利利他并重,是"菩萨"之道,认为自己的教法最胜,故自称"大乘"。一般来说,寺院诸殿的佛像,皆与印度大乘佛教的三大系密切相联系。大乘佛教的三大系,有中观宗、瑜伽宗和佛教与婆罗门教互相调和结合而产生的大乘密教。

大乘佛教的中观宗和瑜伽宗两系的创始人有两位。

大乘佛教的中观宗的创立者,是龙树和提婆;大乘佛教的瑜伽宗的创建者,是无著和世亲。

然而,大乘佛教中观宗和瑜伽宗两系的创始人,皆为古印度著名的佛教哲学家。

龙树　为南印度人,时间:大约公元二世纪或三世纪。龙树是大乘佛教中观宗的建立者。龙树,又译为龙胜、龙猛。后世佛教尊称龙树为龙树菩萨。他的主要著作有《中论》、《十二门论》、《回净论》、《大智度论》等。

提婆　意译圣天。一说他生于南印度婆罗门家庭,一说为师子国(今斯里兰卡)人。时间为大约三世纪。后世将提婆尊称为提婆菩萨。他善辩论,继承龙树,宣扬佛教中观宗教义。他的主要著作有《百论》(论凡二十品,前十品有汉译)、《四百论》(藏译全,后八品汉译为《广百论本》)等。

无著　出身于北天竺健驮罗国婆罗门种姓。他是世亲之兄。其兄弟二人,皆为佛教瑜伽宗的创建者。他是瑜伽宗重要典籍《瑜伽师地论》的著作者。梵本和藏译,其题皆无著,汉译题为弥勒。无著的其他重要著作,有《显扬圣教论》(有汉译),以及《摄大乘论》、《阿毗达摩集论》等,皆有汉译和藏译。

世亲　旧译为天亲。后世佛教将他尊誉为世亲菩萨。他的主要著作有《阿毗达摩俱全论》、《唯识三十论颂》等,皆有汉译和藏译。

观音佛左陪文殊,右陪普贤。一般说来,寺院的佛殿内,观音像常与释迦、药师二佛像并坐,成为三尊。而在寺院的佛殿内,常常配置有文殊和普贤二佛像。这二尊佛像,亦是属于佛教大乘菩萨。不仅如此,而且这二尊佛像,属于陪衬性的菩萨。

其他一些佛教大乘菩萨,这里就不一一列举了。

·小乘·

小乘梵文Hīna-yāna(希那衍那)的意译。即小乘佛教。公元一二世纪间,佛教中出现了宣扬"救渡一切众生"的新教派,自称"大乘",而把坚持"四谛"等原有教义重于自我解脱的教派,称为"小乘"。小乘佛教主要流传于东南亚各国,称上座部佛教。

总之,佛教自东汉明帝永平年间传入中国后,佛教思想,逐渐影响了许多方面,不仅是影响了文学艺术,比较突出典型的,如《西游记》,而且亦影响我国各地许多地方。为了表示尊崇佛教,于是就出现了有以大乘和小乘命名的街巷和胡同。

三 大佛寺及以"大佛寺"、"寺"命名的 北京街巷地名

·大佛寺·

开始,需要从河北正定的隆兴寺(亦俗称大佛寺)先说起。河北正定县的隆兴寺,创建于隋开皇六年(公元586年),原名为龙藏寺,宋初更名为龙兴寺,清康熙年间定名为隆兴寺。因为以铜铸大佛而著名,所以亦被人们俗称为大佛寺。宋开宝四年(公元971年)七月,在寺内建大悲阁(又名佛香阁、天宁阁),并铜铸大悲菩萨像于阁内。此像高22米,而且有四十二大臂,有的手托着日、月等,故俗称千手千眼观音,是我国现存铜质佛像中最高最大的一尊。这尊铜质的大佛像,像体纤细颀长,比例匀称,衣纹流畅,富有宋代造像艺术风格。但其两侧四十手臂,在清末时已被改为木质,现仅当胸的两臂为铜质。

然而北京城却亦有大佛寺一座,在东城区美术馆后街(原大佛寺大街)。这座大佛寺,坐北朝南,创建年代无考。原有建筑,从山门起,至后殿,一共三层。这里仅以山门为例:山门一间,面阔5.8米,进深3.2米,砖砌大式歇山筒瓦顶,上带吻兽及垂兽、排山沟滴,黄琉璃瓦剪边,石级一出四级。门额上有横式石匾为"敕赐护国

普法大佛寺"九个字。北京的这座大佛寺,1957年被拆除。但至今尚存有大佛寺的街巷地名。

·佛寺建筑的布局与佛殿造像的配置·

我国大江南北,全国各地许多优美的风景区,遍布着佛教寺院等精美的佛殿建筑,佛殿中配置的精致彩塑佛像,均格外引人入胜。

佛教自东汉明帝永平年间传入中国后,逐渐发展演变为寺院、石窟、佛塔,同为佛教的三大建筑。然而,我国各地的佛教寺院,尽管有许许多多,但佛教寺院建筑的布局,归纳概括说来,分为不同的两个时期而有两个建置形式:

宋时,佛教建筑,已盛行"伽蓝七堂"的制度。所谓"伽蓝",则是属于对佛教寺院的通称。"七堂",为佛殿、法堂、僧堂、库房、山门、西净、浴堂。一般来说,较大的寺院,还有讲经堂、钟鼓楼等建筑。

到明清时,佛教寺院的建筑,有了很大的发展变化,其突出的特征是:形成比较完整的一套佛寺建筑格局,即在佛寺的中轴线(亦俗称为正中路)上,最前面为山门;在山门内,其左右两侧的建筑,为钟鼓楼;中轴线上,正面的第一个佛殿,一般说来,名为天王殿,殿内塑造的佛像,名为四大天王(或曰四大金刚);天王殿的后面,居多为佛寺中的主体建筑(俗称为正殿),殿名的特点,又多数以佛教创始人释迦牟尼的称号来命名,如名为大雄宝殿、如来殿等。大雄宝殿的后面,一般为藏经楼。大雄宝殿往后至藏经

广济寺

楼,中轴线的两侧,建筑的布置,一般有僧房、禅堂、斋堂、方丈等。

明清以前,寺院比较讲究佛塔建筑,并在寺院中央建塔。而明清以后,基本上寺塔分家了,寺院内,一般就不讲究有佛塔的建筑。

我国比较早就出现了宫殿建筑,供帝王享乐。特别是自秦王朝开始,宫殿建筑,亦就越来越讲究。而比较突出典型的,如秦阿房宫、汉未央宫、建章宫、长乐宫等,都是像小城一样的建筑,宫内有前殿寝室及其他殿宇台池等,所以,亦被称作宫城。到明永乐年间,北京修建成的紫禁城,就更为突出典型和最具有代表性。

自佛教东汉明帝永平年间传入中国后,使佛教寺院的佛殿建筑,亦深受宫殿建筑的影响。尤其是到隋唐以后,佛教寺院的建筑逐渐发生了很大的变化,比较突出的特征是:佛教寺院的建筑,无论是建筑的布局,还是在殿层的结构等方面,皆逐渐形成与精美的宫殿建筑基本上没有什么较明显的区别了。

佛寺中的主体建筑,即俗称的主殿,一般皆名为大雄宝殿,或者称作如来殿等。此殿,使人观赏了,有一非常明显的感觉:不仅是高大,而且建筑亦格外讲究,斗拱交错,画栋雕梁,金碧辉煌,外观庄严雄伟。

佛寺中这座主体建筑,可以说,几乎所有的寺院都有大雄宝殿(或者称如来殿),因这里是供奉"大雄"的地方。所谓"大雄",是佛教始祖释迦牟尼的名号之一。塑造佛像的艺术大师们,将释迦牟尼塑造得不仅是比别的佛像高大,而且将他的形象塑造得与别的佛像明显不一样,其特征是:他双目正视,严肃祥和,作讲经状。

佛寺中的主体建筑——大雄宝殿(或者称如来殿)内的佛像配置,其特征是:殿中央,供奉的是佛教创始人——释迦牟尼。而释迦牟尼佛像的两侧,配置的佛像,通常一边是阿弥陀佛,另一边则是药师佛,三者合称为三世佛。

佛寺中的主体建筑,比较突出典型的,如辽代巨刹——山西大同华严寺,寺内的大雄宝殿建于辽清宁八年(公元1062年),总面积为1500多平方米,气势雄伟,结构坚固,是我国现存规模最大的大雄宝殿之一;再例如,杭州的灵隐寺,寺内的大雄宝殿,高达33.6米,是我国现存的单层重檐的著名的古建筑之一。

佛寺中的主体建筑(俗称正殿)——大雄宝殿内,中央供奉的佛教创始人——释迦牟尼,相传:他幼时,曾受婆罗门教传统教育,29岁出家,中经六年苦行,35岁创立佛教,此后,他一直在印度恒河流域一带进行传教活动,并收了许多门徒。在他80岁死去之后,他的弟子们,将他一生的说教进行精心整理,奉为经典,并加以神化,从而成为与基督教和伊斯兰教并立的世界三大宗教之一。

释迦牟尼,是北天竺迦毗罗卫国(今尼泊尔境内)净饭王的儿子。本名悉达多·

乔答摩,释迦牟尼是佛教徒对他的尊称,意即释迦族的圣人。

佛寺大雄宝殿内供奉的三世佛,其阿弥陀佛,为梵语的略称,意为无量寿。传说,他是西方极乐世界的教主,佛经上说只要专念阿弥陀佛的名字,死后就会往生净土(去极乐世界),享安养之福。无怪乎信徒们开口便是阿弥陀佛了。

佛寺大雄宝殿内供奉的三世佛,其药师佛,传说,他是东方琉璃世界(极乐世界)之一的教主,并将他传说成是"能解除众生的病苦"等。

一般说来,佛寺内佛殿中,除了供奉三世佛而外,还有一些专司护法之神,他手执降魔杵,神态庄严,大有神圣不可侵犯的样子。

然而,佛寺佛殿中供奉一些佛像,其中有一佛像比较突出,并且亦是非常有趣的。而这一佛像,就是俗称的大肚弥勒佛。关于大肚弥勒佛,在《北京的佛像》一章中有详细的介绍。

总之,佛教寺院的佛殿里,还供奉有别的不少佛像,这里就不一一列举了。

我们的首都北京,与全国各地许多优美的城市一样,因深受佛教思想文化的影响,不仅是逐渐修建了许多佛寺建筑,而且亦随之相应不断地出现了许多以佛寺命名的街巷地名。

·以"大佛寺"、"寺"命名的北京街巷地名·

大佛寺街 原有一座大佛寺,在今东城区美术馆后街。这座大佛寺创建年代无考。1957年,和尚开始集中,大佛寺被拆除。现仅存大佛寺街一地名了。

隆福寺街

原有一座隆福寺,在今隆福寺街路北,建于明景泰三年(1452年)。明清两代曾屡次修

隆福寺

缮。1949，隆福寺被拆掉，改建成为东四人民市场。后又在原址上修建成了一座经营百货的隆福大厦。

护国寺东巷东起棉花胡同，南至护国寺街。

护国寺西巷北起百花深处（东起护国寺东巷，西至新街口南大街），南至护国寺街。

法华寺

　　双寺胡同　　原在旧鼓楼北街，双寺胡同内有一座双寺，为明成化元年（1465年）神宫监太监刘嘉林舍宅建寺，为大应法王下院。寺成赐额为广济寺，故址得名为双寺胡同。

　　法华寺街　　法华寺在崇文区法华寺街，始建年代不详。现仅存山门、三大殿和部分配房。今法华寺街，东起南岗子街，西至天坛东路。

　　报国寺前街

　　报国寺，在宣武区广安门内大街路北。该寺创建于辽，明初塌毁。成化二年（1466年），因周太后之弟吉祥在此出家，重修旧寺，改名为慈仁寺，但俗称仍为报国寺。现已公布为北

报国寺

京市文物保护单位。今报国寺前街,北起报国寺西夹道,南至广安门大街。

　　天宁寺前街　　天宁寺,在广安门外滨河路,创建于北魏孝文帝时,当时叫做光林寺,隋仁寿时,称宏业寺,唐开元时,改称为天王寺。到了辽代,在寺后增添了一座舍利塔,至今尚存有天宁寺塔。天宁寺前街,东起广安门外北街,西至手帕口北街,北至天宁寺西里一巷。除此,今日北京尚有天宁寺西里一巷、天宁寺西里二巷。

　　以佛寺命名的北京街巷地名还有一些,在此就不一一列举了。

四　北京的四大金刚、哼哈二将和布袋和尚趣谈

·四大金刚和哼哈二将·

　　佛教思想自东汉传入中国后,对于中国的哲学、文学、艺术和民间风俗都有一定的影响。仅就艺术方面的情况来说,我国古代塑像大师们就创造性地将印度神话传说中的四天王与中国精美的佛教建筑紧密配合,常常将它们安置于寺院山门的左右两侧。

　　印度古神话传说中所谓四天王,其"四天"指的就是东、西、南、北四方,并且说每一方均有一神掌管，被尊称为"王"。四天王,亦俗称为四天神,或四大天王。按照我国古时的习惯,又俗称为四大金刚。

　　北京雍和宫里,在雍和门东西两侧间内,至今尚有保存完好的四

四大金刚

大天王的塑像。西侧间内靠北边白脸、手持琵琶的叫做持国天王,是掌管东方的;东侧间内靠北边红脸、手持水蛇的名曰为广目天王,是掌管西方的;西侧间南边绿

哼哈二将

脸、手持宝剑的呼为增长天王，是掌管南方的；东侧间靠南边黄脸、右手持伞、左手持银鼠的称为多闻天王，是掌管北方的。四天神是专门守护佛法的神，因此，一般在天王殿和许多寺院山门两侧，常常可以见到。

此外，在北京颐和园排云殿的山门外，也给安置了两尊名曰为守护佛法的二天神，即俗称的哼哈二将，左称密执金刚，右称那罗延金刚。塑像特点，同全国其他寺院里安置的哼哈二将一样，裸出上身，缠衣裳于腰部，怒目作威猛之相，给人的印象极为深刻。但非常可惜的是，在十年浩劫期间，二神塑像被毁掉。所谓"佛法"，"佛"指的是释迦牟尼，"法"指的是道理，合在一起，就是指释迦牟尼所讲的道理。颐和园中的哼哈二将，也是表示守护佛教创始人释迦牟尼所传讲的道理。

总之，不论是四大金刚还是哼哈二将，均显示出我国古代塑像大师们的聪明才智和可贵的创造性。至于说哼哈二将，其"哼哈"，是指闭口、张口的一种形象，显然哼哈二将的俗称，也是来源于我国民间。

·定慧寺与布袋和尚趣谈·

定慧寺，是1990年北京市政府正式公布的第4批文物保护单位之一。这座古老的寺院，始建于明宣德年间（1426~1435年），初名善法，后改云惠，康熙四十一年（1702年）赐名为定慧寺。据《北京名胜古迹辞典》里载：定慧寺的"门额及天王殿额皆康熙皇帝御书"。这座古老的定慧寺，在今日北京城外的海淀区四季青乡罗道庄村。

那么三世佛与布袋和尚有何关系呢？佛寺中的主体建筑，即正殿为大雄宝殿，或名曰如来殿等。在大雄宝殿内，佛像配置的突出特征，则是殿中央，供奉的是佛

教创始人——释迦牟尼；而释迦牟尼佛像的两侧，配置塑造的佛像，通常一边是阿弥陀佛，另一边则是药师佛，三者合称为三世佛。

在佛寺的佛殿里，供奉的佛像中，其中有一佛像，使人们观赏了无不感到有趣，这一佛像，就是俗称的大肚弥勒佛。

所谓弥勒佛，亦是佛教里的一著名人物。

布袋和尚像

据佛经上讲,释迦牟尼在世时,弥勒侍旁听法,是佛教创始人释迦牟尼的继承人和未来的佛。

但是,佛教传入中国后,结合中国寺庙中的精神生活的需要,使弥勒佛逐渐演变成为具有中国特色的另一番来历。据传说,盛唐时期(佛教亦相当盛行),明州奉化(今浙江奉化),有一个名为布袋和尚的人,他常常背一布袋入市,见物即乞,出语无定,随处寝卧,形似疯癫,他做了一首偈(佛教唱词)说:"弥勒真弥勒,分身千百亿。时时示时人,时人不自识。"并且他自称是"弥勒化身"。日子一久,人们就渐渐以为他就是佛教始祖释迦牟尼在世时侍旁听法的弥勒佛。因此,就逐渐演变成为我国寺庙常见的中国式的袒胸露腹的大肚弥勒佛。这一佛像的特征极为突出:他满脸堆笑,天真乐观,无忧无虑。在佛门中,他是个乐天派,他与满腹心思的祖师爷迥然不同。

不仅如此,人们根据精神生活上的需要,逐渐形成一种非常有趣的说法,说谁能摸一下大肚弥勒佛的大肚皮,就能消灾除病和保平安。这虽然是一种无稽之谈,但人们观赏了大肚弥勒佛的那副样子,确实常常会被逗得发笑,会使你忘了一些不必要的烦恼。

始建于明宣德年间的定慧寺,其佛寺的建筑布局,以及佛殿内配置塑造的佛像,与全国各地许多佛寺一样,不仅有三世佛和布袋和尚等,而且亦还明显反映出明代建筑的风格和形式。对此,在《北京名胜古迹辞典》里,有这样的记载:

"寺(即指"定慧寺")呈四合院式布局,……寺分山门殿、天王殿、钟鼓楼、前殿、东西配殿、大殿(主殿)、东跨院前后殿,共计近40间殿房。大殿面阔三间,前出月台后出厦,甚为雄伟,仍保留了明代的建筑形式。"特别是"1984年5月在大殿(主殿)后出土明代铜质布袋僧(俗称"布袋和尚")两尊,造型优美,铸造工艺精湛,为明佛像的珍品。"

五　北京的佛像

·佛像漫谈·

佛教中供奉的最主要的为三世佛,前边已经说过,这里就不重复了。

一般说来,佛寺内佛殿中,除了供奉三世佛而外,还有一些专司护法之神,如韦驮,他手执降魔杵,神态庄严,大有神圣不可侵犯的样子。韦驮,梵文Skanda(塞建陀)音译的讹略,为佛教守护神之一,亦称韦天将军。佛教传说,他为四天王之一的南方增长天王的八将之一,而居四天王32将之首。

在佛寺的佛殿内,常见的还有观音、文殊、普贤等菩萨像。

观音　为佛教大乘菩萨之一。梵文Avalokitêsvara(阿缚卢枳低湿伐逻)的意译。原译作观世音,因唐人避讳"世"字,故略称观音,玄奘译《心经》时,改译观自在。佛经说此菩萨为广化众生,示现种种形象,名为"普门示现"。《法华经普门品》说有三十三身;《楞严经》说有三十二应(即应化身),一般塑像和图像多作女相。在佛寺殿内,通常与大势至同为阿弥陀佛左右胁侍,合称为西方三圣。

据佛家人讲:观世音是菩萨中的红人。我国各地都供有她的偶像。

文殊　梵文Mañjusrī(文殊师利或曼殊室利)音译的略称,意译妙吉祥、妙德等。佛教大乘菩萨之一,以智慧知名。在佛寺殿内,他和普贤并称,作为释迦的胁侍,侍左方。其塑像多骑狮子。

普贤　梵文Samantabhadre(三曼多跋捺啰)的意译,也译作遍吉。普贤与文殊一样,亦为佛教大乘菩萨之一,以"行愿"著称。在佛寺殿内,他和文殊并称,作

为释迦的胁侍,侍右方。其塑像多骑白象。

佛寺佛殿中有一佛像,俗称"大肚弥勒佛",是佛教里的著名人物,据佛经上讲,释迦牟尼在世时,弥勒侍旁听法,是佛教创始人释迦的继承人和未来的佛。隋唐以来,农民因不堪统治者的残酷剥削,曾多次以"弥勒降生"为号召,积集力量,举行起义。

关于弥勒佛的详细内容,参见本书"定慧寺与布袋和尚趣谈"一节。

佛教自东汉明帝永平年间传入中国后,我国各地的佛寺中都存有大量的佛像,有的是金佛像,但极为少见;有的是铜和铁制的佛像;大多数则是泥塑木雕,只是在外表涂彩贴金而已。

我国现存最大的铜质佛像有两尊,一尊在河北正定县的兴隆寺,一尊在北京香山卧佛寺。

·北京的佛像列举·

北京最早的一尊石佛像　今北京海淀区北部,有一个小山村叫做车耳营,当地人又称车儿营。它被满山遍野的果木园围绕着,环境优美。谁也没想到在京郊这样偏僻之处还会有一座上尖下方的花岗岩的殿。殿里有北魏孝文帝(元宏)太和二十三年(499年)造的一尊石佛像。人们习惯将这尊佛像尊誉为北京"佛祖"[①]"魏太和石佛像",简称为石佛像。赤脚站在约0.6米高的莲花石座(亦称须弥座或基座)上的石佛像,身高为1.65米,丰满慈祥的面孔,略带淡淡的微笑,两耳垂肩,右手平举胸前,左手下垂过膝,身斜披袈裟,衣褶分明,线条流畅。

这尊石佛像,有美丽的数圈光环,显示神佛的一种非凡的智慧。在光环之间,有击鼓吹箫的伎乐"天人"各12尊,下半部有7尊,有坐有舞有演乐。其神态各异,栩栩如生,呼之欲出。这些石雕围绕在石佛周围,似众星捧月。在石佛背后的大小不一的124尊小佛上注明了建造人及年代。这124尊小佛像,皆雕在一块高2.2米、宽1.3米、厚0.1米的椭圆形花岗岩上。这尊雕刻精美的"魏太和石佛像",现在已被列为北京市级文物保护单位。

北京香山卧佛寺的铜质大佛　是元代铜铸的大卧佛,据《元史》载:用铜约50万斤左右,前后所用工役约有一万人,花费了一年多的时间,才将佛像铸成。这

---

①北京"佛祖"　由于这尊佛像造的年代比较久远,故被称为北京"佛祖"。据当地人相传:这尊石佛像,已经有1500多岁的高龄了。

尊铜质卧佛，身长为5米多，其姿势为侧身睡卧状，双腿直伸并拢，右臂弯曲托着头部，左臂平放腿上。其特征是：脚踏东土，头枕西天。全身各部位匀称，体态自如，表情安详，双目闭合。

北京的"四大金刚"、"哼哈二将"和"布袋和尚"　（此题本书已另设篇章专门介绍，在此不再赘述。）

北京雍和宫"万福阁"的木质佛像　我国现存最大的木质佛像亦有两尊，一尊在河北承德避暑山庄普宁寺大乘阁中，一尊在北京雍和宫万福阁。在万福阁内，用整段名贵的檀香木雕制成的弥勒菩萨佛像，高10余米。这尊木雕佛像虽然没有河北承德避暑山庄的木质佛像高大，但因为它采用了稀有珍贵的檀香木料，所以，亦就成为我国现存的十分名贵的木雕佛像之一了。这尊用檀香木雕制的佛像，装饰甚为讲究，佛像的身上还嵌有各种珍奇的宝石，五彩斑斓。

雍和宫佛像

雍和宫法轮殿内的一尊黄教祖师——宗喀巴的铜像　宗喀巴为西藏喇嘛教格鲁派（黄教）创始人。本名罗桑扎巴。青海湟中人。藏族称湟中为"宗喀"，故被尊称为"宗喀巴"。其父为元末官达鲁花赤①。宗喀巴幼年出家，长入藏，遍学喇嘛教各派显密教法，以噶丹派教义为立

①达鲁花赤　官名，蒙古语。镇压者、制裁者、盖印者之意，转而有监督官、总辖官之意。元时汉人不能任正官，多数行政机关及各路府州县均设置达鲁花赤，主要由蒙古人充任，亦常参用色目人，以掌印办事，把握实权。

说之本。他的著作,有《菩提道次第广论》、《密宗道次第广论》等。他针对喇嘛教当时的腐败情况进行改革,提倡僧人严守戒律,规定学经次第,严密寺院组织。因此,帕竹统治集团明封阐化王扎巴坚参等人于永乐七年(1409年)资助他于拉萨创办并主持大祈愿会(即传召大会),并为他兴建甘丹寺,从而形成了格鲁派。这一派后来在西藏逐渐成为执政教派,并在藏蒙等地区广泛流传。

宗喀巴的铜像6米多高,佛像左肩的荷花托着一部经书,右肩的荷花中插着一把宝剑,称之为智慧剑,以此象征着神佛的智慧和力量。

那么,黄教祖师——宗喀巴的铜像铸造于何时,为什么要安置在雍和宫的法轮殿内?

宗喀巴的铜像,由雍和宫喇嘛白普仁向清王朝的王公大臣募集资金,于民国十一年(1922年)开始铸造,两年后铸成,耗资银洋20万元。

开始,铸造成的宗喀巴铜像不理想,于是又请铸造铜匠的艺术大师们进行加工整容,方使铜像显得庄严、慈祥。由于筹集的资金不足,无力进行安装,于是将宗喀巴铜像置于一院内。

据雍和宫附近的老人们说,在民国十八年(1929年)前,法轮殿内供奉的是一尊身披哈达的藏式佛教始祖——释迦牟尼的佛像。雍和宫导观的资料载:身披哈达的藏式释迦牟尼像"系乾隆十年奉特旨于此。御制赞词均在此尊背后,有铜牌可考",因系纯金所铸成,故其佛像之体较小。这样,殿大佛小,就只好扩大佛像下边的莲台基(亦称莲台须弥基座),其莲台下边再加上一座大法坛。尽管如此仍然很不相称。民国十八年(1929年),已经下野的军阀头目孙传芳出资,才将宗喀巴铜像安装在雍和宫的法轮殿内,将原有的一尊较小的身披哈达的藏式释迦牟尼佛像撤了下来。在民国十八年五月间,雍和宫还举行了一次隆重的"宗喀巴开光大典"盛会,由100多名喇嘛诵经49天。

北京西山八大处大悲寺的十八罗汉 西山八大处大悲寺的十八罗汉,塑造于元代成宗(孛儿只斤铁穆耳)大德二年(1298年),是当时著名的雕塑家刘元之的杰作。

说起罗汉像,追溯起来,原为十六罗汉,而不是十八罗汉。据佛教(或曰佛家)传说,佛教始祖——释迦牟尼在世的时候,古印度有16个强盗,他们烧杀抢掠,无恶不作,没有人敢管教他们。而佛教始祖释迦牟尼出面,亲自给他们讲经说法,劝说他们弃恶从善,归顺佛门。后来,16个强盗便成了释迦牟尼的弟子,被封为十六罗汉。按照佛家的说法,他们已经成佛——不生不死永留在人间。

释迦牟尼16个成佛的弟子是：宾度罗跋啰惰阇、迦诺迦伐蹉、迦诺迦跋厘惰阇、苏频陀、诺距罗、跋陀罗、迦哩迦、伐阇罗弗多罗、戍博迦、半托迦、罗睺罗、那伽犀那、因揭陀、伐那婆斯、阿氏多、注荼半托迦。

那么，十六罗汉为什么会成为十八罗汉呢？

这纯属中国人的创造。据说，自佛教传入中国后，佛家也深受九之天数的影响。因此，佛殿造像的艺术大师们，将受崇的九之天数，亦运用到佛像上，将十六罗汉增加了两个，成为二九之倍数——十八罗汉了。

那么，增加了哪两位罗汉呢？

他们是宾头卢与庆友，或迦叶与军徒钵叹，或达摩多罗和布袋和尚等。据《雍和宫掌故及传说》一书载，早在"唐朝末年，张玄和贯休①两和尚始画十八罗汉，宋苏东坡还分别题写了赞诗。有的画家画完十六罗汉以后，添画了《法住记》的作者斯里兰卡的高僧庆友和《十六罗汉因果见颂》的作者摩拿罗多"。由此开始，将十六罗汉增添了两位，成为十八罗汉了。

总而言之，北京地区的佛寺佛殿还有相当多的各种各样的佛像，这里就不一一列举了。▨

---

①贯休 五代前蜀画家、诗人，又为一名僧人。本姓姜，字德隐，婺州兰溪（今属浙江）人。他天复间入蜀（今四川），蜀主王建称之为"禅月大师"。以诗著名，部分作品能反映当时社会现实。又善画，其工画，学阎立本，笔力圆劲。所作水墨罗汉及释迦弟子诸像，都是粗眉大眼，丰颊高鼻，称为"梵相"。存世《十六罗汉图》，相传是他的作品。又善书，尤其善草书，时人比之怀素。有《禅月集》。

第十一章

北京的古庙

赵先生问：

说起庙来，秦以前，已经出现了祭祀性的庙，尤其是秦代以后，我国各地皆出现了不少各种各样的庙。

北京和全国许多地方一样，庙亦是挺多的，有各种各样的庙。能不能请您将北京比较典型的庙，或曰比较有代表性的庙，如北京独有的一座皇家祭祖用的太庙，还有北京的文庙——孔庙，武庙——关帝庙，北京的灶君庙，北京著名的药王庙等，给我一一地讲讲好吗？

钱先生答：

北京比较典型的这些庙，的确值得说一说。还是先从庙和祠的演变说起。

一　庙和祠的演变

不论是庙，还是祠，都是因古代人们精神生活的需要而产生，并逐渐发展演变而来的。秦以前，帝王、诸侯或大夫、士祭祀祖宗的处所，名曰宗庙。北宋著名的经学家邢昺对宗庙作了比较透彻的解释："立庙者即《礼记·祭法》：'天子至士，皆有宗庙'……旧解云：'宗，尊也；庙，貌也。言祭宗庙，见先祖之尊貌也。'"

到了秦代，秦始皇对"宗庙"作了统一规定：除"真龙天子"（皇帝）而外，其他人一律不允许营建宗庙。天子以下，诸侯或大夫、士，可以建祠于墓地，作为祭祀祖宗的处所。对此，北宋著名的史学家司马光在《文潞公家庙碑》里，作了这样的记载：

先王之制，自天子至于官师皆有(宗)庙……(秦)尊君卑臣，于是天子之外，无敢营宗庙者。汉世公卿贵人多建祠于墓所。

随着社会不断向前发展和统治者的需要，在全国各地渐渐产生了许多寺庙和祠堂。例如，佛教自东汉明帝永平十年(67年)传入中国后，影响越来越深，使中国渐渐出现了许多祭佛的寺庙。此外，还有不少祭"神"的庙，如孔庙、关帝庙、药王庙、龙王庙等等。

而"祠"与"庙"一样，也有它发展演变的过程。"祠"除了有祭祖的宗祠、神祠而外，还有先贤祠。它们是用来祭祀思想家、学者，或者英雄人物的，如武侯祠、文天祥祠、于谦祠和顾处士祠等。

二　北京独有的一座皇家祭祖用的太庙

同西方古代社会不同，中国古代社会没有明显的自然神和人格神的崇拜，而是以祖先崇拜为其主要特征，这也是中国宗法社会的必然需要。在宗法社会里，人们是以血缘关系为纽带联系的，这必然要求对同一祖先的认同。因此，祭祖活动在中国古代社会生活中，是一件人们十分重视的大事情。并且祭祖活动兴盛与否，被人们视为国家兴衰的一种标志。不仅如此，而且在古代典籍上，将亡祭视为国败家亡的同义语。

在我国历史上，自秦始皇灭六国统一天下后，不仅统一了法律、度量衡、货币和文字等，而且对祭祖的宗庙，亦作了新的规定：除皇帝祭祖的场所外，社会上其他人祭祖的地方，一律不允许称作宗庙。历代封建统治者在营建都城时，都将营建皇家祭祖用的宗庙(或曰太庙)，作为一件大事情。

中国目前保存最好、建筑艺术水平最高的皇家古庙，要首推明永乐年间在北京建成的太庙。

明永乐皇帝朱棣即位后，决定将国都定在北京，于永乐四年(1406年)开始大规模修建北京城。首先修建宫城——紫禁城。同时根据"左祖右社"的传统，决定在承天门(今称天安门)的东侧，为帝王修建一座祭祀祖先的宗庙，并取名为太庙("太"，取其至高无上之意)。

·太庙·

明永乐年间修建成的太庙(1949年后辟为劳动人民文化宫)，建筑雄伟壮观，平面呈南北方向的长方形，占地面积为139650平方米，整体布局非常匀称。太庙一共有三道围墙，最外面一道长475米，宽294米，里面便是太庙的第一层院落，院内种满了成行的古柏，东面南端，还有一些假山凉亭等。第二道围墙长272米，宽208米，院墙以内，正面就是7座单孔石桥，各桥两侧都有汉白玉石护栏，在其东西墙的南端，各有黄琉璃瓦悬山顶房屋5间，东边是神库，西边是神厨，是调制配备祭品的地方。石桥以北是戟门，戟门东西两侧各有旁门一座，戟门就是第三道围墙的正门，太庙的主要建筑为前、中、后三殿，都坐落在戟门以内的院落中。

太庙

　　太庙中的三大殿,金碧辉煌,十分雄伟壮观,其中前殿的建筑最为精美。它建筑在周围有三重汉白玉须弥座式的台基上,殿的规模为面阔11间,进深4间,重檐庑殿顶。殿的周围,设置雕石护栏。大殿的建筑用材十分讲究,其主要梁柱外包均为名贵的沉香木,其余的木构件也都是金丝楠木制成,殿内天花板及明柱,皆贴赤金花不施彩画。这座前殿,是皇帝的主要祭祀场所,每到年末岁尾大祭的时候,将太庙供奉的帝后神主木牌移到这座殿里,举行祫祭①。前殿两旁各有配殿15间。东配殿是供奉功臣神位的地方。东南面有黄琉璃瓦砖砌的燎炉一座,西南有小燎炉一座,是行祭礼时焚烧祭品用的。

　　北京独有的皇家太庙,是北京保存最完整的明代古建筑之一。后来虽然经历了多次整修或者扩建,但其建筑形制和木石结构,大体上保持着明永乐十八年(1420年)落成时的原状。

　　其实,说起古庙来,我国各地,皆有许许多多各种各样的古庙,但其中以"文庙"和"武庙"最具有代表性。

---

　　①祫祭　所谓"祫",为古时天子诸侯宗庙祭礼之一。集合远近祖先的神主于太庙大合祭。

·文庙·

从中国历史上来说,唐玄宗开元二十七年(739年)封孔子为文宣王,故称孔庙为文宣王庙,明以后称为文庙,对武庙(关岳庙)而言。

·武庙·

同文庙相对。明清时称奉祀关羽的庙为武庙。赵翼《陔馀丛考》卷三十五里记载:"万历二十二年,因道士张通元之请,进爵为帝,庙曰英烈……继又崇为武庙,与孔庙并祀。"民国时称合祀关羽、岳飞的庙为武庙。

北京与全国各地方一样,亦有"文庙"和"武庙",并且在全国来说,亦是最具有代表性。

三 北京的文庙——孔庙

孔子是我国春秋末期著名的政治家、思想家、教育家。在孔子故里山东曲阜,有规模宏大的孔庙。北京的孔庙坐落在北京东城区安定门内成贤街,是元、明、清三代(1271~1911年)六百多年间进行祭祀孔子的地方,这座祭祀孔子的古庙于元成宗(孛儿只斤铁穆耳)大德六年(1302年)创建,明成祖(朱棣)永乐九年(1411年)重建,武宗(朱厚照)正德、世宗(朱厚熜)嘉靖、神宗(朱翊钧)万历年间,曾分别修缮大殿,添崇圣祠,并将殿顶换成青色琉璃瓦。清代末年,德宗(爱新觉罗·载湉)光绪三十年(1904年)升孔子为大祀,将正殿(大成殿)扩建。正门名"先师门",虽历经重修,但其斗拱形式,仍然保存了元代的风格。

·封建帝王为孔子加封谥号①戴桂冠和御笔书额·

据史籍载:中国历史上封建帝王争相为孔子加封谥号戴桂冠,自西汉平帝(刘

———————————

①谥号 封建时代的产物。即在封建社会时期,人死后,按其生前的事迹,给予评定的称号。例如,帝王(皇帝)之谥,由礼官议上;臣下之谥,由朝廷赐予。对此,《逸周书·谥法解》作了比较透彻的解释:"谥者,行之迹也;号者,功之表也。"

孔庙

衍)元始元年(公元元年)开始,到清世祖(爱新觉罗·福临)顺治十四年(1657年)止,在一千六百多年的时间里,一共有11位封建帝王为孔子加封谥号戴桂冠。

例如,唐玄宗(李隆基)开元二十七年(739年)追谥孔子为"文宣王";北宋真宗(赵恒)大中祥符五年(1012年),改谥为"至圣文宣王";到了明世宗(朱厚熜)嘉靖九年(1530年),情况有了变化,帝王不仅为孔子加封谥号,而且在孔庙立牌位,开始题"至圣先师孔子神位"。

到了清代,帝王给孔子加封的谥号又有了变化,即将前帝王加封孔子的谥号修改成为综合性的谥号。例如,清世祖(爱新觉罗·福临)顺治二年(1645年),将孔子的谥号定名为"大成至圣①文宣先师孔子";清顺治十四年(1657年),将孔子的谥号改称得简略一些,叫做"至圣先师孔子"。

从清圣祖(爱新觉罗·玄烨)康熙年间起,一直到清朝末年爱新觉罗·溥仪宣统时止,在三百六十多年的时间里,帝王对于祭祀孔子极为重视,并形成封建朝廷必须要进行的一种庆典。每一个皇帝登基继位后,一般都要临幸②国子监讲学一次,然后书额一方,恭悬于孔庙大成殿中。

自康熙至宣统,在三百六十多年的时间里,9位皇帝的御笔书额,依次为:

①至圣 语出自《史记·孔子世家》"自天子王侯,中国言六艺者,折中于夫子,可谓至圣矣!"

②临幸 古时人们称帝王车驾所为为"幸",因此渐渐就形成将皇帝亲临,称为"临幸"。例如《新五代史·王峻传》载:"峻于枢密院起厅事,极其华侈,邀太祖临幸。"

康熙——万世师表

雍正——生民未有

乾隆——与天地参

嘉庆——圣集大成

道光——圣协时中

咸丰——德齐帱载

同治——圣神天纵

光绪——斯化在兹

宣统——中和位育

这9位皇帝为孔子御笔的书额，至今仍悬于孔庙大成殿。

然而，细心的游览者会发现，孔庙中的御笔书额是十方，多出一方，这是因为民国年间，黎元洪任大总统时，亦为孔子书额一方，名曰"道洽大同"。他下令将孔庙大成殿悬挂的清代帝王御笔书额九方全部撤下来，移交历史博物馆保存，将"道洽大同"悬在大成殿的正中央。

1984年，北京成贤街孔庙大成殿对外开放，人们看到的康熙皇帝的御笔书额"万世师表"悬挂的位置亦有变化，它被移至大成殿外前檐高悬，其他御笔书额位置依旧。为什么要将康熙皇帝御笔书额"万世师表"，高悬于大成殿的外檐下呢？笔者理解，做这样的更动，是非常有道理的，因为清代9位帝王为孔子御笔书额，以康熙御笔书额为高。颂扬孔子为万世师表，更符合孔子思想源远流长的实际。

四　北京的武庙——关帝庙

说起北京的古庙，不仅有皇家祭祖用的太庙和祭祀性的孔庙，而且还有被统治者封为神的关帝庙。据说明清两代，北京有关帝庙百处以上。

关羽是我国历史上三国时期著名的蜀汉大将。他神威勇武，气贯山河，是一位享誉古今的英雄人物。他以"誓扶汉室"为旗帜，"义不负心，忠不顾死"，"披肝沥胆"，效忠刘备，最终为刘备而"断首捐躯"。关羽不仅在民间影响广远，而且明、清的统治者曾多次封他为"大帝"，到处为他立庙，享受着与孔子同样隆重的祭礼。我国历史上，元代以前祭祀关羽的庙称"关王庙"，如建于金泰和八年(1208年)，现存山西定襄县的关王庙等;元代以后则称"关帝庙",如明洪武二十二年(1389年)建于福建省东山县的祭祀关羽的庙,始称"关帝庙"。

·白马关帝庙·

位于地安门西大街。这座祭祀关羽的古庙,传说因明英宗(朱祁镇)梦见关帝乘白马而名曰"白马关帝庙"。始建于明太祖(朱元璋)洪武年间,初名为"汉寿亭侯庙"。明宪宗(朱见深)成化十三年(1477年)、清世宗(爱新觉罗·胤禛)雍正五年(1727年)两次重修。

明熹宗(朱由校)"天启四年(1624年)七月,礼部覆题得旨,祭始称帝[1]。(《帝京景物略·关帝庙》)清世宗(爱新觉罗·福临)顺治九年(1652年)敕封为"忠义神武关圣大帝"。清高宗(爱新觉罗·弘历)乾隆三十三年(1768年)加封为"忠义神武灵佑关圣大帝",并将其门殿覆盖品级最高的黄琉璃瓦。

在这座白马关帝庙内原立有多碑:

明宪宗(朱见深)成化十六年(1480年)立"汉寿亭侯庙碑";

明世宗(朱厚熜)嘉靖十七年(1538年)立"关王庙碑";嘉靖三十八年(1559年)立"关王庙义会碑";嘉靖四十五年(1566年)又立"关王庙义会碑";

明神宗(朱翊钧)万历二十七年(1599年)立"汉寿亭侯庙碑":

清世祖(爱新觉罗·胤禛)雍正十一年(1733年)立"关帝庙后殿崇祀三代碑";

清高宗(爱新觉罗·弘历)乾隆三十四年(1769年)立"关帝庙碑"。

以上这些碑,已不存。

由上可见,发展到明清两代,封建帝王特别重视和讲究祭祀关羽。

·正阳门关帝庙·

正阳门关帝庙在老北京一百多座大小关帝庙中,最为突出,用《帝京景物略》[2]里的语言来说,叫做:"而独著正阳门庙者……万国朝者退必谒……祀典:岁五月十三日,祭汉前将军关某……凡国有大灾,祭告之。"

---

[1] 祭始称帝 指祭祀时将关羽始称为"关帝"。

[2] 《帝京景物略》 (明)刘侗、于奕正著,北京古籍出版社1980年版。

正阳门关帝庙地位之重要,从以下几方面可见:

一、明清两代时,皇帝每出入正阳门,必停銮驾,祭祀关帝,以求关帝显圣,国泰民安。特别是每年农历正月初一,朝廷派出官员到此大办官祭,其影响较大。

二、正阳门瓮城内,除西侧的关帝庙外,东侧还建有观音庙,显示这座京城的南大门由观音菩萨和关帝共同守护。

三、老北京人相传,京城瓮城内的两座庙,其建筑虽然不大,但朝廷极为重视,庙中所祀之物,为明代紫禁城靖宫旧物,特别突出的有清仁宗(爱新觉罗·颙琰)嘉庆十五年(1810年)所铸造的青龙偃月刀,重120斤左右。

四、因正阳门关帝庙祀物中有青龙偃月刀,京城内城和外城,经营五金和生活日用品的一些杂货店铺,时常派人前来祭祀关帝神保佑生意兴隆。例如,在《都门竹枝词》里,就有这样的描写:"灵鉴第一推关庙,更去前门洞里求。"

北京除了有"文庙"和"武庙"外,还有其他各种各样的"庙",如:北京的灶君庙。

五　北京的灶君庙

今日北京崇文门外花市大街的灶君庙,据《北京名胜古迹辞典》里记载:

始建于明代,清康熙年间重建,原每年八月初一至初三有庙市。现在庙内的建筑多经改建,成为东花市小学的校舍。仅存原庙门外的一对铁狮子。这对铁狮子一雄一雌,均高约0.9米,长1.06米,原先分列庙门两侧,雄狮居左,雌狮在右,呈半蹲踞状,雄狮右前爪下踩一绣球,雌狮左前爪踏一小狮,二狮相向对顾,风姿雄健。

北京的灶君庙与全国各地的灶君庙一样,尽管没有像太庙、孔庙、关帝庙、药王庙那样发展兴盛起来,但就祭祀灶神的活动来看,内容还是丰富有趣的。

"灶",以前被称作爨(音窜)。将"爨"称之为"灶",始于春秋时代,到战国七雄(秦、韩、赵、魏、楚、燕、齐)时代,生活中,就已经出现将"灶"尊誉为"灶君"。

例如《战国策·赵策三》中载:"缓涂祯谓卫君曰:'昔日……臣梦见灶君。'"

人类社会,在发明创造熟食之前,"民茹草饮水,采树之实,食蠃〔蚊〕蟀之肉,多疾病毒伤之害。"(《白虎通·号》)随着火的发现,人们将火渐渐使用于生产和生活中。生产上,出现了刀耕火种;生活上产生了熟食。这样,不仅使生产向前推进了一大步,而且因熟食使人们减少疾病毒伤,对于人类寿命的延长,做出了划时代性的重大贡献。因此,在社会生活中,逐渐出现了祭祀发明创造熟食的"圣人","以报先饮之功"。祀灶活动渐渐被列为"五祀"之一了。

六 北京著名的药王庙

·药王庙·

何谓"药王"呢?据相传,指的是神农。为什么?因传说神农尝百草,首创国药。但是,有的亦指扁鹊。药王指扁鹊这一说,在清初钱塘(今浙江杭州)人高士奇的《西巡目录》里是这样指出的:"[郑州]城外药王庙专祀扁鹊。"

从全国来说,许多地方还有药王庙,但是相比较,可以说还是北京的药王庙最具有代表性了。所以,下面接着将北京的药王庙说说。

其实,自古始,我国各地皆有祭祀性的药王庙,不仅郑州有药王庙专祭祀扁鹊,而且老北京城,亦有祭祀性药王庙,并且东西南北皆有。尤其是因明清两代京城药王庙很多,所以将位于外城著名的天坛之北的药王庙称为"南药王庙"。下面简单介绍一下。

这座南药王庙始建于明天启(熹宗朱由校皇帝当政)年间,是以祭祀药王为主的寺庙,山门门额有镌刻的醒目大字"敕封药王庙"。南药王庙在今北京崇文区东晓市。其主要建筑分为东西两大部分,东部庙房多已被拆除掉了;西部山门以内的主要三层大殿及配殿,至今尚

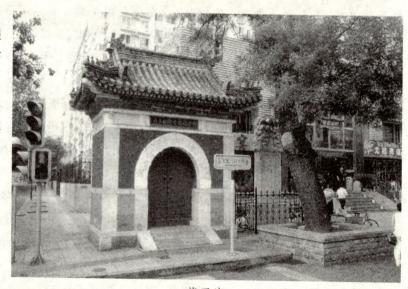

药王庙

保存完整。1984年将这座药王庙正式列为崇文区的文物保护单位。

药王庙门前原有两尊大铁狮;进了山门内,两侧东西存一对大旗杆,每年腊月开始,旗杆上便挂起大红灯笼,一直到正月底,以示迎接和喜庆一年一度的新春佳节。旗杆之后,东西两侧有报时用的钟楼和鼓楼。

药王庙共有三层大殿。第一层大殿为药王殿,西阁三间,东西两侧配殿各三间。

正殿——药王殿,在这座正殿中供奉的是:伏羲、神农、黄帝塑像,其左下方供奉的是孙思邈,右下方供奉的是韦慈藏。大殿之内两侧,分别供奉的是我国不同历史时期的十大名医,即三皇时的岐伯、雷公,秦代的扁鹊,汉代的淳于意、张仲景,三国时的华佗,晋代的王叔和、皇甫谧、葛洪,唐代的李景和。

自古至今,人们常说,我们是炎黄的子孙。当然,在我们祖先黄帝之前,则还有传说的神农、伏羲等。

那么,为什么将伏羲、神农、黄帝与不同历史时期的十大名医一样安置在药王庙里,一块儿进行祭祀呢?其主要原因是:伏羲、神农、黄帝与不同历史时期的十大名医一样,在医治疾病方面,皆做出了不可磨灭的贡献。

显然,下面有必要将伏羲、神农、黄帝分别作个介绍。

·伏羲、神农、黄帝·

伏羲氏　　亦作宓羲、庖牺、伏戏,亦称为牺皇、皇羲。为中国神话中人类的始祖。传说人类由他和女娲氏兄妹相婚而产生。又传他教民结网,从事渔猎、畜牧,传说八卦也出于他的制作。一说伏羲即太皞,称太皞也好,称伏羲也好,总之他在医治疾病方面做出了贡献,所以将他安置在药王庙里进行祭祀。

神农　　指神农氏,据古史中相传,他是农业和医药的发明者。

那么,何谓"神农"呢?

神农不仅是农业的发明者,而且也是中草药(医药)的首创者。因在长期采集野生植物的活动中,经过尝百草,不断积累实践经验,发现了不少植物经水烹后,能医治各种疾病。对这方面的情形,唐著名的孙思邈在《千金食治》[①]一书里说:"昔神农氏偏尝百药,以辨五苦六辛之味。"其意思是说,古代神农氏尝遍百种草药,辨别治疗五脏疾病的苦药和治疗六腑疾病的草药味。

----

①《千金食治》　(唐)孙思邈撰。

其实，神农说的"五苦六辛"意思包括：其"五"，是指心、肝、脾、肺、肾五脏；其"六，"是指胆、胃、大肠、小肠、膀胱三焦六腑。按照中医科学的认识和解释，认为五脏宜用苦剂，六腑则宜用辛剂。因五脏为里，属阴；六腑为表，属阳；故苦味涌泄，属阴；辛味发散，为阳。所以神农曰为"五苦六辛"。

黄帝　古史相传为我国中原各族的共同祖先，姬姓，号轩辕氏、有熊氏。中国自远古时，已经有了许多发明创造，如文字、医疗、蚕桑等，都是始于黄帝时期。例如，在医学方面，孙思邈在《千金食治》里作了这样的记载："黄帝欲创九针，以治三阴三阳之疾，得岐伯而砭艾之法精。"意思是，黄帝想创制九种用途的针具，来医治三阴三阳的疾病，有了大臣岐伯、针砭和灸治的医术，才能够得到充实完善。

其实黄帝想创制的所谓"九针"，是指古代形状及用途不相同的九种针具。在《灵枢经·官年》里作了这样的记载："九针之宜，各有所为，长短大小，各有所施也，不得其用，病弗能够。"

所谓"黄帝欲创九针，以治三阴三阳之疾"，其三阴病是指：太阴病、少阴病、厥明病。这三阴三阳之疾，总的称之为"六经病"，是属中医诊断、治疗疾病的方法之一。

那么，在正殿——药王庙里供奉的伏羲、神农、黄帝的两侧，即左次孙思邈和右次韦慈藏的基本情形，又是怎样的呢？

·伏羲、神农、黄帝的两侧配祀的
为左次孙思邈，右次韦慈藏·

孙思邈　唐著名的大医学家。京兆华原(今陕西耀县)人。他行医治病的原因，与魏晋间的医学家皇甫谧一样，有一定的偶然性，即与皇甫谧有相似之处，少时因病学医，经过刻苦努力学习，逐渐对医学有较深的研究，尤其是他归纳总结了唐以前的临床经验和医学理论。在此基础上，他留心收集方药，以及针灸等有关的医学和医疗内容，经过多年的精心和艰苦的劳动，终于编纂出《千金要方》、《千金翼方》等，在医学上做出了较大的贡献。

韦慈藏　即韦讯，号慈藏。唐代京兆(今陕西西安)人，为道士，精于医术，与当时名医张文仲、李虔纵齐名。武后时(684-690年)任侍御医。中宗(李显)景尤年间(707-709年)任光禄卿。玄宗继位亦重韦慈藏的医术，而被擢官不受。晚年归乡里，为乡里所推崇，并被后世尊为药王(见《旧唐书·张文仲传》、《新唐书·甄权传》、《药王考·与郑州药王庙》)。

总而言之,中国历史上的十大名医,各有千秋,流传故事很多,以下有选择地介绍几位。

　　岐伯　　古时候,有"二圣二贤"之说。二圣指神农、黄帝,二贤指伊尹、岐伯。伊尹,商朝人,名伊,尹是官名。相传他创立了中医汤液药剂。岐伯,相传为黄帝时期的大臣,精于医术,常与黄帝论述医道。古籍《千金食治》里记载:"岐伯而砭艾之法精。""砭",指砭石或石箴,古代用作为石针来刺激病人的皮肤和某些穴位,达到治疗效果。"艾",指用艾绒作成艾柱、艾条,点燃后进行灸治。

　　扁鹊　　战国时期著名的医学家。秦姓,名越人,渤海郡郑(今河北任丘)人。学医于长桑君。有丰富的医疗实践经验,反对巫术治疗。遍游各地行医,擅长各科,如妇科、五官科、儿科等,无所不通。后因诊治秦武王病,被秦太医妒忌杀害。

　　淳于意　　汉初医学家,曾任太仓令,故被人们尊称为"仓公"。他在医学上的贡献,主要是辨证审脉,治病多验。据《史记·扁鹊仓公列传》里记载,仓公从公孙光学医,并从公乘阳庆学黄帝、扁鹊脉书。不仅如此,《史记》里还记载了他的25例医案,称为"诊籍"。这些医案,如实地记录了他诊治疾病的成败经验,是我国现存最早的病史记录。

　　张仲景　　汉末著名的医学家。名机,南阳郡(今河南南阳市)人。学医于同郡张伯祖。为治疗伤寒病,他钻研了《内经》、《难经》、《胎胪药录》等古代著名的医书,并广泛收集有效方剂。著作有《伤寒卒(杂)病论》。他的这部医学著作,被辗转流散,经后人多次收集整理,逐渐形成我国中医学上著名的两本书,即《伤寒论》和《金匮要略》,内容主要分论外感热病与内科杂病。对我国医学的发展有重大贡献。

　　华佗　　汉末医学家。沛国谯(今安徽亳州)人。精内、外、妇、儿、针灸各科。医术甚精,尤其是擅长外科。他施针用药,简而有效。在医术上很有独创,如对"肠胃积聚"等病创用麻沸散,给患者麻醉后施行腹部手术,这在我国医学史上有重要地位。

　　王叔和　　魏晋间医学家。名熙,高平人。曾任太医令。在医学上精益求精,并且格外重视诊脉,收辑前代诊脉文献,经过努力学习钻研,密切结合自己行医实践中的体会,编著成一部医书《脉经》十卷,成为我国医学上现存最早的脉学专著。

　　不仅如此,王叔和还做了不少医学加工整理的工作。如他辑集散佚的张仲景《伤寒卒(杂)病论》,进行加工整理,使这一宝贵的医学文献得以保存了下来。

第十二章

北京的古塔

一 辽代天宁寺塔

赵先生问：

人们说：从我国全国来看，许多风景区，都有一个共同的特征，就是寺庙林立，而其中的古塔，数量则更可观。据统计，全国各地现存古塔约有3000座以上，它们以挺拔壮美的英姿，装点着中国大地。

北京地区亦不例外，亦有许多古塔。您能不能将北京地区的许多古塔，拣几个给我说一说呢？

钱先生答：

好，我就选几个给您说说。

·天宁寺塔，为密檐式塔·

天宁寺塔

塔是属于我国古代"佛塔"的简称，俗称"宝塔"。佛塔起源于印度。

北京现存的天宁寺塔为辽代密檐式塔，是我国密檐式塔中少见的珍迹之一。此塔在宣武区广安门外滨河路。

天宁寺创建于北魏孝文帝（元宏）时期(471~499年)，当时名为光林寺，隋文帝(杨坚)仁寿年间，称宏业寺，唐玄宗(李隆基)开元时，将宏业寺改称为天王寺。到了辽代，在寺庙后院添建了一座舍利塔，即今日北京现存的密檐式古塔——天宁寺塔。天宁寺，金代时曾名为大万安寺，到了元末，毁于兵火，荡然无存。明代第三位皇帝——成祖（朱

棣)当政期间,重修庙宇,到明代第五位皇帝——宣宗(朱瞻基)宣德年间,改称今名天宁寺。

古代精美的建筑群,讲究中轴线,而天宁寺塔就坐落在寺院后面的中轴线上。这座辽代(916~1125年)八角形13层密檐实心砖塔,总高为57.8米,造型稳重挺拔,雄伟壮观。

从天宁寺塔的整体结构来看,主要分为三大部分:塔基、塔身、塔顶。

塔基　天宁寺塔是在一个方形台基上修建一个须弥座,上置斗拱勾栏的平座和三层仰莲瓣,并以此承托13层的塔身。

塔身　为八角形,在塔身四面有半圆形的券门,门两边雕有金刚力士、菩萨、云龙等。雕法精美,栩栩如生。13层塔檐,每层檐下均施仿木结构的砖制斗拱。

塔顶　为砖制两层八角,仰莲座上承宝珠为塔刹。据《北京名胜古迹辞典》记载:"1976年7月28日地震将塔刹震落。"

据《京城古迹考》[①]载:天宁寺塔塔檐上,原悬挂"有铃2928枚,合计10492斤。"到清代乾隆初,则渐次零落。

总之,今日北京保存下来的古塔——天宁寺塔,已历经千年沧桑,虽然明代经过大修,但仍保持辽塔基本建筑风格,在全国来说,具有代表性。

良乡塔

二　辽代良乡塔

·良乡塔,为楼阁式塔·

这座砖塔,位于京郊房山区良乡城东北燎石岗上。据《良乡县志》记载:"多宝佛塔

---

①《京城古迹考》　(清)励宗万著,北京古籍出版社1981年版。

在燎石岗之东。相传建于隋朝。五级玲珑，高十五丈，四面有门，阶级环上。"但是，《良乡县志》的这一记载，史书又无始建年代可以考证，实际上这座砖塔，为辽代遗物。

塔的特征　平面呈八角形，高36米，为五级楼阁式灰色砖塔，挺拔高耸，造型优美，外观完全仿木结构形制，古朴苍劲，是北京地区惟一的一座楼阁式砖塔。

塔身　共5层，塔身外面每层之间有一尺高的塔檐，檐下施隐作斗拱，比例和谐，雕刻精致。塔的外形，底层较大，而上面则逐渐缩小，收分的建制法亦较明显。塔身内为空心结构，架梯可以出入，并有楼梯旋转而上，直至塔顶。登塔可以北望京城，南眺涿州，周围的山川秀色尽收眼底。相传当年在宋辽交战时，此塔曾发挥过瞭望报警的作用。

塔身的第一层，其尺寸高于其他几层。正东南西北四面辟有券门，其余四面为方形的直棂窗。特别是塔身的底座很高，束腰部分雕刻有花卉、兽头等精美图案，内容丰富，手法细腻。从艺术角度来说，对于研究辽代艺术，具有一定的参考价值。

三　元代妙应寺白塔

·妙应寺白塔，为覆钵式塔·

北京现存的妙应寺白塔(俗称白塔)，位于今日北京西城区阜成门内大街路北。据《北京名胜古迹辞典》载：

远在1000多年前，这一带(指今"白塔"一带)是辽南京城的北郊。辽道宗寿昌二年(1096年)，这里曾建过一座供奉佛舍利的塔，塔身内藏有释迦佛舍利戒珠20粒、香泥小塔2000对、无垢净光等陀罗尼经5部。这座塔后毁于兵火，其形制已不可考，到了元代，这一带成为当时新建的元大都城内西部。元世祖忽必烈正式定国号为元后，于至元八年(1271年)敕令在辽塔的遗址上建造这座白塔。

妙应寺白塔，通高为50.9米，主要是由塔座、塔身、相轮、华盖和塔刹组成。整个

塔为砖构实心,其突出的特征是"外部粉刷白色(故被人们俗称为'白塔'),以折角方形、圆形、圆锥体等组成形式优美和谐、造型稳重雄浑的巨瓶形制,统一中又富于变化",是我国现存年代最早、规模最大的一座藏式喇嘛教覆钵形式佛塔。

塔座　　高9米,面积为810平方米,分上中下3层:其下层为方形护墙;中、上层为折角须弥座,平面呈"亚"字形,四角向内递收二折,上层设有铁灯龛。整个塔座上,以富有装饰特色的过渡性结构——一周华丽的浮雕覆莲座及承托塔身的五道环带金刚圈,将塔从方形折角基座平稳、自然地过渡到圆形塔身。

塔身　　直径为18.4米的巨型覆钵,上面加扣7道铁箍,使塔身十分坚固。塔身之上,是一层折角式的须弥座,用以连接塔身和相轮。

相轮　　其顶端承托着华盖(又名"天盘"),直径为9.7米,厚木为底,上包铜质筒瓦及铜板,四周悬挂着36片铜质透雕佛、梵文字的"华鬘"流苏和36个风铃。

塔刹　　华盖上,即白塔的最上部分——塔刹,俗称"塔顶"。塔刹是一座高5米、重4吨的鎏金铜质小塔,亦有覆钵和相轮,在高大洁白的塔身上金光闪烁,醒目壮观。

北京现存的这座古塔——妙应寺白塔,是由元代初到中国入仕的著名尼泊尔工艺家阿尼哥主持

妙应寺白塔

建造的,至元十六年(1279年)竣工后,即迎释迦佛舍利藏于塔中。同年,忽必烈又令以塔为中心修建大圣寿万安寺(俗名白塔寺)。寺于至元二十五年(1288年)建成。从此,这里成为元代皇室宗教活动中心。元末,该寺毁于雷火。明天顺元年(1457年)宛平郭福清修之,改称为妙应寺。

  阿尼哥 其故乡在尼泊尔的帕坦。据《元史》载:阿尼哥"擅长画塑及铸金像",他于元中统元年(1260年)应元帝国师八思巴之聘,带领80名工匠来到中国。元世祖忽必烈授予他工匠总管的官职。他入仕元朝40年,参加了当时京城很多庙宇的建造工程。今日北京现存的妙应寺白塔可以说融合了中尼两国的建筑风格,是中尼两国工艺家和劳动者智慧的艺术结晶。

四 明代真觉寺金刚宝座塔

·真觉寺塔,为金刚宝座式塔·

  北京现存的真觉寺金刚宝座塔,在海淀区西直门外白石桥迤东的长河北岸。这座古塔的特征是:在一个高台上建有五座小型石塔。因此,人们习惯将真觉寺俗称为五塔寺。

  五塔寺创建于明永乐朱棣皇上当政期间,清乾隆二十六年(1761年)曾大修过,当时

真觉寺金刚宝塔

因避雍正帝胤禛之讳,故被改名为大正觉寺。但这座寺已于清末被毁,仅存这座明代宪宗(朱见深)成化九年(1473年)建成的塔。

这座金刚宝座式塔,是按印度佛陀迦耶大塔的形制建造,在宝座上以中心四岔(或曰四隅)的布局方式建造五座密檐式小石塔。塔内部用砖砌成,外表全部用青白石包砌。

台基　　亦称塔座,是一层平面略呈长方形的须弥座式的石台基。台基的外表,刻有梵文和佛像、法器等纹饰。

座身　　台基上面,就是金刚宝座的座身,其特征是:分为五层,每一层的建制和装饰都相同,即每层均有挑出的石制短檐,檐头刻出筒瓦、勾头、滴水及椽子,短檐之下四周设佛龛,龛内浮雕坐佛一尊,佛龛之间雕花瓶石柱相隔,柱头砖雕斗拱以承短檐。

座身亦称宝座。金刚宝座塔的宝座,南北两面各辟券门一座,以通塔室。拱门券面刻有金翅鸟、孔雀、狮、象、飞羊等图案,南面券门上嵌有"敕建金刚宝座大明成化九年十一月初二日造"石匾额。

塔室　　塔室东西两侧,各有石阶梯44级,盘旋而上,可通达到宝座顶部罩亭内。

罩亭　　为琉璃砖仿木结构,亭之南北两侧,各开券门通向台面。台面四周护以石栏,真觉寺金刚宝座塔的五塔就建筑在此台面(宝座)之上。

五塔　　中央一塔略长,高约8米,有檐13层;四隅(或曰四岔)小塔高约7米,有檐11层。中央塔座南面的正中,刻佛足一双,象征佛迹遍天下,旁边衬刻莲花、八宝等佛教花纹。其整个装饰,突出了佛教宗派密宗的主题。

那么,明代为什么会建造这座金刚宝座式的五塔呢?相传:明代初年,有一位印度高僧来到北京,向永乐帝朱棣进贡5尊金佛和金刚宝座塔的模型。朱棣皇上在武英殿召见了他,并封他为大国师,赐给他金印,并为他营建了这座真觉寺。此后明代宪宗(朱见深)成化九年(1473年),按照印度高僧带来的模型,修建了这座金刚宝座塔。传说印度高僧带来的5尊金佛,亦就珍藏在这座金刚宝座式塔中。

总之,这种在高台上(塔基,或曰宝座)修建有五塔的金刚宝座式佛塔,国内现存的除此之外,还有北京西黄寺的清净化城塔、碧云寺金刚宝座塔、云南妙甚寺兰若塔及内蒙古呼和浩特市慈灯寺金刚座舍利宝塔等为数不多的几座了。时间最早、造型最精美的,还是北京真觉寺的金刚宝座式五塔。

五　北京著名的银山塔林

·北京地区的塔林·

一般说来,属于纪念性质的塔,多修建在大寺院的附近,即人们旅游时常见的"塔林",实际上就是和尚墓塔。如河南登封县嵩山五乳峰下的塔林,共有220座,高度均在15米左右,造型别致,种类繁多,是我国最大的塔林。

其实,北京地区亦有著名的塔林。

佛教自东汉明帝永平年间传入中国后,佛家便与山结下了不解之缘。并且,凡是修寺筑庙的地方,都是山清水秀,苍松翠柏,四季常青,因此人们说:"天下名山僧占多"。事实的确如此。我国著名的四大佛山均为风景非常优美的地方。

北京地区著名的银山,又被人们誉为"铁壁银山",位于昌平区下庄乡海子村西南,离县城约30公里。

·"铁壁银山"得名的由来·

银山从山脚到峰顶,大都由黑色花岗岩组成,层叠而上,直插云天,远观如同铁山壁立,冬日雪后,层积冰雪,阳光一照,白色如银,似戴银帽,故人称"铁壁银山"。

·银山亦被佛家看中·

据《北京名胜古迹辞典》载:"银山不仅以山林

银山塔林

泉涧幽美著称”，而且“旧曰为‘燕京八景’之首”。特别是“经明清时期的朝廷重臣、文人墨客、游人信徒常来此地，景物也随之增辟，如：茶亭、濛泉、大虎石、花果山、水帘洞、天清桥、朝阳洞、白银洞及三峰拥翠、东山晚照、寒泉浸月等。此地山峰奇峭，古树参天，群塔林立，古建宏伟，景物繁多，实为京师一绝妙胜地。”

早在唐初年间，北京的银山，就建造有佛严寺，有佛殿僧舍70余间，是当时北京(幽州)最大的寺院之一，同时，亦是名僧宣扬佛教的道场。传说，佛严寺，是唐名将尉迟恭督子监修的。

·邓隐峰与铁壁银山“转腰塔”·

邓隐峰是唐宪宗(李纯)元和年间(806~820年)的一著名僧人。他曾来北京铁壁银山讲经说法。据说，他当年讲经说法的地方，名为说法台。而他圆寂后，众僧为了表示敬仰、纪念他，在铁壁银山上为他修建了一座塔，称为转腰塔，至今尚存。

不仅如此，因为邓隐峰德高望重，追随而来的僧人越聚越多，使北京的银山名震天下，与南方镇江的金山寺齐名，此后逐渐出现了“南金北银”之说。

·辽代，北京铁壁银山出现了附属性的寺院·

辽代铁壁银山佛教盛行，佛严寺进行了扩建。据传：辽代时，在佛严寺的基础上，扩建了72座寺庙、72眼井、72盘碾子、72盘磨。主寺为大延圣寺，其他较为著名的寺庙有老爷庙、铁壁寺、松棚庵、清净庵等，并增建了僧尼舍。同时兴寿村的崇寿寺、桃林村的法林寺、秦城村的龙泉寺都为银山的附属寺院，史称“下庙”。

·金代，北京铁壁银山出现了塔林·

据金大定年间(1161~1189年)的碑文记载：铁壁银山常住僧人达500多人。不仅如此，当时北方最享有盛名的高僧佛觉、晦堂、懿行、虚静、圆通5位禅师，都先后到此讲经说法。因5位禅师学识渊博，又符合封建王朝统治的需要，所以皆被封为国师，受到人们的敬仰。从全国各地来北京铁壁银山拜他们为师的与日俱增。

来铁壁银山的高僧、和尚等圆寂后，就在铁壁银山修造灵塔，火化入葬。墓塔，最高者数丈，最小者径尺。经过数百年的积累，整个银山脚下，山岭沟涧之间，墓塔林立错落,数不胜数。因此,在银山附近的百姓中逐渐出现了"银山宝塔数不清"的说法。

但是,今日北京昌平区的银山塔林,绝大多数都已不复存在,只残存下辽金时期5座大塔,以及元、明时期的十几座小塔。

懿行塔 为银山现存的5座大塔中最精美的一座古塔。懿行为当时北方最享有盛名的5位禅师之一,与另外4位禅师一样,他圆寂后,僧侣们在铁壁银山建造懿行塔,并将其在此埋葬,以示纪念。

塔座 高为1.7米,每边长2.2米,基座周围嵌着青砖雕刻的花纹,每面4个,转角配卷云雕刻,束腰部分青砖叠砌。承托上盘,盘周围雕刻精美的缠枝花纹。托盘上层雕刻莲花承托塔身。

塔身 为八角形砖砌仿木结构,高约17米。塔身八面皆设仿木砖雕门窗,门券上各雕飞天。八隅为砖雕圆柱,顶端为阑额普柏枋,每面旋施单抄四铺作斗拱一朵以承塔檐。檐13层,上用筒瓦、勾头滴水,各角置垂脊、垂兽和小兽,每层均以叠涩手法向外展砌5层以代檐椽,檐角系以铜铎(又称铜铃)。塔檐向上逐层收减,形成丰满有力的卷刹。塔顶为宝月承珠塔刹。

银山塔林现存的5座塔,其细部雕刻虽有不同,但大体上是相同的。5座大塔中,仅虚静禅师塔有纪年塔铭,为金代卫绍王(完颜永济)大安元年(1209年)九月二十三日功毕。

从研究角度来看,银山现存的5座古塔,对于研究我国北方地区佛教发展史和佛塔建筑艺术,具有一定的参考价值。

北京地区现存的古塔,不但数量多,而且种类比较齐全。有些古塔,在全国来说,不仅是少有的,而且具有一定的代表性。北京现存的古塔,除以上所述外,还有许多,例如云居寺塔、下寺石塔、燃灯塔、灵光寺佛牙舍利塔、镇岗塔、圆正法师塔、万松行秀禅师塔、无碍禅师塔、姚广孝墓塔、永安万寿塔,等等。

·说说塔的来历、种类及功能·

塔的来历 中国各地的古塔,尽管有的叫舍利塔,有的叫"宝塔"等,但追溯起来,它们皆起源于印度。为什么呢?因为塔是埋葬佛教始祖释迦牟尼身骨的坟冢,最初是一个半圆的形状。

随着佛教的发展和兴盛，塔逐渐发展演变成为印度的一种佛教建筑艺术，并且讲究用来专门收藏经卷和舍利。所谓"舍利"，是指佛骨、佛发、佛牙等。

从历史上看，佛教自东汉明帝(刘庄)永平十年(公元67年)传入中国，经三国两晋到南北朝500年间，佛经的翻译与研究日渐完善和深入，到了隋唐遂产生天台、华严、唯识、禅宗、净土、密宗等具有中国特色的许多宗派。佛教思想对于我国哲学、文学、艺术和民间风俗都有一定影响。

我国佛寺中的主体建筑(俗称正殿)——大雄宝殿(或曰如来殿等)内，一般说来，供奉的是佛教创始人释迦牟尼。相传他幼时，曾受婆罗门教传统教育，29岁出家，经6年苦行，35岁创立佛教。此后，他一直在印度恒河流域进行传教活动，并收了许多门徒。在80岁死去后，他的弟子们将他一生的说教进行精心整理，奉为经典，并加以神化，从而成为与基督教和伊斯兰教并立的世界三大宗教之一。

释迦牟尼是北天竺迦毗罗卫国(今尼泊尔境内)净饭王的儿子，本名悉达多·乔答摩。释迦牟尼是佛教徒对他的尊称，意即释迦族的圣人。

释迦牟尼死后，他的弟子为表示尊奉，将他信奉为佛，将佛的舍利分成多处，建塔埋葬，并将这种塔称之为舍利塔。但是，随着佛教日益兴盛和发展，佛舍利供不应求，僧侣们就不得不用一些异物来充当，建塔埋葬。佛经上亦有这样的明文规定："若无舍利，以金、银、琉璃、水晶、玛瑙、玻璃众宝作舍利。"因此，我国各地许多的古塔，有的叫舍利塔，有的叫宝塔。

塔的种类与功能　　佛教自传入中国后，为了紧密配合佛教精神生活上的需要，经过佛教建筑艺术大师们精心设计，我国亦修建了许多塔。但是，从我国历史上来看，较早的时候，寺塔不分割，即在寺院中建塔。后来，渐渐出现了寺塔分家的现象，即塔不一定修筑在寺院内。不仅如此，而且还出现了不埋葬佛舍利，单纯为纪念性质的塔。如《旅游揽胜》①里记载："明成祖朱棣登上皇位后，为了报他生身母亲的恩，在南京建造了报恩寺琉璃砖塔……"亦有寺院里的高僧死后，建塔埋骨作为纪念的。如南京覆舟山顶的三藏塔，据说就是将唐玄奘法师顶骨葬于塔内，以示纪念。

塔的功能，随着人们的需要，还逐渐发展演变成可登高眺望、导航引渡、瞭望敌情、美化风景等多种用途。

塔的形式亦有发展演变，逐渐出现了楼阁式、密檐式、亭阁式、花塔式、覆钵式、过街塔式、金刚宝座式以及阙形、球形、钟形、圆形等多种。从种类上来分，有木塔、石塔、砖塔、铁塔、琉璃塔，等等。我国现存比较著名的古塔，有山西应县佛宫寺

①《旅游揽胜》　包中协编著，江苏科学技术出版社1982年版。

木塔、陕西西安大雁塔、河南开封铁塔、河北定县开元寺砖塔、北京香山琉璃塔,等等。塔的种类虽多,但在构造上基本由4个部分组成:(1)塔的下面,往往有一个地宫,作为埋藏舍利、身骨之用;(2)都有一个塔基;(3)各种不同层高和不同形式的塔身;(4)高大显著的塔刹(即塔顶)。

　　北京是举世闻名的历史文化名城、古都,保存下来的古塔很多,其种类亦比较齐全。北京的古塔,堪称北京古建筑之一绝。

第二十四章

北京的古碑刻、古牌坊、牌楼

一 北京的古碑刻

赵先生问：

人们说，碑，最初是设置在宫、庙门前用以识日影及拴牲口用的一种竖石。

那么"碑"刻文字，到底始于何时？碑刻的由来，以及云居寺石经，您能不能给我讲一讲呢？

钱先生答：

好！我给您讲一讲。先从碑刻的由来说起，然后再说说云居寺石经。

·碑刻的由来·

古籍名著《仪礼·聘礼》里有记载，东汉时期著名的经学家郑玄还对此作了比较透彻的解释，他说："宫必有碑，所以识日景(影)，引阴阳也。凡碑，引物者，宗庙则丽牲焉以取毛血。其材，宫、庙以石，窆用木。"

在宫、庙门前，之所以设置用以识日影的竖石，是为了方便人们看时辰。从我国历史上看，明代以后才有了计时用的钟表。明代以前，对普通黎民百姓来说，白天只能采用识日影的办法来看时辰。因此，古时宫、庙门前，一般都设置有用以识日影的竖石，名曰为"碑"，以方便人们看时辰。除此之外，碑还供人们拴牲口使用。但无论是用以识日影的碑，还是用于拴牲口的碑，都不刻文字。

碑刻文字，始于秦代。公元前221年，秦王嬴政灭六国统一天下后，自以为"德兼三皇，功高五帝"，遂自封为"皇帝"。李斯等人为秦始皇刻石记功，树碑立传。碑刻自此而始。

秦代称"刻石"，汉以后称"碑"，或混称为"碑碣"。东汉时，碑碣逐渐增多，有碣颂、碑记以及墓碑等等，并且碑碣有了一定的区别。古时人们将长方形的石刻，称作"碑"；将圜首形的或形在方圆之间、上小下大的刻石，名曰为"碣"。

到了盛唐时期，刻石不仅有碑颂、碑记和墓碑等，而且开始盛兴"石经"，并逐渐形成了碑林。如陕西省西安市内，建于北宋哲宗(赵煦)元祐五年(1090年)的碑林，原为保存唐"开成石经"而设，后陆续增加，内储汉魏以来的各种碑石一千数百方，是我国保存碑石最多的地方，汉魏以及唐代著名书法家的碑石大都集中在这里。

这些石碑可以说是研究祖国历史和艺术的重要资料。

所谓石经,就是刻在石上的儒家经典。汉代以后,有石经多种,但至今有文字可考的,有这样7种:

一、熹平石经,也叫一字石经。东汉灵帝(刘宏)熹平四年(175年),蔡邕用隶书写成《周易》、《尚书》、《鲁诗》、《仪礼》、《春秋》和《公羊传》、《论语》等名经。

二、正始石经,也叫三体石经。魏齐王(曹芳)正始、嘉平年间(240-253年)刻石,用古文、篆、隶三体,故称三体石经,取其魏齐王(曹芳)正始的年号,命名为正始石经。

三、唐开成石经。唐文宗(李昂)开成二年(837年)用楷书刻《易》、《书》、《诗》、《论语》、《尔雅》等12种。清圣祖(爱新觉罗·玄烨)康熙七年(1668年)复补刻《孟子》。

四、蜀石经。五代时蜀孟昶命毋昭裔督造,以楷书刻石。始刻于广政元年(938年),又称广政石经。有《孝经》、《论语》、《尔雅》、《易》、《诗》、《书》、《仪礼》、《礼记》、《周礼》、《左传》10种。北宋时,刻全《左传》,并续刻《公羊传》、《穀梁传》、《孟子》3种。

五、北宋石经。也叫二字石经,宋仁宗(赵祯)时刻石。嘉祐六年(1061年)竣工,又称嘉祐石经。用篆、隶两体,有《易》、《诗》、《书》、《周礼》、《礼记》、《春秋左氏传》、《孝经》、《论语》、《孟子》9种。

六、南宋石经。为南宋高宗(赵构)时刻石,又称"宋高宗御书石经"。有《易》、《诗》、《书》、《左传》、《论语》、《孟子》和《礼记》中的《中庸》、《大学》、《学记》、《儒行》、《经解》5篇。

七、清石经。清乾隆年间刻石,共十三经。清仁宗(爱新觉罗·颙琰)嘉庆八年(1803年)曾加磨改。

以上所述7种石经,今除唐开成石经尚存西安,清石经尚存北京,比较完整外,其余均残缺。

此外,佛教徒亦仿儒家镌刻石经之例,将重要经典刻于摩崖或碑石上加以保存。现存石刻佛经有北京云居寺,山东泰山、徂徕山、山西太原风峪、河北响堂山等处。其中以北京市郊房山区云居寺石经的规模最大。

·云居寺石经·

北京古碑刻中,房山云居寺石经,最典型,最具代表性。该石经刻制时间之长,

云居寺石经碑刻图

规模之大,数量之浩繁,撰刻之精细,不论在中国,还是在世界,都是首屈一指的。它对于研究中国隋唐以至元明的社会历史文化,以及佛教典籍等诸多问题,都具有极高的学术价值。

静琬始创云居寺石经　　云居寺石经,始创于隋炀帝(杨广)大业年间(605~617年)。创始人为隋代幽州①智泉寺僧——静琬。

幽州智泉寺僧静琬,依据"诸法无常"之佛学教理,担心社会上现存的印刷在纸上或制作在绢上的经文日后被毁,毅然决定:愿穷其一生,将经文刻制在石头上,以使佛学能千古永存。

为了达到这个目的,静琬从隋炀帝(杨广)大业元年(605年)开始,到唐太宗(李世民)贞观初年,花费了30多年的时间,精心刻制佛家经典,终于成功刻完了法华经、涅槃经、维摩经、金刚经、华严经等。

法华经　　全称《妙法莲华经》,因用莲华喻佛所说教法的清净微妙,故名。有3种汉文译本,通行后秦鸠摩罗什译本,共7卷。主要说明释迦说法的惟一目的,是

①幽州　始为古九州之一。到了隋唐时,幽州管辖的范围,包括今日北京市区及通州、房山、大兴和天津武清等地。

使众生都得到和佛一样的智慧,即人人皆能成佛。并说明惟有《法华经》才是"一乘"法,其他教法只是引导众生接受"一乘"法的方便而已。

　　涅槃经　　主要说信仰佛教的人,经过长期修道,即能"寂(熄)灭"一切烦恼和"圆满"(具备)一切"清净功德"。这种境界,名为"涅槃",是佛教所指的最高境界。

　　维摩经　　全称《维摩诘所说经》。现有3种汉文译本,一般通行为后秦鸠摩罗什译本,3卷。内容着重描写所谓解脱境界之超出思议,而以维摩诘的默然来表示对这一道理的体会。

　　金刚经　　全称《金刚般若波罗蜜经》,因用金刚比喻智慧有能断烦恼的功用,故名。有7种汉文译本,通行后秦鸠摩罗什译本,1卷。经文主要说明般若(智慧)的实质在于不著事相(无相),也就是情无所寄(无住)。中国禅家南宗即以此经为重要典据。

　　华严经　　全称《大方广佛华严经》,又称《杂华经》。有晋天竺佛驮跋陀罗等所译的60卷本和唐于阗实叉难陀所译的80卷本,两种译本都通行。该经提出了一些相对立的范畴来说明世界事物的相互依存、相互制约等关系。为华严经的主要典籍。

　　静琬刻完上述佛经之后,就圆寂了。(佛家将僧人逝世,称之为圆寂)其弟子玄导、僧仪、慧暹、玄法四代相继主持刻经事业,虽唐末五代因战乱中断,然至辽金又转兴旺,直至明末终息。

　　静琬的弟子们相继主持刻经事业,在近千年的时间里,究竟刻制了多少石经呢?共刻佛经1025种,900余部,3000余卷,总计15061石。这些刻石分别珍藏在小西天9个藏经洞和压经塔下藏经穴中。石经中还保存了6051则题记,其中有明确纪年者1467则,唐代354则,近代919则。这些题记,可以说是研究中国北方传统文化的宝贵资料。例如,其中有关唐玄宗(李隆基)天宝年间至德宗(李适)贞元年间,幽州范阳郡涿州等地商业和手工业组织,以及历代官衔名称等资料,都是任何书籍和文献所找不到的。

二　谈谈北京的古牌坊、牌楼

赵先生问:

　　人们说:古牌坊、牌楼与坊的建制在北京延续多年,有着密切的关系。所以,您能不能将北京的外城、内城、皇城有坊的建制,先说一说呢?然后再举例子说说北京的古牌坊、牌楼。

钱先生答：

好！就按照您说的回答吧！

先说坊的建制在北京延续多年，然后将北京的古牌坊、牌楼，举上几个例子说说，就能说明问题了。

·坊的建制在北京延续多年·

据考古研究发现，唐古都长安城，将大街划分成一块一块的，像菜畦一样。每一块被称做"坊"。长安城一共有110坊，每个坊都有名字，如唐大诗人白居易先后在新昌坊、宣平坊、昭国坊和常乐坊居住。

老北京城的建制，亦深受唐古都长安城建制的影响，在外城、内城、皇城，皆有不少"坊"。

老北京的外城有八坊　老北京外城的坊，都集中在外城南面的正门永定门及其东西两侧的左安门和右安门之内，有八坊：正东坊、正西坊、正南坊、正北坊、崇南坊、宣北坊、宣南坊、白纸坊。

东四牌楼

内城有二十坊　　老北京的内城坊,皆集中在京城四面的城门之内。

南面的正门正阳门及东西两侧的崇文门和宣武门之内,有三坊:南薰坊、澄清坊、大时雍坊。

北面的安定门和德胜门之内,有七坊:教忠坊、崇教坊、昭回坊、靖恭坊、灵椿坊、金台坊、日忠坊。

东面的朝阳门和东直门之内,有五坊:明时坊、黄华坊、思城坊、南居贤坊、北居贤坊。

西面的阜成门和西直门之内,有五坊:阜财坊、咸宜坊、鸣玉坊、日中坊、金城坊。

皇城有六坊　　皇城的坊,集中在东安门和西安门之外,各有三坊。东安门外的三坊,为保大坊、仁寿坊、明照坊;西安门外的三坊,为积庆坊、安福坊、小时雍坊。

总之,老北京城,有不少的"坊",但是,今天的北京城,仅存有一个白纸坊的地名了。

古籍《天府广记·城坊》①中有"坊"的记载:"京师之地分为五城,每城有坊。"五城,指东城、西城、南城、北城和中城。书中列出了各城坊的名称。从《天府广记·城坊》的记载来看,显然"坊"是指五城内以行政区划分的一种"单位",坊以下分若干街巷等。每坊皆有坊门,或曰"牌坊"。特别是"牌楼",尽管后来演变为一种造型美观、结构繁杂的街头标志和装饰性的建筑物,但仍然与"坊"的建置密切相关。例如,北京著名的东四牌楼和西四牌楼,就是与京城"坊"的建置不可分的。对此,清人朱一新在《京师坊巷志稿》里有记载:"东大市街有坊四:东曰

西四牌楼

---

①《天府广记·城坊》　(清)孙承泽纂,北京古籍出版社1982年版。

履仁,西曰行义,南、北曰大市街。俗称东四牌楼大街。""西大市街坊四:东曰行仁,西曰履义,南、北曰大市街,俗称西四牌楼大街。"

北京著名的东四、西四、东单和西单四座牌楼,从地理位置上来看,皆地处内城商业繁华闹市,四座牌楼分别修建在四个主要的街口上。

十座牌楼的建制皆同,均为四柱三门七楼式。四根主柱下面有一米多高的汉白玉夹柱石,各柱顶部前后斜向支撑着一根戗柱。老北京城的这种街道牌楼,以木质结构为主,大小不等,形式多样。大者,如"外城"的五牌楼,是一座六柱五间十一楼①的大型牌楼;小者,如国子监街的四座牌楼,为两柱一间三楼的小型牌楼。

其中,如西四牌楼,明代时还是杀人的刑场,当时称为西市。斩刑在西边牌楼下执行,而凌迟(剐刑)则在东边牌楼下。明末杨士聪所撰写的《甲申核真略》记载:"西四牌楼者,乃历朝行刑之地,所谓戮人于市者也。"直到清代,刑场才移至宣武门外菜市口。

牌坊牌楼,尽管多种多样,但归纳起来,大体上有如下几种情形:

一、街道牌楼。木质结构的这种街道牌楼,是我国古老城市街景的特殊建筑。它大大增强了古城的历史文化艺术面貌。比较典型的例子,有东四、西四牌楼,东、西长安街牌楼,正阳门五牌楼等等,其共同的特点是美丽壮观;还有老北京帝王庙前横跨羊市大街(今阜成门内大街)的两座景德街牌楼,是三间四柱七楼的牌楼,完全为木结构,造型优美,雕饰精良,堪称牌楼的杰作。

二、坛庙寺观牌坊牌楼。这种牌坊牌楼全国各地虽有不少,但还是北京的最具有代表性。例如,天坛、地坛、日坛、月坛、社稷坛内,都有不少牌楼。其中,特别是天坛的圜丘坛每面的三列牌坊具有代表性。寺观的牌楼有大高殿和帝王庙牌楼;北海天王殿、西山卧佛寺、香山昭庙和国子监的琉璃牌楼,雕制烧造都十分精美,色彩艳丽,可称得上是一座座艺术品了。

三、陵墓祠堂牌坊。最为著名的是北京十三陵的牌坊,在现存的石牌坊中不仅最具代表性,而且规模大、年代久远。

四、桥梁津渡牌楼。这类牌楼,不仅是桥梁津渡的指示标志,而且给桥梁津渡增添了艺术价值。老北京城这类牌楼,亦有不少,如原来北海大桥两头的"金鳌"、"玉蛛"牌楼,以及今日北海公园团城后面,通往琼岛的"堆云"、"积翠"牌楼,都是相当雄伟壮观的。它们都是三间四柱三楼的木牌楼。

①所谓"楼",指牌楼飞檐起脊的顶部。

·北京的古牌坊、牌楼列举·

国子监街牌楼 （属于街道牌楼）　此类牌楼,现在仅存有国子监街牌楼了。这座牌楼的位置在北京东城区安定门内国子监街(原名为成贤街)。

国子监简称国学。建于元代至元二十四年(1287年),明清增修。内有彝伦堂、辟雍亭;其东西两厢为率性、诚心、崇志、修道、正义、广业六堂,陈《十三经》石碑198座(现移于东西夹道);六堂北首为绳愆厅、博士厅及敬一亭。后

国子监牌楼

为首都图书馆所在地。国子监原是元、明、清三代的国立大学,是中国封建社会的最高学府,是为封建王朝培养"圣贤"的地方。这条街上的四座木制彩绘牌楼由此得名为"国子监街牌楼"。

这四座牌楼,街东、西两端路口各立一座,街中段立两座。东西两端路口的牌坊横额书写"成贤街"三个大字;街中段两座牌楼横额上书"国子监"三个大字。这四座牌楼,均为一间二柱三楼式,柱为朱红漆出头冲天式,楼顶为绿色琉璃瓦顶,正脊两端有吻兽,垂脊顶端置小兽。国子监街牌楼,是北京城惟一保存完整的街道牌楼,是珍贵的艺术遗迹。

天坛与圜丘坛两座牌楼和戒台寺石牌坊 （属于坛庙寺观牌楼）　这类牌楼尚存一些,代表性的是天坛公园内的两座牌楼和戒台寺的石牌坊。

天坛创建于明代第三位皇帝朱棣永乐十八年(1420年),为明清两代封建帝王

祭天的地方。天坛落成后,因合祭天地,故初名为"天地坛"。明世宗(朱厚熜)当政期间,于嘉靖九年(1530年),在京城的北郊安定门外,另建了一座地坛,初名为"方泽坛",故京城南郊的"天地坛"改名为"天坛",沿用至今。

天坛,实际上是"圜丘"和"祈谷"两坛的合称,两坛同建于南北一条中轴线上。圜丘坛在天坛内的南半部,它坐北朝南,四周绕以红色宫墙,上饰绿琉璃瓦,并被人们俗名为子墙。子墙的四周,各有一座大门。东面的叫泰元门,俗称为东天门。西面的名为广利门,俗称为西天门。南面的叫做昭亨门,俗名为南天门。北面的名曰为成贞门,俗称作北天门。

在南天门外,有东、西两座牌楼,明清两朝帝王祭天时,都要在西牌楼下轿,然后步入昭亨门(正门)。昭亨门内,就是举行雩礼,为百谷祈求膏雨的地方——圜丘坛。

天坛内的东、西两座牌楼,至今尚存,有兴趣者可前往观赏。

戒台寺的石牌坊属戒台寺的附属性建筑,是人们到戒台寺朝佛的必经之路,其位置在戒台寺以东一里路左右的地方。它始建于明万历二十七年(1599年),清光绪十八年(1892年)重修。

这座石牌坊坐西朝东,采用汉白玉石料錾雕的仿木结构,为两柱单间一楼,庑殿顶,正脊两端饰龙吻,垂脊饰垂兽,岔脊上饰戗兽及三走兽。施斗拱五彩,即在石牌坊的檐下,饰平身科五彩单翘单昂斗拱六朵,四角饰角科五彩单翘单昂斗拱,斗拱饰莲花座。

斗拱,亦作枓栱,为我国传统木结构建筑中的一种支撑构件。处于柱顶、额枋与屋顶之间,主要由斗形木块和弓形肘木纵横交错层叠构成,逐层向外挑出,形成

天坛的石碑坊

上大下小的托座。由于斗拱有逐层挑出支撑荷载的作用，可使屋檐出挑较大，兼有装饰效果。斗拱为我国传统建筑造型的主要特征之一。

石牌坊的正面，坊心题有"永镇皇图"四个浅浮雕大字；左边为重修题刻，其年代为"大清光绪壬辰秋季九月六日"；两边浮雕天王像各一尊。其龙门坊上，雕饰一佛二菩萨四供养菩萨像，皆为站像，四供养菩萨两个手提长柄香薰，两个手持佛引。旁边饰菩提树，以象征佛祖释迦牟尼在菩提树下成佛。其小额坊上，刻有二龙戏珠图案，两边雕饰佛八宝图案。额坊下，为雕刻云纹图案的雀替。两柱内侧的雀替下，雕饰力士像两尊。

石牌坊的背面，坊心题字为浅浮雕"祇圆真境"四个大字；左边为创建题刻，年代为"大明万历二十七年岁次己亥季春吉日造"；两边各雕饰天王像一尊。其龙门坊上，饰有三世佛及阿难、迦叶二弟子；佛为结跏趺坐于须弥仰莲座上，阿难、迦叶为双手合十而立。两边亦饰菩提树。其小额坊上，亦是二龙戏珠图案，两边雕饰佛八宝图案。

这座石牌坊的坊柱下有鼓形夹柱石。整个石牌坊的斗拱及枋，皆施彩绘，柱子上有浮雕并楷书对联，上联为"日轮星鉴大明洪护梵王家"，下联为"星海空澄广映无边诸佛地"。

总的说来，戒台寺的这座石牌坊，雕凿精细，构图严谨，均衡对称，线条清晰流畅，造形优美生动，表现出工匠们细腻娴熟的刀法和技巧。历经几百年的风雨寒暑，它仍然巍然屹立，显示了我国古代建筑工艺特有的魅力。

十三陵牌坊　（属于陵墓祠堂牌坊）　　这类牌坊，全国各地虽然为数不少，但还是北京明十三陵的牌坊最为壮观。它不仅规模最大、年代最早，而且最为完整，最具有代表性。

十三陵牌坊位于十三陵主神道最南端，为十三陵陵区入口处的标志。这座高大的石牌坊，作为陵园的前导建筑，为明代以来国内石牌坊中绝无仅有的大件石雕佳作。其宏构巨制和巍峨庄重的雄姿将明代帝王陵寝的磅礴气势，从主神道首端便先声夺人地突现出来。

十三陵石牌坊建于明嘉靖十九年(1540年)。其特征是：全都采用汉白玉砌造，通体晶莹光洁。石牌坊为五间六柱十一楼，面宽29米，高14余米。十一楼均为四坡单檐，檐下雕刻斗拱，正脊吻兽，垂脊小兽，额坊上雕刻精美飘逸的云纹。六根大方柱耸立于石基之上，下有夹柱石，夹柱石上雕刻麒麟、狮子，柱脚表面浮雕双狮戏彩球，还有龙和瑞兽等。动物的形象非常生动。

十三陵牌坊

庄亲王墓石牌坊 十三陵还有一座石牌坊,亦称为"龙凤门",为冲天式牌坊,有横坊而无楼,这座汉白玉制成的牌坊,门南向,三门并排,柱头的云板和异兽,构成门上的装饰,结构奇巧。因三门的额坊中央,均雕火焰宝珠,故得名为"火焰牌坊"。这座石牌坊的所在地是清代的王爷墓,而石牌坊是墓的一个组成部分。在这一墓地上,葬有清代的三个王爷。

和硕承泽亲王是康熙十一年(1672年)葬在此处的。为三合土宝顶下砌两层大理石高台,前有碑记和五供。石牌坊就设在这座墓前。

和硕庄慎亲王是清乾隆年间葬在此地的。有两个宝顶,一为三合土夯实的,一为砖砌。两个宝顶前,均各置一碑。

庄襄亲王于清道光十三年(1833年)埋葬在这个地方。为三合土宝顶下采用大理石筑座,高约4米,直径6米。墓前有螭首龟趺碑。

在"文化大革命"期间,墓和碑记全遭厄运,毁于一旦,惟独墓石牌坊幸存。

庄亲王墓石牌坊,在今日北京房山区河北乡磁家务村北。这座石牌坊为四柱三门。石柱为方形,高7.5米,宽0.48米。四柱柱顶各有坐望天狮一只。其柱脚的两侧,有抱鼓石,共8对。牌坊面阔9.8米。三门的宽窄不一:中间的门宽,为3.2米,两侧的门窄,为2.8米。

以上所述,只不过列举了街道牌楼、坛庙寺观牌楼、陵墓祠堂牌坊几种类型中的例子。北京地区,尚存的牌坊牌楼还有不少,这里就不一一叙述了。

·牌坊牌楼始于何时·

牌坊牌楼是中国古建筑的一种。这种古代建筑艺术,在世界建筑史上,可谓独树一帜。

我国历史上,早在唐代就已经出现了牌坊牌楼,《旧唐书》、《长安志》和《两唐京城坊考》里均有记载。发展演变到明清两代,牌坊牌楼在京城就更加普及多见了。据说,明代朱棣皇上永乐年间大规模修建北京城时,曾经计划建若干座牌楼,其中在16座大城门的外面,各建一座。那么,明清两代的北京城,究竟有多少座牌坊牌楼呢?据有关资料记载,总共有35座之多。但是,1949年后,为了改善交通条件,北京街道牌楼多数被拆除,目前保留下来的只有国子监的4座牌楼了。北京著名的东、西四牌楼,就是50年代被拆除掉的。在1955年3月24日北京市人民政府建设局档案中记载:"我局于1954年奉指示,拆除东、西四牌楼及北海三座门大高殿牌楼,于1954年12月21日开工,至1955年1月14日竣工。"

牌坊牌楼的结构与区别 牌坊牌楼一般是用木、砖石等材料建成。从前,北京人习惯将使用石材建的称作牌坊,或曰石牌坊;将使用木材建造的称作牌楼。实际上,人们对牌坊和牌楼的称呼没有严格的界限,牌坊,又称牌楼;牌楼,也称牌坊。

然而,牌坊、牌楼,虽然可以混称,但二者是有一定区别的。因为从造型上看,牌坊的特征是:无楼,亦比较简单,民间尚可使用;而牌楼则不然,构造比较复杂,雕刻精美,斗拱绘彩画以示尊威、华贵。

牌楼演变为街头标志和装饰性的建筑物 牌坊牌楼是古时社会生活中逐渐出现的一种门洞式纪念性建筑物。它的作用,除了作为城市里坊入口的装饰性标志而外,还常被用来张贴该里坊内所发生的好人好事,起到宣扬正气的作用。多建于庙宇、陵墓、祠堂、衙署和园林前,或街道路口,用以宣扬礼教、标榜功德,如众所周知的贞节牌坊、功德牌坊等。

第二十五章

北京著名的「燕京八景」

一 北京"燕京八景"的由来

赵先生问：

人们说：北京著名的"燕京八景"，受杭州"西湖十景"的影响，亦深受"潇湘八景"的启示。是这样的吗？您能不能将这个问题，给我说一说。

钱先生答：

是的！回答你的问题，需要从著名的杭州西湖先说起。因为北京"燕京八景"的出现，深受杭州"西湖十景"的影响。

·杭州"西湖十景"·

从我国历史上来看，世界闻名的杭州"西湖十景"，最早出现于宋宁宗(赵括)时画院画师的山水画题名(此画师，究竟是谁？无资料可查)。此后，才逐渐演变成为现在的十景：苏堤春晓、平湖秋月、花港观鱼、柳浪闻莺、双峰插云、三潭印月、雷峰夕照、南屏晚钟、曲院风荷、断桥残雪。需要说的是：现在的杭州"西湖十景"，与宋时旧况有别。

·"燕京八景"深受"潇湘八景"的启示·

为了将问题说明白，开始需要将我国历史上出现的"员外"的称谓和湘江的别称"潇湘"，先说一说。

员外 何谓"员外"？从我国历史上来看，在封建社会时期，这一称谓，是指：在定额以外设置的官员，可以纳钱捐买，后渐用为地主富豪的一种称呼；常见于宋代以来旧小说、戏曲中。对此，古籍《通俗编·仕进》里作了解释："所云员外者，谓在正员之外，大率依权纳贿所为，与今部曹不同，故有财势之徒皆得假借其称。"

潇湘 为湘江的别称。因湘江水清深得名。《山海经·中山经》："交潇湘之渊。"《湘中记》："湘川清照五六丈，是纳潇湘之名矣。"

说"燕京八景"，是受"潇湘八景"的启示或影响。至于"潇湘八景"，在《日下旧闻考·形胜》篇里，作了比较透彻的记载，即："自宋员外迪以潇湘风景写平远山水

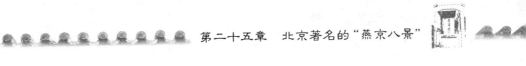

八幅,一时观者留题,目为潇湘八景。"

　　那么,北京著名的"燕京八景",其形成的真正原因,究竟是什么呢?其实,形成"燕京八景"的真正原因,《日下旧闻考·形胜》篇里,紧接着就指出:"南渡诗人若陈允平衡仲、张榘叔安、周密公谨、奚㴑倬然,皆有西湖十景诗。而北平旧志载金明昌遗事有燕京八景,元人或作为古风,或演为小曲。"由此开始,才会渐渐使"燕京八景"流传开来,特别是再加上封建帝王(皇帝)御制燕京八景诗,就更加使北京的"燕京八景"在社会上广为传播起来了。

二　北京著名的"燕京八景"

赵先生问:

您能将"燕京八景"一景一景地给我讲讲好吗?

钱先生答:

好! 我就一景一景地给您讲讲!

·"燕京八景"之一——居庸叠翠·

　　从历史上看,早在800多年前,金代金章宗钦定"燕京八景"时,将"居庸叠翠"列为首位。后来,明永乐年间,又被列入北平八景。到了清代,乾隆皇帝又御笔题写下了"居庸叠翠"四个大字,并刻碑立于关城东南(修有碑亭,但其碑和碑亭已毁坏无存了)。

　　然而,若说"居庸叠翠"这一胜景,首先必须从"居庸"这一称谓的由来说起。

　　"居庸"称谓的由来　　早在秦相吕不韦集合门客编写的杂家代表作《吕氏春秋·有始览·有始》篇里,就已经有了"居庸"的称谓,其原文为:"天有九野[①],地有九

　　[①]九野　《吕氏春秋·有始览·有始》篇里,作了解释:"何谓九野?中央曰钧天,其星角亢氏。东方曰苍天,其星房心尾。东北曰变天,其星箕斗牵牛。北方曰玄天,其星婺女虚危营室。西北曰幽天,其星东壁奎娄。西方曰颢天,其星胃昴毕。西南曰朱天,其星觜嶲参东井。南方曰炎天,其星舆鬼柳七星。东南曰阳天,其星张翼轸。"

居庸关

州①,上有九山②,山有九塞,泽有九薮。"其中"山有九塞",而"居庸"就为九塞之一。所谓"九塞",就是古代人们认为的九个要塞。对此,在《吕氏春秋·有始》篇里,亦有透彻性的解释:"何谓九塞?大汾、冥阨、荆阮、方城、殽、井陉、令疵、句注、居庸。"

"居庸叠翠",不言而喻,与"居庸关"密不可分。古代所称的"居庸关",实际上包括八达岭、南口和关城三个部分。《魏书》称"南口"为"下口";《北齐书》称其为"夏口";《元史》叫"南口"。八达岭以上叫"上口",并且南口以上,两山崇立,重岭叠嶂,在谷底有水流入罅,声如弹琴,故关沟又有"弹琴峡"之美称。居庸关,亦称"军都关"或"西关",例如《三国志》里载:"田畴乃上西关,傍此山直趋朔方","西关"就是指居庸关这个地方。

―――――――――

①九州 《吕氏春秋·有始览·有始》篇里,亦作了解释:"何谓九州?河汉之间为豫州,周也。两河之间为冀州,晋也。河济之间为兖州,卫也。东方为青州,齐也。泗上为徐州,鲁也。东南为扬州,越也。南方为荆州,楚也。西方为雍州,秦也。北方为幽州,燕也。"

②九山 《吕氏春秋·有始览·有始》篇里,亦作了解释:"何谓九山?会稽、泰、王屋、首、太华、岐、太行、羊肠、孟门。"

"居庸叠翠",其重点在"叠"和"翠"这二字上。"叠"是指:从南口至居庸关关城一带,山崖峻峭,层峦叠嶂。而这种美丽的景观,是自古始,自然界逐渐形成的一种奇观。这里的岩层,自古始,因受地壳运动的影响,出现了呈东南向倾斜的层叠状;"翠"是指这里的绿色植被的自然点缀草木葱翠。两者合在一起,就自然而然构成了"叠翠"的一种非常美丽的自然景观,无怪乎被金代皇帝钦定"居庸叠翠",并列为"燕京八景"之首了。

　　到了明清两代时,则仍然受到社会上的重视。《日下旧闻考》一书,作了记载:

　　居庸去北京九十里,在昌平县西北三十里。关之中延袤四十余里,两山夹峙,一水旁流,骑通连驷,车行兼辆。先入南口,过关入北口。关中有峡曰弹琴,道旁有石曰仙枕,两崖峻绝,层峦叠翠。又有石城,横跨东西两山,南北设二门,敌台十二,置军卫以守之。淮南子云,天下有九塞,居庸其一焉。南眺临军都,亦谓之军都山。以兹山苍翠秀丽,故曰居庸叠翠。

　　正因为自然界自然形成的美丽奇观——"居庸叠翠",极受人们的重视,所以元、明、清以来,以"居庸叠翠"为题作的诗有很多,这里举几个例子(皆为《日下旧闻考》的记载):

　　乾隆皇帝御制燕京八景诗——居庸叠翠:

　　　　　　居庸天险列峰连,万里金汤固九边。
　　　　　　雄峻莫夸三峡险,崎岖疑是五丁穿。
　　　　　　岚拖千岭浮佳气,日上群峰吐紫烟。
　　　　　　盛世只今无战伐,投戈戍卒艺山田。

　　陈孚居庸叠翠诗:

　　　　　　断崖万仞如削铁,鸟飞不度山石裂。
　　　　　　嵯峨老树无碧柯,六月太阴飞急雪。
　　　　　　寒沙茫茫出关道,骆驼夜吼黄云老。
　　　　　　征鸿一声起长空,风吹草低山月小。

明杨荣居庸叠翠诗：

> 群山耸列势峥嵘，日照峰峦积翠明。
> 高出烟霞通绝塞，低徊城阙拥神京。
> 休论函谷双崖险，绝胜匡庐九叠横。
> 扈从常时经此处，坐看天际白云生。

明金幼孜居庸叠翠诗：

> 巉崒天关复几重，龙飞凤翥势偏雄。
> 千山黛色落平野，万里烟光明远空。
> 峡口人行春雨外，树边鸟度夕阳中。
> 北巡记得随鸾驭，曾上云间第一峰。

居庸"八景" "居庸"不仅自古始，自然形成了一种美丽的奇观——居庸叠翠，被金代皇帝钦定为"燕京八景"之首，而且因居庸关自然形成的景色格外壮美，所以到明代时，人们则又将其分为"八景"：

玉关天堑 为什么叫"玉关天堑"呢?因为居庸关重岗峻岭，横亘西北。不仅如此，而且明初因山修筑城池，以扼其中，势若天堑，故被人们誉名为"玉关天堑"。

云台 是一座有600多年历史的用汉白玉构筑成的方台，下有券门，上设围岭。其建筑和雕刻都很精美，是一座石结构建筑珍品。建于元至正二年(1342年)。现为全国重点文物保护单位之一。

云台，又名"云中石阁"。明代时，人们以其"望之如在云端"的高耸形状而取此名。

云台，属藏传佛教的一种建筑。它的功能是布施佛教影响，颂扬皇室的建塔功德。

叠翠联峰 因关城南有山名叫"叠翠山"，其山色苍翠，而又呈重叠状，故被人们名为"叠翠联峰"。

双泉合璧 因在关城东侧岩石下，有双泉涌出，势若燕尾，故名。

汤泉瑞霭 指关城西侧山沟内的一温泉，被人们美其名曰"汤泉瑞霭"。

琴峡清音 原在关城北五龟山下，有水滴流，音如琴鸣，故被人们叫做"琴

峡清音"。但现在已经没有了。

驼山香雾　因为在关城南6公里处,有山高下起伏,形若骆驼。不仅如此,而且此处阴雨天时,香雾迷漫,故被人们誉名为"驼山香雾"了。

虎峪晴岗　在关城南12.5公里处,名为"虎峪"。"虎峪"这个地方,其特征是:有山有水,并且其山势如虎踞,远映清辉,所以被人们誉名为"虎峪晴岗"了。

·"燕京八景"之二——玉泉垂虹·

玉泉　不言而喻,是指玉泉山的泉水;而所谓"垂虹",就是指玉泉山的泉水,呈现出的一种自然美丽的景观——垂虹。玉泉垂虹,其重点在"垂虹"二字上。

虹　所谓"虹",是属于阳光射入水滴经折射、反射、衍射而形成在雨幕或雾幕上的彩色或白色圆弧。自然界中,常见的有两种,即"主虹"和"副虹"。

主虹,亦称为"虹",由阳光射入水滴,经一次反射和两次折射而被分散为各色光线所致。色带排列是外红内紫,常见的视半径约42°。

副虹,亦称为"霓",由阳光射入水滴,经两次折射和两次反射所致。因为多一次反射,所以光带色彩就不如主虹鲜明。色带排列是内红外紫。

玉泉山

总而言之,玉泉垂虹,呈现出的自然景观——垂虹,其美丽景色,亦离不开"主虹"和"副虹"反映出的美丽的自然景色。

其实,自古始,自然界中自然形成的奇观现象,可以说有各种各样,其中当然亦包括"瀑布奇观"。自然界中的瀑布奇观亦有各种各样,繁多复杂。有的轰鸣如鼓;有的像几条白龙,腾空起舞,气势磅礴;有的像七色彩虹,炫耀璀璨。

而北京玉泉山的泉水,亦像瀑布一样,能自然形成一种奇观现象,即玉泉垂虹,正像乾隆皇帝御制燕京八景诗——玉泉垂虹里夸张描写的那样:涌湍千丈落垂虹,风卷银涛一望中。……

北京玉泉山的泉水,不仅是被乾隆皇帝封为"天下第一泉",而且玉泉山的泉水,与瀑布一样,亦能自然形成一种奇观,即"玉泉垂虹"。"自金明昌中始有燕京八景"时,"玉泉垂虹"就成为"燕京八景"之一了。"玉泉垂虹"又称"玉泉趵突"。

后来,清代时,在《日下旧闻考》里,对北京著名的"燕京八景"之一的"玉泉垂虹"这一景观,亦作了历史反映性的描述:

玉泉在宛平县西北三十里。山有石洞三,一在山之西南,其下有泉,深浅莫测。一在山之阳,泉自山而出,鸣若杂佩,色如素练,澄泓百顷,鉴形万象,莫可拟极。一在山之根,有泉涌出,其味甘冽。洞门刻玉泉二字。山有观音阁,又南有石岩,名吕公洞,其上有金时芙蓉殿废址,相传以为章宗避暑处。以兹山之泉,逶迤曲折,蜿蜒然其流若虹,故曰玉泉垂虹。

不仅如此,而且尚有乾隆皇帝御制燕京八景诗——玉泉垂虹:

涌湍千丈落垂虹,风卷银涛一望中。
声震林梢趋众壑,光浮练影挂长空。
跳波激石珠丸碎,溅沫飞花玉屑红。
自此恩波流处处,公田时雨泽应同。

有关玉泉垂虹诗,这里还可举上几个例子。
陈孚玉泉垂虹诗:
雪波碧拥千崖高,落花点点浮寒瑶。
日斜忽有五采气,飞上太空横作桥。

古寺残钟塔铃语,回首前村犹急雨。

轻绡欲剪一幅秋,又逐西风过南浦。

明金幼孜玉泉垂虹诗:

宛宛垂虹引玉泉,萦岩出涧浮娟娟。

细通树底映初日,遥转湖阴涵远天。

鱼动翠纹生雨后,鸥翻细浪起风前。

源源自是归沧海,添作恩波遍九埏。

·"燕京八景"之三——琼岛春阴·

"燕京八景"中的"琼岛春阴",其文化内涵,重点在"春阴"二字上。为什么?这里需要从春秋季节先说起。

琼岛春阴碑

春秋 是农业生产中重要的两个季节。古时,每年一到春季雨水节气时,人们为了祈求"天"能使农业生产风调雨顺,就讲究捉拿贼鱼进行祭天。如宋元时期的学者吴澄(1249-1339年)在《月令七十二候集解》里记载:"祭鱼,獭一名水狗也,贼鱼者也。祭鱼,取鱼以祭天。"祭天的礼俗,亦被古代"科学家"名为"獭祭鱼",并将它选作雨水节气一候的候应了。而秋季,人们为了答谢"天"与庆贺五谷丰登,每年一到霜降节气时,讲究猎取豺兽进行祭天。古代"科学家"将秋季猎取豺兽祭天的礼俗,叫做"豺乃祭兽",并将它选作霜降节气一候的候应了。

到了明代时,朝廷为了表示重视农业生产,紧密配合帝王祭天祈谷精神生活上的需要,于永乐十八年(1420年)在正阳门外、永定门内大街路东营建了一座精美的世界闻名的天坛,即为封建帝王祭天祈谷创建了一处比较理想的好地方。它占地约270万平方米,是我国现存最大的古代祭祀性建筑群,同时它亦是世界建筑艺术的珍贵遗产。

而北京著名的北海公园内,白塔山的东麓,其美景则更有千秋,著名的"燕京八景"之一的"琼岛春阴",其石碑就设立在这里。"琼岛春阴"石碑的正面,刻着"琼岛春阴"四个大字。碑的背面刻的是乾隆皇帝御制燕京八景诗——琼岛春阴:

> 琼华瑶岛郁嵯峨,春日轻阴景色多。
> 云护凤楼松掩映,瑞凝山掌竹婆娑。
> 低临禁苑滋苔藓,远带郊畿荫麦禾。
> 更向五云最深处,好风时送九韶歌。

燕京八景"琼岛春阴",此碑原来设立在白塔山西坡上部的悦心殿前,乾隆五十一年移迁到白塔山东麓。为什么?据传说,乾隆皇帝按照《周易》里的说法,依三百八十四爻,东方代表春季,而每年春季,农家的庄稼,最盼望雨水,春季若能风调雨顺,秋季才会有个好收成,因此春喜阴为好。于是就将"琼岛春阴"碑从白塔山西麓移至东麓了。乾隆皇帝在御制燕京八景之一"琼岛春阴"诗中强调说:"乐志讵因逢胜赏?悦心端为得嘉禾。当春最是耕犁急,每较阴晴发浩歌。"可见,"琼岛春阴"这一景观的文化内涵,其重点在"春阴"二字上。

对北京著名的"燕京八景"之一的"琼岛春阴"这一景观,在《日下旧闻考》里,亦有描述:

琼岛在皇城西北苑中。下瞰池水,环以雉堞,地势坡陀,叠石为山,堑岩磊砢,层叠而上,石磴阴洞,萦纡蔽亏,乔松古桧,深翳森蔚,隐然神仙洞府也。谓之大山子。山顶有广寒殿,殿之西隅各有亭。左二亭曰玉虹、方壶,右二亭曰金露、瀛洲。山半有三殿,中曰仁智,东曰介福,西曰延和。其下太液池,前有飞桥,以通仪天殿,东有石桥以通琼林苑。山之上常有云气浮空,氤氲五采,郁郁纷纷,变化翕忽,莫测其妙,故曰琼岛春阴。

　　不仅如此,从前有许多诗人亦作了燕京八景"琼岛春阴"诗,这里亦举上几个例子。

　　陈孚琼岛春阴诗:

　　　　一峰亭亭涌寒玉,露华不堕瑶草绿。
　　　　朱楼千里星汉间,天风吹下笙韶曲。
　　　　万年枝上槲叶满,小凤伥伥绕龙管。
　　　　金根晓御翠华来,三十六宫碧云暖。

　　明杨荣琼岛春云诗:

　　　　仙岛依微近紫清,春光淡荡暖云生。
　　　　乍经树杪和烟湿,轻覆花枝过雨晴。
　　　　每日氤氲浮玉殿,常时缥缈护金茎。
　　　　从龙处处施甘泽,四海讴歌乐治平。

　　明金幼孜琼岛春云诗:

　　　　蓬莱东望近扶桑,冉冉春云接下方。
　　　　隔水楼台通御气,半空草树发天香。
　　　　花间驻辇霓旌湿,海上传书鹤梦长。
　　　　映日龙文还五色,殿头常得近清光。

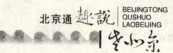
·"燕京八景"之四——太液秋风·

"燕京八景"中的"太液秋风",即在今日北京著名的北海桥或曰金鳌玉蛛桥之南,中海东侧水面上的那座亭子,就是"燕京八景"中的"太液秋风",亦云:"太液晴波"。

对北京著名的"燕京八景"之一的"太液秋风",在《日下旧闻考·形胜》篇里,有这样历史反映性的描述:

太液秋风:太液池在西苑,中亘长桥,列二华表,曰金鳌、玉蛛。北为北海,南则瀛台。西京赋所称沧池漭沆列瀛洲夹蓬莱者,方斯蔑矣。微见商飕苹末生,镜澜玉蛛影中横。非关细雨频传响,何事平流忽有声?爽入金行阊阖表,波连瑶渚趋台瀛。高秋文宴传佳话,已觉犁然今昔情。

不仅如此,而且亦还有御制燕京八景诗——太液秋风:

> 秋到宸居爽籁生,玉湖澄碧画桥横。
> 荷风晚送残香气,竹露凉敲绿玉声。
> 翠合三山连阆苑,波涵一镜俨蓬瀛。
> 由来禁籞林泉好,行乐还同万物情。

太液池

除了御制燕京八景诗《太液秋风》外,还有:

明杨荣太液晴波诗:

太液晴涵一镜开,溶溶漾漾自天来。
光浮雪练明金阙,影带晴虹绕玉台。
苹藻摇风仍荡漾,龟鱼向日共徘徊。
蓬莱咫尺沧溟上,湍气氤氲接上台。

明金幼孜太液晴波诗:

禁苑香风散紫埃,晴光漾日自沿洄。
天光下映银潢净,云影遥涵玉鉴开。
旧日曾随仙仗到,几时还载酒船回?
从知弱水通三岛,应有群仙献寿来。

·"燕京八景"之五——蓟门烟树·

据《日下旧闻考·形胜》篇中载:"至永乐间,馆阁诸公相集倡和,更蓟门飞雨为蓟门烟树。"那么,"为何杨荣等人要将原来的'蓟门飞雨'改为'蓟门烟树'呢?这是因为时光流逝,沧海桑田,明代时蓟门的景色已与金迥然不同。金元时蓟门楼馆林立,至明永乐时这些建筑早已荡然无存,代之而起的葱郁广袤的林木,遂改名为'蓟门烟树',使它名副其实"(《京华古迹寻踪》)。

因此,"燕京八景"中"蓟门烟树"这一景观,其重点在"烟树"二字上。可以说此处绿化得比较好,或者换句话说,此处"树木翁然,苍苍蔚蔚",而又晴烟

蓟门烟树碑

拂空,四时——春夏秋冬,亦不改,故被人们名曰为"蓟门烟树"了。对此情形,《日下旧闻考·形胜》篇,亦作了历史反映性的描述:

蓟门烟树:水经注:蓟城西北隅有蓟邱。明人长安客话谓在今都城德胜门外,土城关即其遗址。旁多林木,蓊翳苍翠。……

蓟门在旧城西北隅。门之外旧有楼馆,雕栏画栋,凌空缥缈,游人行旅,往来其中,多有赋咏。今并废而门犹存。二土阜树木蓊然,苍苍蔚蔚,晴烟拂空,四时不改,故曰蓟门烟树。

"燕京八景"中的"蓟门烟树",其碑的正面,刻有"蓟门烟树"四个大字;其碑的背面,为乾隆皇帝御制燕京八景诗——蓟门烟树:

> 苍茫树色望中浮,十里轻阴接蓟邱。
> 垂柳依依村舍隐,新苗漠漠水田稠。
> 青葱四合莺留语,空翠连天雁远游。
> 南望帝京佳气绕,五云飞护凤凰楼。

不仅如此,而且陈孚、明代杨荣和金幼孜等人,皆有蓟门飞雨诗。
陈孚蓟门飞雨诗:

> 黑云如鸦涨川谷,云涌电跃风折木。
> 半天万点卷海来,森森映窗如银竹。
> 凤城无数笙歌楼,珠帘半卷西山秋。
> 谁知羁客家万里,一灯正拥寒衾愁。

明杨荣蓟门烟树诗:

> 蓟门春雨散浮埃,烟树溟蒙霁欲开。
> 十里清阴连紫陌,半空翠影接金台。
> 东风叶暗留莺语,落日林深看鸟回。
> 记得清明携酒处,碧桃花底共徘徊。

明金幼孜蓟门烟树诗:

> 野色苍苍接蓟门,淡烟疏树碧氤氲。
> 过桥酒幔依稀见,附郭人家远近分。
> 翠雨落花行处有,绿阴鸣鸟坐来闻。
> 玉京尽日多佳气,缥缈还看映五云。

·"燕京八景"之六——西山积雪·

"燕京八景"之一的西山积雪,亦名为"西山晴雪"。

与自然界中的雪密切相关的"西山晴雪",其重点,则集中表现在"雪"字上。

很显然,开始有必要将自然界中的雪,以《小雪和大雪》为题目先说说。

小雪和大雪 雪同雨一样,亦是属于一种自然现象。它是云中降落的液体水滴。因气温较低,水汽在空中直接凝华所致。并且雪同雨一样,亦区分为大和小。小雪,指降雪强度较小的雪。24小时内降雪量小于2.5毫米的雪,称之为小雪;24小时内降雪量大于5毫米的雪,即大雪。

雪同雨一样,对节气规律性变化的反映,亦比较明显。因此,自古始,就将立冬后,降雪强度较小的雪,名曰"小雪";将小雪节气后,降雪强度

西山晴雪碑

较大的雪,称之为大雪。二者都被选入了农业二十四节气,作为每年立冬后的两个节气,即小雪和大雪。

　　西山晴雪　　与自然界中的雪密切相关的"燕京八景"中的这一景,亦名为西山霁雪。这一美景,美就美在"雪"字上。为什么?因为自然界的雪,与西山的自然环境相结合,将西山装扮得更加美丽。

　　老北京时,人们习惯将京城西郊的群山,给总名为"西山"。古时候,人们形容西山是"连岗叠岫,上于云霄","抱抱回环,争奇献秀"。其景色突出的特征是:西山异常清幽。不仅如此,而且一年四季——春秋冬夏,则又多变幻。

　　西山的秋天,其突出的特征为:满山火红——京城西山的红叶,自古有名。西山的冬天,特别是每年一到"大雪"的季节,一旦下了大雪,就会出现:积雪凝素,雪将西山点缀得格外优美,因此,渐渐出现了"西山晴雪"或"西山霁雪"的美名,并被选列入"燕京八景"。

　　"燕京八景"中的"西山晴雪",在《日下旧闻考·形胜》篇里,亦有文字记载:

　　西山晴雪:西山峰岭层叠,不可殚名,因居京城右辅,故以西山概焉。高寒故易积雪,望如削玉。今构静宜园于香山,辄建标其岭志之。久曾胜迹纪春明,叠嶂嶙峋信莫京。刚喜应时霢快雪,便教佳景入新晴。寒村烟动依林袅,古寺钟清隔院鸣。新傍香山构精舍,好收积玉煮三清。

　　又载:

　　西山诸兰若,白塔无虑数十,与山限青霭相间。流泉满道,或注荒池,或伏草径,或散漫尘沙间。春夏之交,晴云碧树,花香鸟声,秋则乱叶飘丹,冬则积雪凝素,信足赏心,而雪景尤胜。

　　"燕京八景"之一的"西山晴雪",其碑的正面,刻有"西山晴雪"四个字,其碑的背面,为乾隆皇帝御制燕京八景诗——西山晴雪:

　　　　　　　　银屏重叠湛虚明,朗朗峰头对帝京。
　　　　　　　　万壑晶光迎晓日,千林琼屑映朝晴。
　　　　　　　　寒凝涧口泉犹冻,冷逼枝头鸟不鸣。
　　　　　　　　只有山僧颇自在,竹炉茗碗伴高清。

不仅如此,而且尚有陈孚和明杨荣及金幼孜的西山霁雪诗。

陈孚西山积雪诗:

> 冻雀无声庭桧响,冰花洒檐大如掌。
> 平明起视岩壑间,插天琼瑶一千丈。
> 夕阳微漏光嵯峨,倚栏更觉爽气多。
> 云间落叶有径否?想见樵叟披青蓑。

明杨荣西山霁雪诗:

> 西山日上雪初晴,素壁银屏万叠明。
> 高树迎风霏玉屑,小桥流水涩琴声。
> 恍疑沧海通三岛,绝似昆仑见五城。
> 但使年年足丰稔,桑麻燕雀遂生成。

明金幼孜西山霁雪诗:

> 海上云收旭景新,连峰积雪净如银。
> 晴光迥入千门晓,淑气先回上谷春。
> 瑶树生辉寒已散,琼林消冻暖偏匀。
> 玉堂相对题诗好,移席钩帘坐夕曛。

·"燕京八景"之七——卢沟晓月·

所谓"卢沟",就是指北京著名的卢沟桥。这座桥,位于北京西南的永定河上,距广安门有13公里。永定河,是古漯河的一个支流,又叫"卢沟河",发源于山西马邑县北面的雷山,经过雷山南面,向东流入河北省境内的卢师山,因而得名。

卢沟桥的两头,则各有一座汉白玉碑亭。桥东的"卢沟晓月"碑与西面的康熙"察永定诗"碑遥遥相对。

燕京八景"卢沟晓月",其碑正面的这四个字,为乾隆皇帝亲笔所书;其碑阴,

卢沟桥

即碑的背面,有乾隆皇帝御制燕京八景诗——卢沟晓月:

> 兰若霜钟断续鸣,卢沟晓月正西横。
> 苍烟淡接平芜迥,曙色才分远水明。
> 傍岸人行闻犬吠,毚波风动见鱼惊。
> 车驰马骤长安道,何限低徊旅宦情!

　　"燕京八景"中的"卢沟晓月",其重点在"晓月"二字上。

　　所谓"晓",不仅可作"天亮"解,例如孟浩然《春晓》诗:"春眠不觉晓",亦可作"知道"、"明白"解,如:家喻户晓。不认识怎么会"知道",不认识怎么会"明白",所以,所谓"晓"亦包含着认识这一文化内涵。"晓月",可以理解为对月亮的认识。而人们对月亮的认识,其内容说来,丰富多彩。

　　这里,仅举上两个例子说说。

　　例一:"月相"与商业上的盈亏　　商业上的"盈亏"一词,来源于人们对"月相"的认识。

我国古代,将月亮因反射太阳光,在一个周期内变化不同形状的现象,称之为"月相"。

"月相",虽然细分为不同之称,但基本分为"盈"与"亏"。而所谓"盈",即指"月相"为"望",亦称之为"满月"。按照古学者孔颖达的解释:"盈谓月光圆满。"按照时间来说,就是指农历每月十四至十六前后能看见整个的月面,称之为"望"或"盈",也叫做"满月"。古人将"满月"(望)前后的"月相",均称之为"亏"。而"亏"又有不同的区别:人们将"满月"前十一至十二日前后可见亏的月面,称为"凸月",将"满月"后十七至十九日前后可见亏的月面,称作"残月";将"满月"前后初七至初八及二十二至二十三日前后可见亏的形如弓的月面,叫做"上弦"和"下弦";将初五、初六前后可见亏的形如蛾眉的月面,称为"蛾眉月";将初三、初四日可见亏的月面,称之为"月牙"等。

后来,随着商业的不断发展,人们将对"月相"盈亏的认识,运用到商业上。即取"望"和月光圆满之意,与商业上的经营紧密结合,将赚钱的现象,称之为"盈利"。相反,人们取"满月"前后"月相"为亏之意,亦同商业相结合,将赔钱的现象,名曰为"亏损"等。

例二:"月相"与月相示意图 自古始,人们将阴历每月初一、初二夜间看不见月亮的现象称为"朔"。在历法和历书上,采用"●"这种暗的标记表示为"朔日"。又将阴历每月十五日前后几天夜里,人们可非常明显地看到月亮圆而亮的现象,称为"望月",或名为"满

卢沟晓月碑

月"。在历法和历书上，采用"○"这种明的标记，表示为"望月"。此时，月球和太阳在正相反的方向，故可看见整个月面。

此外，根据月亮上半月和下半月规律性变化反映出来的现象，即将"月亮"可见部分的形状，其特征如"弓"形，称之为"上弦月"和"下弦月"。在历法和历书上，采用"☽"、"☾"这种半明半暗的标记，表示"上弦月"和"下弦月"。

总之，自古始，人们在长期农业生产和生活实践活动中，经过对月亮不断的观察和摸索，逐渐总结出一套比较完整的反映月亮圆缺规律性变化的各种不同"月相"。

月相示意图

阴历每月时间	月相名称	月相形状示意图	说明
初一、初二	朔	●	黑暗，看不见月面亮。
初三、初四	月牙	(	月面可见的部分，相当少。
初五至初六前后	蛾眉月	☽	可见月球上被照亮半球的一小部分，形似蛾眉，或形似女子的眉毛，故称。
初七至初八前后	上弦	☽	当月球在太阳东面90°时，可见月球西边明亮的半圆，这时的月相，叫"上弦月"。
初九至初十前后			
十一至十二前后	凸月	特征：不圆	"上弦月"，即可见月面的大部分，故称之为"凸月"。
十四至十六前后	望月	○	月球和太阳，正在相反的方向，人们可见整个月面，故称为"望"、"满"或"盈"。
十七至十九前后	残月	特征：残缺	可见月亮部分，逐渐减少，所以，称作为"残月"。
初二十至二十一前后			
二十二至二十三前后	下弦	☾	当月球在太阳西面90°时，可见月球东边的半圆，这时的月相，叫做"下弦月"。
备注	总之，每月在"下弦"以后，"月相"逐渐缩小，变成"蛾眉月"、"月牙"等。每月的"月相"更替，是非常规律的，年年、月月基本上如此。		

总而言之，自古始，人们对自然界中的月亮(实际上是"月球")的认识，其内容，是极其丰富的。

"燕京八景"中的"卢沟晓月"，亦可理解为是人们的一种认识，因为滚滚永定

河水,绵亘百里的西山叠翠,每当斜月西沉,卢沟的景色格外妩媚。人们站在桥上,稍加留意,就会感到:远眺浑河如线,疏星淡月,晨曦中的西山时隐时现,好一派美丽的景色——"卢沟晓月"。"卢沟晓月",就被列入了"燕京八景"中。

到了清代,于敏中等编纂《日下旧闻考》一书时,亦极为重视,在《日下旧闻考·形胜》篇里,亦作了历史反映性的描述:

卢沟晓月:卢沟河即桑干河,水黑曰卢,故以名之。桥建于金明昌初,长二百余步。由陆程入京师者必取道于此。……

又载:

卢沟本桑干河,俗曰浑河,在都城西南四十里。有桥横跨二百余步。桥上两旁皆石栏,雕刻石狮,形状奇巧,金明昌间所造。两崖多旅舍,以其密迩京师,驿通四海,行人使客,往来络绎,疏星晓月,曙景苍然,亦一奇也。卢沟晓月为京畿八景之一。

《日下旧闻考·形胜》篇里,对始于金代时的燕京八景之一"卢沟晓月",不仅作了历史反映性的描述,而且亦还附上了陈孚、明代杨荣等人的卢沟晓月诗。

陈孚卢沟晓月诗:

> 长桥弯弯眠海鲸,河水不减冰峥嵘。
> 远鸡数声灯火杳,残蟾犹映长庚横。
> 道土征车铎声急,霜花如钱马鬣湿。
> 忽惊沙际金影摇,白鸥飞下黄芦立。

赵宽题卢沟晓月图诗:

> 银河半落长庚明,城高万户皆鸡声。
> 长桥卧波鳌背耸,上有车马萧萧行。
> 苍烟淡接平芜迥,沙际朦胧见人影。
> 举头一望天宇高,残月苍苍在西岭。

明杨荣卢沟晓月诗:

河声流月漏声残,咫尺西山雾里看。
远树依稀云影淡,疏星寥落曙光寒。
石桥马迹霜初滑,茅屋鸡鸣夜欲阑。
北上已看京阙近,五云深处是金銮。

明金幼孜卢沟晓月诗:

卢沟杳杳出桑干,月照河流下石滩。
茅店鸡声斜汉曙,江沙雁叫早霜寒。
水光微带山烟白,野色遥连塞草残。
千古长桥枕南北,忆曾题柱倚阑干。

·"燕京八景"之八——金台夕照·

黄金台

金台夕照的由来

追溯其历史,与燕昭王和郭隗有着密切的关系。因此,开始需要将燕昭王和郭隗分别作个介绍,这有助于对燕京八景"金台夕照"的认识和理解。

燕昭王 战国时燕国君。名职。燕王哙的庶子。公元前311~前279年在位。原来流亡在韩。子之三年(前315年)齐攻破燕国,哙和子之被杀。他被赵国护送回国,公元前311年即位。他改革政治,招徕人才。燕昭王二十八年(前284年),联合五国攻齐,派将军乐毅攻破齐国,占领齐国70多城,是燕国最强盛时期。

郭隗 战国时燕国人。这个历史人物,其功绩集中表现在:燕昭王欲报齐仇,拟招徕人才,向郭隗问计,郭说:"请先自隗始",燕昭王即为其筑宫而敬以为师。燕昭王的这个举动,影响相当大,致使乐毅等人相继投奔了燕昭王。

那么,北京(或曰北平)从前为什么会出现燕京八景中的"金台夕照"?而这一景观与燕昭王、郭隗又有什么关系?以及"金台夕照"历史演变的情形是怎样的,这些清代于敏中等编纂《日下旧闻考·形胜》篇时,皆一一作了历史反映性的记载。

《日下旧闻考·形胜》篇原文:

金台夕照:黄金台见志乘者有三,一在易州,都城有其二。舆地名胜志云:在府东南十六里。又有小金台,相去一里。今朝阳门东南峛然土阜,好事者即以实之。所传古迹,大率类是。……

金台有三处,并在易州,易水东南。去县三十里者曰大金台,今在大兴县境。去县东南十六里者曰西金台,去县东南一十五里者曰小金台。昔燕昭王尊郭隗,筑宫而师事之,置千金于台上,以延天下士,遂以得名。其后金人慕其好贤之名,亦建此台,今在旧城内。后之游者,往往极目于斜阳古木之中,徘徊留恋,以寄其遐思,故曰金台夕照。

春秋后语:燕昭王曰:安得贤士以报齐雠(仇)?郭隗曰:王能筑台于碣石山前,尊隗为师,天下贤士必自至也。王如其言,作台以金玉崇之,号黄金台。述异记:台在幽州燕王故城中;上谷图经:台在易水东南十八里;其说不同。

乾隆皇帝御制燕京八景诗——金台夕照:

> 燕台遥望澹烟濛,返照依稀禁籞东。
> 是处人家图画里,一川风景夕阳中。
> 溪头棹响归渔艇,牛背箫声过牧童。
> 千古望诸留胜迹,几回凭吊向西风。

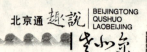 

不仅如此,而且《日下旧闻考·形胜》篇里,还附有林环、杨荣、金幼孜等人的金台夕照诗和台歌。

林环金台夕照诗:

> 高台曾此置黄金,人去台空碧草深。
> 落日未穷千里望,青山遥映半城阴。
> 雁将秋色来平野,鸦带寒光过远林。
> 昭代贤才登用尽,不须怀古动长吟。

明杨荣金台夕照诗:

> 犹携尊酒上金台,尚想当时国士来。
> 落木千章寒日下,长空万里暮云开。
> 春风寂寂飞桃李,夜雨潇潇瘗草莱。
> 却笑一时空买骨,只今才骏总龙媒。

明金幼孜金台夕照诗:

> 迢递高台近日边,偶来登览向依然。
> 万家禾黍秋风外,十里旌旗落照前。
> 远郭砧声来杳杳,平原归骑去翩翩。
> 黄金漫说能招士,千载犹传郭隗贤。

王恽望黄金台歌:

君不见孔子修春秋,二百四十有二年。燕人歃血才一见。下逮战国尤茫然。惟南声教耻不与,苦羡齐鲁多英贤。黄金不惜筑此台,当时何限郭隗才!政缘市骏售其骨,云烟转盼龙媒来。古称得士国无小,甘棠世业如天开。悲风萧萧易水暮,往事不复令人哀。

昭王之名传永世,黄金高台安在哉!

第二十六章

北京的白龙潭和妙峰山

一　北京的白龙潭

赵先生问：

人们说：北京著名的白龙潭，其类型为三叠瀑布。您给我说说好吗？

钱先生答：

好！

白龙潭，在今日北京密云县城东北25公里处的龙潭山下。

白龙潭地处龙潭山间的峡谷地带。古时人们将这里称为石盆谷，或龙潭沟。龙潭山有条长达5公里左右的山沟，据当地人相传：远古时，这个地方的峡谷内，其地下潜流渐渐溢出地面，汇集成溪流。这股溪流，常年不断地沿着龙潭山两山之间的龙潭沟的南端向北流至龙潭山脚下，然后折西经过20多米高的悬崖峭壁下跌，形成了一股落差较大、急流直下的瀑布。

白龙潭瀑布

·白龙潭瀑布,其类型为三叠瀑布·

因为白龙潭瀑布,自古始,经过自然形成的三个台面三落三跌,年深日久,使这三叠瀑布在三个台面上,渐渐冲跌成三个盆形的大深坑。其实,所谓三个盆形大深坑,就是人们所说的龙潭沟内的三个水潭。而当时的白龙潭,是指三潭中东部的头潭而言。这个潭比较小,直径只有3米多,却深不见底。

·白龙潭受季节变化的影响·

每年,特别是在夏秋季节,当阴雨来临的时候,潭的上空就会浮起朵朵白云,龙潭沟谷里出现层层雾气,再加上白龙潭的飞瀑急流,发出的响声回荡着山谷,犹如白龙飞腾于云山雾海之中。

·春开潭,秋封潭·

至今,每年一到春季开潭时,其水深不见底;而秋季一开始封潭,其白沙从水潭中不断地溢出来,直至白沙封住潭口为止。这种奇特的自然现象,在全国是独一无二的,至今人们尚未做出科学的解释。

·白龙潭有个非常美好的神话传说·

天气晴朗的时候,在白龙潭,人们站在水潭的边沿上,只要仔细往水潭里瞧,就看见在水潭内的南侧,有一石门。据说,这一石门,叫做"石林水府①"。传说,就是在这个石林水府里,长年居住着一条善良的小白龙,它与许多神话传说的龙一样,神通广大,像古典名著《西游记》中的孙悟空一样善变。

有一天,小白龙从石林水府里出来,变成了书生公子的模样,下山走到龙潭山下的农村,到农夫家里攀谈。了解民间的疾苦后,就想方设法为民排忧解难。遇到天旱,小白龙从白龙潭内的石林水府里飞腾而出,在空中行云作法,布施雨水。龙

---

①石林水府　据《北京名胜古迹辞典》载:清乾隆四十三年(1778年)五龙祠前石坊座上所雕刻的石额"石林水府",就是来源于白龙潭内的石林水府。五龙祠在白龙潭大坝的左侧。

白龙潭

潭山周围几百里的地方,年年风调雨顺,五谷丰登。这样,每年一到"五谷丰登"的时候,龙潭山下方圆几百里的人们就到白龙潭祭祀天神和小白龙,烧香上供,以示答谢天神和小白龙的保佑。

·白龙潭是北京东部有名的风景区之一·

其一,白龙潭周围的环境,群山环抱,沟谷纵横,山上山下,怪石林立,是一处幽雅美丽的风景区。白龙潭的南坡,翠柏苍松,古木参天;其北山上,杂木丛生,浓阴蔽日;白龙潭其三潭的两侧,不仅野花飘香,而且有各种各样蜂蝶不断上下飞舞。人们观赏了,无不感到白龙潭"奇潭美景似仙境"。其二,在白龙潭四周的丛林中,有许多寺庙、亭台。据史料记载,在元、明、清几百年间,龙潭山以白龙潭为中心,在翠柏苍松、古木参天的四周丛林里,修建了20多座寺、庙、亭、台等精美的古建筑。这些精美的古建筑,建造得小巧别致,遥相呼应。如:五龙祠、龙泉寺、龙峰寺、普阴殿、御碑亭、三然亭、过凉庭、观潭亭、戏楼,等等。这些精美的古建筑,座座金碧辉煌、错落有别。其三,元、明、清几百年间,不仅文臣武将、名人雅士纷纷到龙潭山游览和观赏白龙潭及瀑布,而且皇帝亦前来游览。在龙潭山的西侧,就建有清代皇帝在夏天前来避暑下榻用的竹宫和朝房。在五龙祠前的御碑亭内有乾隆和嘉庆两个皇帝的御笔碑刻,至今保存完好,字迹仍然非常清晰。清末著名的革新派领袖康有为亦曾专程

来龙潭山游览观赏白龙潭及三叠瀑布,并书写了六个大字:"飞圣境则灵潭"。现镌刻在潭侧的巨石上。

据龙潭山人相传:明万历三年(1575年),名将戚继光率军镇守古北口期间,曾带领将士游览白龙潭胜景,在龙泉庙内挥毫写下了字迹遒劲、气势磅礴的龙潭序和诗。其诗曰:

> 紫极龙飞冀北春,石潭犹自守鲛人。
> 风云气薄河山回,阊阖晴开日月新。
> 三辅看天常五色,万年卜世属中宸。
> 同游不少攀鳞志,独有波臣愧此身。

这块碑至今保存完好,在大佛殿前廊的北侧。

二 北京的妙峰山与"爬山虎"

赵先生问:

人们说:从前每年农历四月初一起,北京各寺庙都开半月多,直到十八日。而四月初八"浴佛会"这天,北京妙峰山的香火最盛。

爬山虎属于一种植物。那么这种植物,与北京妙峰山有什么联系呢?您能不能回答我一下?

钱先生答:

好! 我来回答您的问题。

·"爬山虎"的来历·

"爬山虎"是与北京的妙峰山紧密相联系着的。可以说,没有妙峰山也就不会有什么"爬山虎"一说了。

一般说的爬山虎是一种植物,而这种植物,你如果仔细观察起来,就会发现,它是长着"脚"的。它的"脚"就长在茎上(即茎上长叶柄的地方),伸出枝状的六七根细丝,每根细丝像蜗牛的触角,它就是爬山虎的"脚"。如果你把它拉一把,使它紧紧贴在墙上,它就会渐渐往上爬,不论墙多直多高,它都能爬上去。因此,人们就把这种植物俗称为"爬山虎"。我们这里所说的"爬山虎",是指旧社会时,卖苦力的一种人,而这种人,他们的一部分生活来源,与当时盛行的宗教活动是密切相关的。过去,古老的幽州的寺庙是相当多的。从旧中国盛行宗教活动的情况来看,每年农历四月是宗教活动比较集中的一个月。因为每年农历四月初八是"天仙"(碧霞元君)的诞辰,所以,每年农历四月初一日起,北京各寺庙都开庙半月多,直到十八日,特别是四月初八日浴佛会这天,其宗教活动更盛。焚香最盛的是妙峰山上的天仙庙(即碧霞元君庙)。因为此庙在妙峰山顶上,所以又俗称为娘娘顶。"妙峰山碧霞元君庙,在京城西北八十余里,山路四十余里,共一百三十余里,地属昌平。每年四月初一日开庙半月,香火极盛。"(《北平风俗类征》)同时,为了配合当时的宗教活动,在开庙期间,还有一些民间艺人表演各种节目,如太少狮、五虎棍和高脚秧歌等等。总之,庙会期间,是非常热闹的。旧社会,有钱的人去游逛庙会,乘车到妙峰山脚下时,因为车子上不了山,就花钱雇两个穷苦人把他抬到妙峰山上。有钱的人,就把这种穷苦人称为"爬山虎"。《北平风俗类征》说"……其豪富者,乘车至山下,则易二人肩椅,谓之'爬山虎'。"

妙峰山觉禅寺

责任编辑　李稳定　李富民

封面设计　孙　宇

图书在版编目(CIP)数据

北京通趣说老北京/施连芳,高桂莲编著. —北京:中国
工商出版社,2007.12

ISBN 978 - 7 - 80215 - 221 - 2

Ⅰ.北… Ⅱ.①施…②高… Ⅲ.北京市—地方史
—通俗读物 Ⅳ.K291 - 49

中国版本图书馆 CIP 数据核字(2007)第 200148 号

书名/北京通趣说老北京

编著/施连芳　高桂莲

出版·发行/中国工商出版社

经销/新华书店

印刷/北京市朝阳区小红门印刷厂

开本/787 毫米×1092 毫米　1/16　印张/19.75　字数/240 千　图/138 幅

版本/2008 年 1 月第 1 版　2008 年 1 月第 1 次印刷

印数/01 - 5000 册

社址/北京市丰台区花乡育芳园东里 23 号(100070)

电话/(010)63730074,63748686　电子邮箱/zggscbs@ . net

出版声明/版权所有,侵权必究

书号:ISBN 978 - 7 - 80215 - 221 - 2/K · 1

定价:29.80 元

(如有缺页或倒装,本社负责退换)